Gerd Kegel

Sprache und Sprechen des Kindes

3., neubearbeitete und erweiterte Auflage

Westdeutscher Verlag

CIP-Kurztitelaufnahme der Deutschen Bibliothek

Kegel, Gerd:
Sprache und Sprechen des Kindes / Gerd Kegel. –
3., neubearb. u. erw. Aufl. – Opladen:
Westdeutscher Verlag, 1987.
(WV-Studium; Bd. 59)
Bis 2. Aufl. im Verl. Rowohlt, Reinbek bei Hamburg
ISBN 3-531-22059-4

NE: GT

1. Auflage 1974
2. Auflage 1980
3., neubearbeitete und erweiterte Auflage 1987

Umschlaggestaltung: Horst Dieter Bürkle, Darmstadt
Druck und buchbinderische Verarbeitung: W. Langelüddecke, Braunschweig
Printed in Germany

ISBN 3-531-22059-4

Inhaltsverzeichnis

III. Komplexe Modelle der Sprachentwicklung – Verflechtung mit anderen Entwicklungsfaktoren

IV. Aktuelle Kontroversen

Vorwort zur 3., neubearbeiteten und erweiterten Auflage

Mit diesem Buch, das 1974 in erster Auflage erschien, wollen wir einen geordneten Einblick in die Verfahren und Ergebnisse der Kindersprachforschung vermitteln. Die Konzeption des Buches entspricht dem Gedanken, daß wissenschaftliche Arbeit sich immer am klarsten im Rahmen ihrer wissenschaftsgeschichtlichen und methodologischen Bedingtheit verstehen läßt. So ist der Aufbau des Buches gleichermaßen historisch wie methodologisch motiviert. Wenn wir also zu Beginn weit in die Forschungsgeschichte zurückblicken, so geschieht dies nicht aus purer historischer Neugier. Wir zeigen vielmehr Kontinuität im forschenden Denken auf, darüber hinaus wohl auch den relativen Wert der jeweils modernsten Theorie. Und wir wollen, ein wenig aus Ehrfurcht, vor allem aber zur Erzeugung produktiver Skepsis dem allzu schnellen Vergessen entgegenwirken.

Was ist nun hinsichtlich Kindersprachforschung für die seit der ersten Auflage vergangenen zwölf Jahre zu vermelden? Zunächst einmal außerordentliche Aktivität: neue Forschungsinstitute, umfangreiche Forschungsprogramme, neue Zeitschriften, zahlreiche Monographien und Sammelbände, fast unüberschaubar viele Veröffentlichungen zu beinahe jedem denkbaren Detail des Spracherwerbs. Aus all diesem kristallisiert sich die Tendenz heraus, Spracherwerb nicht mehr im engsten Sinne als Ausbildung verbaler Leistungen zu betrachten. Der Blick wird erweitert über die psychischen Bedingungen des Kindes bis hin zu seiner Interaktion mit Erwachsenen. Doch kann von einer Zäsur in der Kindersprachforschung noch nicht gesprochen werden, solange keine Theorie vorliegt, die die sprachlichen, psychischen und sozialen Aspekte des Spracherwerbs angemessen integriert.

Die Kindersprachforschung zerfällt in vier große Phasen, die deutlich gegeneinander abgrenzbar sind und denen die vier Kapitel des Buches entsprechen. Das erste Kapitel behandelt den Beginn der Forschung, die Entwicklung empirischer Fragestellungen und die Erarbeitung erster, heute weitgehend popularisierter Phänomenbeschreibungen auf der Grundlage von Fallstudien. Die im zweiten und dritten Kapitel charakterisierten, zeitgleich nachfolgenden Arbeiten der amerikanischen und der europäischen Entwicklungspsychologie greifen zwei Grundprobleme der Anfangsphase auf. In Amerika wurden Bestrebungen, Sprachentwicklung quantifizierend zu erfassen, konkretisiert und Normwerte für eine Vielzahl von Sprachentwicklungsmaßen über repräsentative Erhebungen ermittelt. In Europa standen die Ausarbeitung komplexer Sprachentwicklungsmodelle und die experimentelle Kontrolle des Zusammenhangs von Sprache, Denken und Handeln im Vordergrund. In den drei genannten Phasen wurde der Fortschritt der Sprachentwicklungsforschung hauptsächlich vom Fortschritt der Psychologie bestimmt. Das vierte Kapitel hebt den seit Mitte der fünfziger Jahre sich ständig vergrößernden Einfluß der modernen Linguistik und Entwicklungspsycholinguistik hervor. Mit linguistischen Konzepten verbinden sich nicht nur präzisere Beschreibungstechniken, sondern grundsätzliche Postulate über die formale Struktur und den mentalen Charakter der menschlichen Sprache, die zu bisher nicht überbrückten Gegensätzen zwischen linguistisch und lerntheoretisch orientierter Sprachentwicklungsforschung führten. Das vierte Kapitel zeigt auch den Zerfall linguistisch genährter Illusionen und die Rückwendung zu psychologischen Ansätzen. Doch sind diese häufig nicht mehr Bestandteil einer Allgemeinpsychologie, da ihr Gegenstand nicht der Mensch, sondern das Geschehen zwischen Menschen ist.

Selbstverständlich wollen wir nicht den Eindruck erwecken, daß mit dem Auftreten einer neuen Forschungsrichtung die vorangehenden als abgeschlossen betrachtet werden können. Noch heute werden Arbeiten durchgeführt, die nach Inhalt und Methode den Merkmalen der Anfangsphase entsprechen. Ebenso sind die Zielsetzungen und Verfahren der amerikanischen und der europäischen Entwicklungspsychologie bis heute kontinuierlich weiter verfolgt und ausgebaut worden. Wenn wir von Phasen sprechen, meinen wir die zeitlich eingrenzbare Dominanz einer charakteristischen Forschungsrichtung. Es versteht sich von selbst, daß die angesprochenen Richtungen in sich strukturierter und vielschichtiger sind, als dies auf engem Raum gezeigt werden kann.

In den Kapiteln sind die Akzente unterschiedlich gesetzt worden. Für die Darstellung der ersten und dritten Phase schien es angebracht, die Positionen einiger uns repräsentativ erscheinender Forscher ausführlicher darzulegen. Hingegen richtet sich die Konzeption des zweiten und vierten Kapitels weniger auf einzelne Personen als auf systematische Merkmale des Gegenstandes und grundlegende Widersprüche in der Forschung aus.

Zur Erleichterung der Lektüre wurden die wichtigsten Punkte jedes Kapitels in einer Einleitung und einer zusammenfassenden Wertung hervorgehoben; Anmerkungen wurden vermieden und fremdsprachige Zitate ins Deutsche übertragen. Nur Tabellen, deren Übersetzung zu Mißverständnissen hätte führen können, wurden in englischer Terminologie belassen. Eins blieb leider unvermeidbar: Dem psychologisch vorgebildeten Leser können die sein Fach betreffenden methodischen Erörterungen überflüssig, die entsprechenden linguistischen Darlegungen hingegen zu knapp erscheinen – für den Linguisten mag das Analoge gelten. Hiermit ist kein spezifisches Problem dieses Buches, sondern ein allgemeines Merkmal von Einführungen in interdisziplinäre Gegenstände angesprochen.

Die Gewichtung, Gruppierung und Verbindung unterschiedlich motivierter, häufig konträrer Forschungsrichtungen, die sich in einer kaum überschaubaren Anzahl von Publikationen darstellen, fordern Abstandnahme, die ohne eigenes Zutun wohl erst Jahre nach der Pensionierung auftreten mag. Hier bedanke ich mich bei Wilhelm Wundt. Die Lektüre seiner Schriften hat meine Distanz zu modernen Arbeiten sehr gefördert.

München, im September 1986 *Gerd Kegel*

I. Fallstudien – Beginn der Sprachentwicklungsforschung

Einleitung

Die empirisch-theoretische Erforschung des Spracherwerbs begann in der 2. Hälfte des 19. Jahrhunderts. Warum ein älterer, durchaus vielversprechender Ansatz nicht zur Geltung kam, werden wir zu klären trachten.

In der ersten Epoche standen zwei Fragen im Vordergrund, jene nach einer möglichen Parallelität von phylo- und ontogenetischem Entwicklungsablauf und jene nach pädagogisch angemessenen Verhaltensnormen des Erziehers. Zu beiden haben sich die heutigen Standpunkte stark geändert, so daß sie nicht in den Mittelpunkt des Kapitels gerückt werden sollen. Hier stehen die Verfahren, Daten und ontogenetischen Hypothesen jener Zeit und die sich aus ihnen ergebenden theoretischen Kontroversen. Ihre Darstellung kann nicht vollständig sein. Sie wird schwerpunktmäßig an den Arbeiten repräsentativer Forscher festgemacht – an William Thierry Preyer, dem Begründer der Kindersprachforschung, an Wilhelm Wundt, dem herausragenden Psychologen seiner Zeit, und an Clara und William Stern, die mit einer noch heute beachteten Monographie den Höhepunkt dieser Epoche bilden. Weitere Autoren werden, wenn immer dies nützlich erscheint, in Verbindung mit den genannten behandelt.

Mit den Arbeiten Preyers, Wundts und des Ehepaars Stern ist eine in der Entwicklungspsychologie sich widerspiegelnde grundsätzliche Kontroverse der Psychologie verbunden. Für den Intellektualisten Preyer war Sprache von Beginn an eine Funktion des Verstandes, für den Voluntaristen Wundt waren jedenfalls die Sprachanfänge eine Funktion von Affekten und Strebungen. Diesen und abgeleitete Gegensätze wollten C. und W. Stern mit ihrer Konvergenztheorie überwinden.

Die ausführliche Darlegung Preyers führt die Problematik von Datenerhebung und -deutung im Bereich der Kindersprache vor Augen. Wundts Auffassung zeigt eine noch heute diskussionswürdige theoretische Aufarbeitung des Gegenstandes. Und die Wiedergabe von C. und W. Sterns Sprachepochen ermöglicht eine anschauliche Kenntnisnahme der Sprachentwicklungsphänomene.

1. Tiedemanns Frühstart

Im Jahre 1787 erschien in den «Hessischen Beiträgen zur Gelehrsamkeit und Kunst» eine Schrift des Marburger Philosophen Dietrich Tiedemann unter dem Titel «Über die Entwickelung der Seelenfähigkeit bei Kindern». Tiedemann hatte die Entwicklung seines Sohnes in den ersten zweieinhalb Lebensjahren beobachtet, so gut er konnte, dessen sprachliche Äußerungen notiert und diese Daten weiteren entwicklungspsychologischen Befunden zugeordnet. So registrierte er erste Äußerungen, die seines Erachtens anderes als Hunger oder Schmerz ausdrückten, und Reaktionen, aus denen er ein Verständnis elterlichen Verhaltens ablas. Er glaubte, das früheste Nachahmen vorgesprochener Silben und die ersten klassifizierend verwendeten Silbenfolgen beobachtet zu haben, ebenso das Auftreten erster Sätze und schließlich das Hervortreten der Denkfähigkeit in sprachlich formulierten Urteilen.

Als Ziel solcher Arbeit deklarierte TIEDEMANN eine auf der Basis entwicklungspsychologischer Kenntnisse abgesicherte *empirische Pädagogik*. Er gab der Hoffnung Ausdruck, daß seine Beobachtungen kein Einzelfall blieben. Doch niemand schien bereit, seinem Beispiel zu folgen – die Entwicklung des Kindes interessierte nicht. Hundert Jahre vergingen, bis TIEDEMANNS Verfahren und Ziel wissenschaftliches Allgemeingut wurden. Woran lag das?

Betrachten wir kurz einen ähnlichen Fall. WILLIAM JONES, Oberrichter in Bengalen, publizierte 1788 die Hypothese, zwischen dem Sanskrit und den alteuropäischen Sprachen bestünde eine genetische Verwandtschaft. Er fand wenig Beachtung. Erst Jahrzehnte später wurde die historisch-vergleichende Sprachwissenschaft durch FRANZ BOPP begründet.

Beide Fälle weisen Parallelen auf. TIEDEMANN und JONES hatten sich um die *Entwicklung* der Sprache gekümmert, allerdings in einem recht unterschiedlichen Sinne. TIEDEMANN betrachtete den Erwerb der Sprache durch den einzelnen Menschen, JONES die Veränderungen und Verästelungen der Sprachen im Verlauf der Kulturgeschichte. Allgemein formuliert, den einen interessierte die aktuelle, den anderen die historische Genese der Sprache.

Obwohl schon LEIBNIZ unter Bezugnahme auf den Entwicklungsgedanken und unter Berufung auf die Macht des Kontinuitätsprinzips die Auffassung von einer «vollkommenen und unbedingten Trennung der verschiedenen Ordnungen der Wesen, die gleichzeitig das Universum erfüllen» (Brief an VARIGNON) für fragwürdig erklärte, setzte sich die Beachtung genetischer Aspekte bei der allgemeinen Erkenntnisgewinnung nicht durch. Erst in der Naturphilosophie des ausgehenden 18., beginnenden 19. Jahrhunderts wurde ein allgemeiner, auf dem Prinzip der allmählichen und kontinuierlichen Entwicklung basierender Zusammenhang aller Naturerscheinungen postuliert (vgl. F. W. J. VON SCHELLING «Von der Weltseele») und von KANT (Rez. von HERDERS «Ideen zur Philosophie der Geschichte der Menschheit») in die geschichtliche Entwicklung der menschlichen Gattung und in die Naturentwicklung differenziert.

Die pauschale Definition des Entwicklungsbegriffs wurde von den Einzelwissenschaften konkretisiert. Sprachwissenschaft, Biologie, Physiologie, Psychologie und andere Disziplinen hatten sich in Methode und Problemstellung weitgehend verselbständigt. Die Wirksamkeit der genetischen Methode zum Zwecke der Erkennung und Beherrschung der Natur wurde erkannt. Nachdem in der ersten Hälfte des 19. Jahrhunderts vor allem in der Kunst-, Literatur- und Sprachwissenschaft sich der Historismus etabliert hatte und damit BOPPS Bemühungen das Feld geebnet worden war, gewannen nach der Jahrhundertmitte MARX' historischer Materialismus als Geschichte der menschlichen Gesellschaft und DARWINS Evolutionstheorie als Geschichte der Lebewesen einen weit über die Gesellschaftswissenschaften respektive die Biologie hinausgehenden Einfluß. Mit ROUX' Entwicklungsphysiologie wurde die Biologie komplettiert, d. h. der *phylogenetischen*, stammesgeschichtlichen Betrachtungsweise wurden *ontogenetische*, die Entwicklung des einzelnen Lebewesens betreffende Erkenntnisse zugeordnet. Ähnlich differenzierte sich die Psychologie. Von HERBART als Individualpsychologie gegründet, wurde sie durch STEINTHAL, LAZARUS und später WUNDT um eine geschichtlich-kulturelle Komponente, die *Völkerpsychologie*, erweitert. Dieser teilweise dezidiert phylogenetischen Sicht von der menschlichen Psyche und den daraus abzuleitenden Erscheinungen entspricht als ontogenetisches Komplement die *Entwicklungspsychologie*. In allen Bereichen der Wissenschaft, in denen onto- und phylogenetische Theorien einander scheinbar ergänzten, wurde heftig über die Frage gestritten, ob die Entwicklung des einzelnen Lebewesens eine verkürzende Wiederholung seiner Stammesgeschichte sei, ob folglich von ontogenetischen Daten auf phylogenetische und damit nicht direkt beobachtbare Abläufe geschlossen werden könne.

Ziehen wir ein Fazit. Die Nützlichkeit von TIEDEMANNS Beobachtungen und die Sinnhaftigkeit seiner Absichten konnten nicht erkannt werden, weil der Entwicklungsgedanke und die genetische Methode der Wissenschaft seiner Zeit kaum vertraut waren und weil sich die Einzelwissenschaften von Methodik und Gegenstandsdefinition her noch nicht als selbständige Disziplinen konstituiert hatten. Daß beide Ursachen einander wechselseitig bedingten, mag mit den obigen Ausführungen deutlich geworden sein.

2. Der eigentliche Beginn

2.1. Die Forschungssituation

Um die Mitte des 19. Jahrhunderts wurde die Forderung, den Spracherwerb des Kindes wissenschaftlich zu ergründen, neu erhoben. Gerade Physiologen (u. a. KUSSMAUL, LÖBISCH, SIGISMUND, VIERODT) erhofften sich hiervon u. a. eine Stützung hirnanatomischer Hypothesen (vgl. Kap. I, 2.4.). Sie publizierten erste noch spärliche Beobachtungen kindlichen Sprachverhaltens, die breite Beachtung fanden. Die Problemverflechtung des neuen wissenschaftlichen Gegenstandes mit etablierten Disziplinen, der weite Bereich von Fragestellungen und potentiellen Erkenntnissen wurde sichtbar, und das Interesse stieg. Über kurz oder lang befaßten sich Philosophen,

Psychologen, Pädagogen, Mediziner, Biologen und Sprachwissenschaftler mit den Phänomenen der Sprachentwicklung und versuchten sich in theoretischen Deutungen. Einige seien für alle genannt.

August Schleicher (1861, 1865) glaubte, eine Analogie zwischen historischem und aktuellem Lautwandel entdeckt zu haben, und meinte so, die Entwicklung der kindlichen Artikulation mit den Mitteln der historisch-vergleichenden Sprachwissenschaft beschreiben und erklären zu können.

Fritz Schultze (1880) vertrat das Prinzip der kleinsten Anstrengung, das vor ihm schon Buffon formuliert hatte und nach ihm von Gutzmann wieder aufgegriffen wurde. Er meinte, das Kind beginne mit Artikulationen, die den geringsten physiologischen Aufwand benötigen, und gehe allmählich zu schwierigeren Lauten über.

Hippolyte Taine (1877) war Anhänger eines Spontaneitätsprinzips. So spontan, wie das Kind seine Glieder zu bewegen begänne, so spontan seien auch seine Sprachanfänge. Auch die Parallelität von Phylo- und Ontogenese schien ihm offensichtlich:

«Generell gesprochen repräsentiert das Kind in einem Durchlaufstadium jene mentalen Eigenschaften, die in fixierter Form in primitiven Zivilisationen gefunden werden, ebenso wie der menschliche Embryo in einem Durchlaufstadium physikalische Eigenschaften repräsentiert, die in fixierter Form in den Klassen niederer Tiere zu finden sind» (zit. nach Bar-Adon/Leopold 1971, S. 26).

Alle genannten Forscher hatten die Sprachentwicklung ihrer Kinder verfolgt. Meist stehen ihre Beobachtungen in keinem direkten Widerspruch zu den Hypothesen, nur folgen diese Hypothesen nicht relativ zwangsläufig oder sehr plausibel aus den Daten. Hingegen ist die Angabe einer Reihe gleichwertiger Interpretationen leicht möglich. Überhaupt ist ein Mangel an Ansichten in der Wissenschaft selten zu beklagen, dichte empirische Erhebungen, welche die Fülle vertretbarer Ansichten eingrenzen, aber durchaus nicht selbstverständlich.

Kurzum, die Kindersprachforschung jener Zeit krankte an einem Mißverhältnis zwischen empirischen Befunden und deren Deutung. Die Beobachtungen waren höchst spärlich, die Protokollierung erfolgte oft mit zu großem zeitlichen Abstand vom Ereignis, die Daten waren selten geordnet, und häufig wurden Beobachtungen und Interpretationen vermengt. So wurden bei der Suche nach generellen Entwicklungsprinzipien allzuoft anspruchsvolle Interpretationen auf lückenhafte Datenfolgen gestützt.

2.2. Preyers Ziele und Wirkung

Knapp hundert Jahre nach TIEDEMANN publizierte WILLIAM THIERRY PREYER «Die Seele des Kindes». Im Zentrum der Erörterung standen die Entwicklung der Sinne und Gefühle, die Entwicklung des Willens und die Entwicklung von Sprache und Verstand. PREYERS Darstellung der Sprachentwicklung beeinflußte die Forschung über mehrere Jahrzehnte. Nicht, weil die Daten selbst so erstaunlich oder ihre theoretische Deutung besonders zukunftsweisend waren. Was PREYERS Arbeit auszeichnete und andere stimulierte, war die erstmalige Erhebung wirklich dichter Datenfolgen, die präzise Darstellung der eigenen Verfahren und das Bemühen, Datum und Deutung klar zu trennen.

PREYERS Ziele waren primär pädagogischer Natur. Zwar sah er in der Ferne die «autogenetische Psychologie» eine «empirische Geschichte der Vernunft» begründen; vorerst jedoch schien ihm notwendig und erreichbar eine Präzisierung der «Psychogenesis», um konkret zur Lösung pädagogischer Probleme beizutragen. Seine Sammlung «psychogenetischer Tatsachen» sollte zum Aufbau einer «physiologischen Pädagogik» unter dem Motto «Zuerst Natur ohne Dressur, dann Kultur» beitragen. – Nun scheinen PREYERS pädologische Vorstellungen, selbst wenn sie im Kontext seiner Zeit bewertet werden, so schlicht, daß eine detaillierte Behandlung unterbleiben soll.

2.3. Preyers Methode

PREYER beobachtete die Entwicklung seines Sohnes in den ersten drei Lebensjahren – unter durchaus beträchtlichen persönlichen Entbehrungen, wie er selbst anmerkte. Jeden Tag, morgens, mittags und abends, protokollierte er über Stunden alle wahrnehmbaren Regungen des Kindes. Die Wahl der Beobachtungsspanne begründete PREYER physiologisch. Seiner Ansicht nach kommt bei normalen Kindern die Entwicklung der Artikulationsorgane mit ca. drei Jahren zu einem natürlichen Abschluß, da nach allmählicher Ausschaltung überflüssiger und unzweckmäßiger Muskelbewegungen eine vollkommene Koordination im Vokaltrakt eintritt. Ähnliches gilt für den gesamten Bereich der Motorik. So gesehen betrachtet PREYER die Sprachentwicklung bis zum Abschluß der Sprechentwicklung.

PREYERS Beobachtungsverfahren fordert die strikte Einhaltung von sechs Anweisungen: (1) keine ungeprüften Beobachtungen übernehmen, (2) jede Beobachtung sofort protokollieren, (3) das Kind möglichst in Unkenntnis der Beobachtung lassen, (4) jede Dressur des Kindes vermeiden, (5) die Beobachtungen nicht einen Tag unterbrechen und (6) das Kind mindestens dreimal am Tag beobachten. Heute sind die Beobachtungstechniken standardisiert und wesentlich differenzierter. PREYER unterwarf sich Restriktionen, die relativ spontan, jedenfalls ohne größere methodologische Reflexionen formuliert werden können.

Ähnliches gilt für PREYERS Beobachtungssprache, die in Hinblick auf die Sprachentwicklung des Fundus traditioneller Grammatiken nutzte, was, von bestimmten Ausnahmen abgesehen, noch heute in der Kindersprachforschung üblich ist. Er gruppierte die Sprachdaten nach Laut-, Wort-, Satzbildung und Wortschatzumfang. Die Artikulationen des Kindes, auch die unsinnigen und die von der Erwachsenensprache abweichenden Lautierungen, notierte er schriftalphabetisch, da ihm phonetische Transkriptionssysteme nicht zur Verfügung standen.

Im zweiten und dritten Lebensjahr wurden die allgemeinen Artikulationsfortschritte unter Bezugnahme auf die Wortproduktion kontrolliert. Im Gegensatz zu Lauten und sinnlosen Silben ist bei der Produktion von Wörtern zumeist die Zieleinheit erkennbar. Artikulationsmängel können dann als Abweichungen vom Artikulationsstandard und Artikulationsfortschritte als Verringerung des Abstandes beschrieben werden. Zu diesem Zweck ließ PREYER seinen Sohn nachsprechen, Dinge, Körperteile und Abbildungen in einem Kinderbuch benennen oder nach Benennung zeigen. Da PREYER die Gruppe der Zielwörter ständig veränderte, sind seine diesbezüglichen Protokollnotizen jedoch wenig aufschlußreich.

PREYER spricht von *expressiven* und *impressiven* Vorgängen, wenn er *Lautproduktion* und *Lautperzeption* unterscheidet. Die Protokollierung expressiver Vorgänge dürfte bei Vorhandensein einer geeigneten Beschreibungstechnik keine prinzipiellen Probleme aufwerfen, die Feststellung impressiver Vorgänge hingegen schon. Man beobachtet nie den Verständnisprozeß selbst, sondern immer Ausdrucksverhalten, von dem man auf ein Verständnis rückschließt. Das folgende Zitat zeigt, daß PREYER sich dieser Problematik durchaus bewußt war.

»Die Worte ‹Gib einen Kuß!› haben Annäherung des Kopfes und manchmal Vorschieben der Lippen zur Folge. Hierdurch ist nur das Verstehen des Wortes, nicht das der Sache bestätigt« (op. cit., S. 182).

Ebenso erkannte er, daß Klarheit über impressive Vorgänge allein durch reine Beobachtung nicht zu erwarten ist. Seine Ansicht, daß Kinder wenigstens im ersten Lebensjahr Vokale besser hören als Konsonanten, überprüfte er mit einem kleinen Experiment:

». . . machte es meinem Kind keinen Unterschied, ob man, ohne eine Miene zu verändern, fragte: ‹Wie groß?› oder ‹ooß?› oder ‹oo?›. In allen drei Fällen antwortete es mit derselben Handbewegung« (op. cit., S. 262).

Der Sinn ist klar. Um die bei der Beobachtung gewonnenen Einschätzungen zu überprüfen, muß das Verhalten des Kindes zielgerichtet beeinflußt werden. Da Preyer aufgrund verschiedener Indizien glaubte, zwischen der Wahrnehmung von Konsonanten und von Vokalen bestände ein Unterschied, variierte er eine Äußerung, nach deren Verständnis eine festgelegte Reaktion zu erwarten war. Er reduzierte sie schrittweise um den konsonantischen Anteil und den nichtakzentuierten Vokal.

Tatsächlich löste allein die Äußerung des akzentuierten Vokals die Reaktion aus. Doch war damit die – im übrigen richtige – Hypothese noch nicht bestätigt, wie Preyer glaubte. Er experimentierte unsystematisch. Zumindest hätte er eine analoge Reduktion der Äußerung auf den Reibelaut, sowie Veränderungen des Intonationsmusters, der Mimik und der Gestik in seinen Versuch einbeziehen müssen. Auch Preyer konnte sich häufig dem von ihm selbst scharf kritisierten Hang zur voreiligen Deutung nur spärlicher Daten nicht entziehen.

2.4. Preyers Theorie

Nach Preyer stehen am Anfang der Sprachentwicklung *Zufall* und *Nachahmung*. Beim lauten Ausatmen ergeben sich die unterschiedlichsten Geräusche. Manche sind geeignet, die Unlust des Kindes zu vermindern, und werden daher immer häufiger reproduziert. Hinzu kommt, daß das Kind beginnt, Merkmale seiner Umgebung zu imitieren. Die am häufigsten auftretenden Laute kann es wegen der oft wiederholten spezifischen Erregung von Hörnerven und Gehirn am deutlichsten hören und somit eher nachahmen. Ein Fazit: «Es kann also keine allgemeingültige zeitliche Reihe der Laute in der Kindersprache geben, weil jede Sprache eine andere Reihe der Laute bezüglich der Häufigkeit ihres Vorkommens hat» (op. cit., S. 336).

An den Wortbildungsprozessen interessierte in jener Zeit stark das Auftreten echter Eigenschöpfungen des Kindes. Mit ihnen hoffte man, die genetische Fixierung der Sprache bestätigen zu können. Da Preyer trotz zielgerichteter Bemühungen derartige Erscheinungen nicht feststellen konnte und anderswo beschriebene Worterfindungen als Fehlinterpretationen verwarf, betrachtete er die Wortbildungen als Produkte der Nachahmung. So ist das Kind mit der Zeit in der Lage, Wörter echolalisch, d. h. ohne deren Sinn zu verstehen, nachzuplappern. Gleichzeitig, meinte Preyer, bilde das Kind auf noch niedrigem Niveau Gedächtnis-, Assoziations- und Abstraktionsfähigkeiten aus. Vorsprachliche Begriffe kristallisieren sich in der Verstandesentwicklung des Kindes heraus und ermöglichen erste zweckmäßige Handlungen. Die Verknüpfung der vorsprachlichen Begriffe mit den nachgeahmten Lautfolgen ist der Beginn der eigentlichen Sprachentwicklung. Hier wird Preyers psychologischer Intellektualismus deutlich. Aus dem Verstand leiten sich alle spezifisch menschlichen Fähigkeiten ab, so auch die Sprache, nachdem ihr Zufall und Nachahmung auf die Sprünge geholfen haben:

«Nicht die Sprache erzeugte den Verstand, sondern der Verstand ist es, welcher einst die Sprache erfand, und auch gegenwärtig bringt das neugeborene Menschenkind viel mehr Verstand als Sprachtalent mit auf die Welt. Nicht weil er sprechen gelernt hat, denkt der Mensch, sondern er lernt sprechen, weil er denkt» (op. cit., S. 228).

Soviel zur psychologischen Deutung des Spracherwerbs durch PREYER. Um seine physiologischen Hypothesen verständlich zu machen, muß etwas ausgeholt werden.

Wir hatten eine Bemerkung von HIPPOLYTE TAINE zur Kenntnis genommen, in der unter bestimmten Aspekten menschliche Embryos mit niederen Tieren und Kinder aus Kulturvölkern mit Angehörigen primitiver Zivilisationen verglichen wurden. Derartige Überlegungen waren vor der Jahrhundertwende gang und gäbe. Die Erforschung des Kindes, d. h. die Aufstellung ontogenetischer Datenfolgen, sollte Lücken in der phylogenetischen Reihe schließen helfen, die Lücke zum primitiven menschlichen Vorfahren ebenso wie zum Anthropoiden. Man bezeichnete das erste Lebensjahr des Kindes als das tierische, da hier sein Verstand über den des Tieres nicht hinausgelange. So glaubte man auf einfache Weise ein *psychologisches Kontinuum* zwischen Mensch und Tier beobachten zu können. Zur Erkundung eines ebenfalls vermuteten physiologischen, speziell hirnanatomischen Kontinuums griff man auf entsprechende Sektionen zurück.

RUDOLF KRAUSE schilderte 1877 im «Korrespondenzblatt der Deutschen Gesellschaft für Anthropologie» einen herausstechenden Fall. Der von ihm beobachtete Knabe erinnerte von Phänotyp und Verhalten her stark an das Erscheinungsbild von Schimpansen. Die große Zehe stand wie eine Greifzehe winklig vom Fuß ab, das Kind konnte besser klettern als gehen und grunzte mehr als es sprach. Mit sieben Jahren starb es, wahrscheinlich aufgrund hochgradiger Verwahrlosung. KRAUSE sezierte sorgfältig das Gehirn und konstatierte:

«Wir haben hier eben ein Gehirn, welches im Volumen kaum von der Norm abweicht, welches alle Windungen und Furchen besitzt, vielleicht mehr als normal windungsreich erscheint, welches in jeder Hinsicht differenziert ist, trotzdem in seiner ganzen Bildung mehr dem Affen- als dem Menschen-Typus sich zuneigt. Würde mir das Gehirn vorgelegt worden sein, ohne daß ich seinen Ursprung wüßte, so hätte ich das vollständige Recht gehabt, dieses Hirn einem anthropoiden Affen zuzuteilen, welcher dem Menschen um einige Grad näher steht als der Schimpanse» (zit. nach PREYER, S. 237).

Dieser und viele andere Befunde gaben Anlaß zu Hypothesen über Wachstum und Funktion des Gehirns. Es wurde angenommen, daß die Dauer des Hirnwachstums mit dessen Leistungsfähigkeit zusammenhängt. Hierauf gründete sich PREYERS überraschende Hypothese, daß Kinder mit frühem Sprachbeginn weniger intelligent würden. Er vermutete, daß bei diesen das

Großhirn sehr schnell wachse, aber auch besonders früh zu wachsen aufhöre.

Auf diesem Hintergrund wird PREYERS Darstellung der geschlechtsspezifischen Differenzen verständlich: «Mädchen lernen oft früher als Knaben sprechen, zeigen dagegen später meist eine etwas geringere Entwicklungsfähigkeit der logischen Funktionen, bringen daher weniger Abstraktionen höherer Ordnung zustande, während bei Knaben die emotionellen Funktionen, so nachhaltige Rückwirkungen sie auch ausüben, nicht so fein abgestuft sind wie bei Mädchen» (op. cit., S. 209). Wir wollen nicht den Hinweis unterlassen, daß PREYER selbst – nach eigenem Bekunden – und ebenso sein Sohn auffallend spät mit dem Sprechen begannen.

Alles in allem trugen derart generelle hirnanatomische Befunde zum Verständnis der Sprachfähigkeit und ihrer Entwicklung wenig bei. Hierzu wurden detailliertere Theorien über das Gehirn benötigt, z. B. Vorstellungen darüber, welche Sektoren als Träger spezifischer Sprachleistungen fungieren. Tatsächlich glaubte man damals – viel stärker als heute – sich entsprechende Kenntnisse bereits verschafft zu haben. BROCA hatte die Gehirne von Personen seziert, die an aphatischen Sprachstörungen litten. Er stellte fest, daß bei Patienten, die vornehmlich in ihrer Sprachproduktion behindert waren, ein bestimmtes Areal der Großhirnrinde geschädigt war – dieses wurde bald darauf das Broca- oder das motorische Zentrum genannt. Analog dazu fand WERNICKE einen Bereich, dessen Schädigungen mit Sprachverständnisstörungen korrelierten – das Wernicke- oder das sensorische Zentrum. Auf der Basis dieser und ähnlicher Befunde wurde die auch von PREYER vertretene allgemeine *Zentrenlehre* entwickelt.

Gemäß dieser Auffassung repräsentiert Abbildung 1.1 modellhaft die organischen Bedingungen von Spracherwerb und -verlust. Ein vom Ohr aufgenommenes Wort wird zunächst vom Laut-, dann vom Silben-, dann vom Wortzentrum analysiert, d. h. mit gelernten Laut-, Wort- und Silbenbildern verglichen. Anschließend wird dem erkannten Wortbild im Begriffszentrum eine Bedeutung zugeordnet. Bei der Wortproduktion soll ein Impuls von W über m nach D, über n zurück nach W und über f nach M verlaufen. M garantiere dann die koordinierte Erregung der zum Vokaltrakt führenden Bahnen h. – Man erkennt, daß die Zentren als Deponien verstanden werden, in denen sich Begriffe und Eindrucksbilder ablagern. Diese heute nicht mehr diskussionswürdige Auffassung wurde schon zu PREYERS Zeit von WUNDT zurückgewiesen:

«Daß das Retinabild und die Klangwirkung im äußeren Ohr nicht Gegenstände sind, die von außen einwandern, sondern vergängliche und veränderliche Funktionen, das weiß die Physiologie nachgerade. Das Gehirn ist ihr immer noch unbekannt genug, um sich nach wie vor die abgelösten Bildchen in den Hirnzellen eingewandert und abgelagert zu denken. Daß die Erinnerungsvorstellungen so wenig Objekte sind wie die äußeren Wahrnehmun-

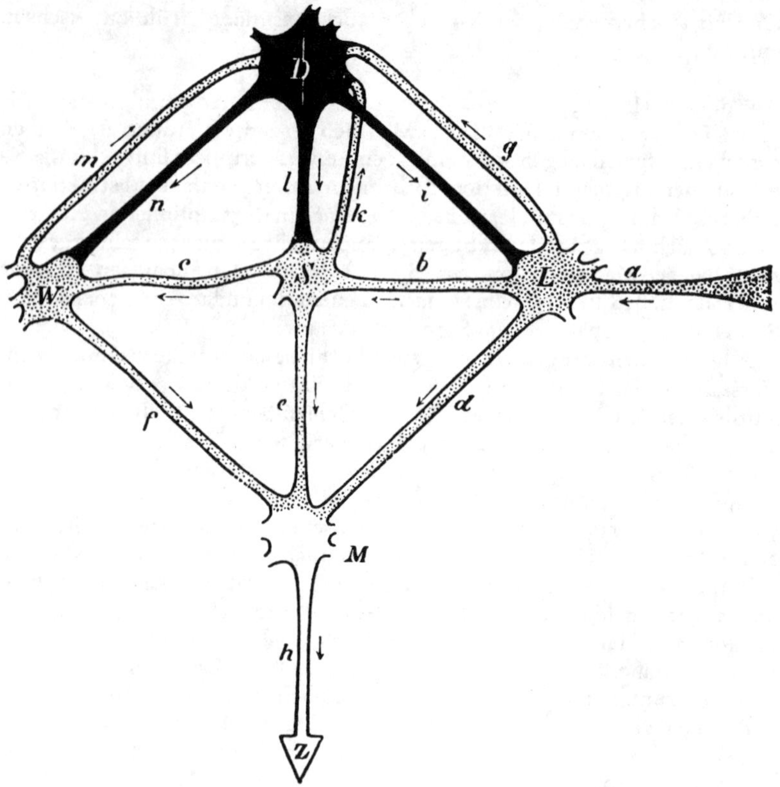

Zeichenerklärung:
o = Ohr
z = Zunge
D = Gebiet höherer Ordnung (Begriffszentrum)
L = Lautzentrum
S = Silbenzentrum
W = Wortzentrum
M = motorisches Zentrum
a bis m bezeichnen zentripetale (zum Gehirn führende), zentrifugale (vom Gehirn kommende) und interzentrale Nervenbahnen.

Abb. 1.1: *Modell der Sprachzentren nach* Preyer

gen und daß sie sich von diesen höchstens durch ihre noch größere Veränderlichkeit unterscheiden, da zwei Erinnerungsbilder eines und desselben Gegenstandes kaum je übereinstimmen, – alles das bleibt hier außer Frage» (WUNDT, Völkerpsychologie I, 1. Teil, S. 548 f).

Doch selbst wenn man die naive Deponievorstellung fallenläßt und die Zentren als Funktionsträger sprachspezifischer Analyse- und Syntheseprozeduren interpretiert, scheint das Zentrenmodell wenig leistungsfähig. Einerseits erlaubt es die Voraussage von Sprachstörungen, die bisher klinisch nicht beobachtet wurden, andererseits wurden Sprachstörungen nachgewiesen, die aus dem Modell nicht abgeleitet werden können. So steht PREYERS Theorie auf mehr als unsicherem Boden. Da jedoch ein Grundgedanke 50 Jahre später bei JAKOBSON in ähnlicher Form wieder auftritt, soll er kurz dargelegt werden.

PREYER glaubte, daß der natürliche Aufbau und der pathologische Abbau vollständig analoge, nur in der Verlaufsrichtung entgegengesetzte Erscheinungen seien. Bei der Geburt sollen die Sprachzentren noch nicht existieren, sondern sich beim Sprechenlernen in folgender Reihenfolge herausbilden: 1. Lautzentrum, 2. Silbenzentrum, 3. Wortzentrum, 4. Broca-Zentrum, 5. höhere Begriffszentren. Unter dem Aspekt der Sprachleistungen betrachtet gleiche der Zustand eines Kindes, das bestimmte Zentren noch nicht entwikkelt hat, genau dem eines Kranken, dessen entsprechende Zentren gestört sind. Folgerichtig zählte PREYER alle ihm bekanntgewordenen Sprachstörungen auf und verglich sie mit Stadien der Sprachentwicklung. Er ging sogar so weit, Termini, die üblicherweise pathologische Erscheinungen bezeichnen, zur Benennung (und Erklärung) von Entwicklungsphasen heranzuziehen. Zunächst sei das Kind im Stadium der *Alalie*, d. h. es produziere nichts sprachlich Relevantes. Danach gelange es ins *Dyslalie*-Stadium, seine Äußerungen seien höchst unvollkommen. Dem folge das Stadium der *Paralalie*, das Kind verwechsle häufig Wörter. Schließlich und endlich werde es ein normaler Mensch, es mache alles richtig. Die analoge Abfolge für die Entwicklung der Motorik lautet: Apraxie – Dyspraxie – Parapraxie – korrekte Koordination. Wir werden feststellen, daß die Einschätzung des Kindes als kleiner, noch unvollkommener Erwachsener in der Sprachwissenschaft recht häufig auftritt. Mit der impliziten Klassifizierung des Kindes als krankem Erwachsenen und des Entwicklungsablaufs als Gesundungsprozeß steht PREYER allerdings einsam da.

3. Wundts Sprachentwicklungstheorie

Wir haben PREYER so ausführlich besprochen, weil seine Arbeit mit ihren zahlreichen Vorzügen und doch mindestens ebenso zahlreichen Mängeln deutlicher als andere seiner Zeit die Grundsätze einer empirisch-theoretischen Beschäftigung mit dem wissenschaftlichen Gegenstand Spracherwerb hervortreten läßt. Wir meinen nicht, daß PREYERS Werke hervorgesucht werden müßten, weil in ihnen wichtige, unglücklicherweise in Vergessenheit geratene Daten und Hypothesen zu finden seien. Im Gegenteil, PREYERS Wirkungsgeschichte scheint seinen Leistungen angemessen. Die theoretischen Konzepte blieben zu Recht ohne Widerhall, die empirischen Ansätze hingegen wurden vielfältig erweitert und methodisch abgesichert.

Anders liegen die Dinge bei WILHELM WUNDT, dem Begründer der experimentellen Psychologie und herausragenden Psychologen des ausgehenden 19. Jahrhunderts. Sein generelles theoretisches Konzept der Psychologie, aus dem heraus seine Sprachentwicklungsanalyse verständlich wird, gab nach der Jahrhundertwende Anlaß zu langwierigen, teilweise polemisch geführten Kontroversen. WUNDT wurde von den nachfolgenden Gestaltpsychologen pauschal als *Elementarist* klassifiziert, als jemand, der reale und damit immer komplexe psychische Prozesse auf unangemessene Weise so in elementare Bestandteile zergliedere, daß deren additive Zusammenfügung den Gestaltqualitäten der Prozesse nicht gerecht werden könne. Diese Diskussion soll hier nicht fortgeführt werden – jedenfalls trug sie dazu bei, WUNDTS psychologische und sprachtheoretische Arbeiten in Vergessenheit geraten zu lassen. Interessanterweise scheint sich in der postbehavioristischen Psychologie und Psycholinguistik der USA eine allgemeine Wundt-Renaissance anzubahnen (vgl. BLUMENTHAL 1970). Zeitbedingt fußt WUNDTS Theorie auf relativ wenigen und unsicheren Daten. Trotzdem vertreten wir die Auffassung, daß einige seiner Hypothesen in den zur Zeit diskutierten Kontroversen, vor allem in der Frage, ob Sprachentwicklung primär reifungs- oder lernbedingt sei, beachtet werden sollten.

Wie damals üblich, zog WUNDT seine Daten aus der Beobachtung der eigenen Kinder und verglich sie mit ebenso gewonnenem Material anderer Forscher. Nach seiner Auffassung gliedert sich der Spracherwerb in drei Phasen: (1) die *Schreilaute* (bis ca. zur 6. Woche), (2) die *artikulierten sinnlosen Laute* (bis zum Ende des 1., manchmal des 2. Lebensjahres) und (3) die *artikulierten Laute mit Benennungsabsicht*, die Phase der eigentlichen Sprachbildung. Zwischen Phase (2) und (3) sind zwei Erscheinungen, die den Eintritt in das letzte Stadium vorbereiten, zu beobachten: die *Echosprache* (Lautnachahmung) und das *Verstehen sinnvoller Äußerungen*.

Die Schmerz- und Wutschreie der Phase (1) sind beim Kind wie beim Tier die allgemeinen Ausgangspunkte zum Ausdruck von Gemütsbewegungen. Als artikulierte sinnlose Laute sind sie in Phase (2) ausdifferenziert zu Ausdrucksmitteln von Lust-, Spannungs- und Erregungsgefühlen. Die Artikulationen aus Phase (2) und die echolalischen Bildungen bieten nach WUNDT zwar Material für die weitere Sprachentwicklung, doch dürfe man ihre Funktion nicht wie PREYER u. a. teleologisch deuten. Sie sind keine Vorübungen für Phase (3). Objektiv sind sie nicht zweckmäßig, sondern notwendig. Ebensowenig sind sie subjektiv zweckmäßig, da mit ihnen keine

Absichten, schon gar nicht die des künftigen Sprechenwollens, verbunden sind. Vor der eigentlichen Sprachbildung in Phase (3) müssen zwei Funktionen ausgebildet sein, die Funktion der *Wortwahrnehmung* und die Funktion des *Wortverständnisses.* Man erkennt ihr Vorhandensein an der Echosprache und an bestimmten Ausdrucksbewegungen. Erst ihre Verbindung ermöglicht die Aneignung der Wortsprache (vgl. Tab. 1.2).

Phänomen	Interpretation	Voraussage
Echosprache	Indiz für die Funktion der Wortwahrnehmung	Verbindung beider Funktionen ermöglicht die Aneignung der Wortsprache
bestimmte Ausdrucksbewegungen	Indiz für die Funktion des Wortverständnisses	

Tab. 1.2: *Voraussetzungen für die eigentliche Sprachbildung nach* WUNDT

Diese Hypothese verdient, genauer betrachtet zu werden. Nach WUNDT liegen jeder Funktion verschiedene Assoziationsprozesse zugrunde, die aber erst durch die allgemeine Funktion der Aufmerksamkeit ermöglicht werden. Bei der Wortwahrnehmung wird ein gehörtes Wort über eine *Gleichheitsassoziation* auf dem Gebiet des Gehörsinns mit einem bereits eingeübten ähnlichen Lautgebilde verbunden. Dabei spielt auch die visuelle Wahrnehmung der Artikulationsbewegungen eine Rolle. Beim Wortverständnis wird ein Wort über eine *Berührungsassoziation* durch Gebärden und Blicke mit einem Gegenstand verbunden. Die Verknüpfung beider Assoziationsprozesse bedingt eine *Assoziation zweiter Stufe,* die Assoziation von Sprachlaut, Gebärde und Gegenstand. Die hier nicht weiter zu schildernden Bedingungen von Assoziationsprozessen verursachen eine allmähliche Zurückdrängung des Mittelgliedes, der Gebärde. Damit wird die assoziative Verbindung zu einer *apperzeptiven*: Die direkte Zusammengehörigkeit des sprachlichen Gebildes und des Gegenstandes wird erkannt.

Endprodukt der Wortaneignung ist eine komplexe, zusammengesetzte *psychische Struktur der Wortvorstellung.* Sie besteht aus den Gliedern *Laut-* (L), *Zeichen-* (Z) und *Begriffsbestandteil* (B), die wiederum zweifach unterteilt sind (vgl. Tab. 1.3). Die Wortvorstellung ist nun keine einfache Nebenordnung ihrer sechs Endglieder, sondern deren komplizierte assoziative Verknüpfung. Abbildung 1.4 soll den Regelfall verdeutlichen. Alle Endglieder sind direkt oder indirekt miteinander verbunden, wobei die Assoziationsbahnen von unterschiedlicher Stärke sind (was in der Abbildung durch die Liniendicke wiedergegeben wird). Im Fall einer momentanen oder dauerhaften Störung der Wortvorstellung (Zerstreutheit, psychische oder physische Defekte), die sich hinderlich auf die Wortproduktion oder das

Wortvorstellung					
Lautbestandteil (L)		graphischer Bestandteil (Z)		Begriffsbestandteil (B)	
akustisches Element (a) der Lautvorstellung	motorisches Element (m) der Artikulation	optisches Element (o) des Wortzeichens	motorisches Element (m') der zeichnenden Bewegungsempfindung	objektive Vorstellung (v)	Gefühlston (g)

Tab. 1.3: *Psychische Struktur der Wortvorstellung nach* Wundt

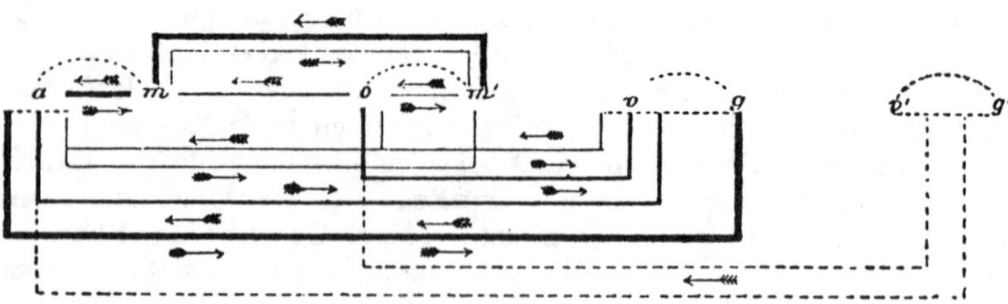

Abb. 1.4: *Schema der assoziativen Verknüpfungen einer Wortvorstellung nach* Wundt (zur Zeichenerklärung vgl. Tab. 1.3)

Wortverständnis auswirkt, muß man auf die Störung oder den Verlust einer oder mehrerer Bahnen schließen. In vielen Fällen läßt sich nach Wundts Ansicht die durch einen Verbindungsverlust bedingte dauerhafte Störung durch den Aufbau von Hilfsassoziationen kompensieren.

Wichtig für das Verständnis der Wundtschen Theorie ist die unterschiedliche Einschätzung der Glieder L, B und Z. Die Elemente von L und B sollen relativ konstant, die von Z hingegen wechselnd sein. Tabelle 1.3 repräsentiert die Wortvorstellungsstruktur eines normalen Erwachsenen einer Kulturnation, eines Menschen, der schreiben und lesen kann und dies auch ab und zu tut. Beim Kleinkind und beim Analphabeten tritt an die Stelle der optischen Wahrnehmung des Wortzeichens beim Lesen und der zeichnenden Bewegungsempfindung beim Schreiben die optische Wahrnehmung der das Wort begleitenden Gebärde und die Bewegungsempfindung bei der Ausführung der Gebärde. Die Aneignung der entsprechenden Kulturtechniken bedingt, daß diese Gliederung von Z sich allmählich mit der schriftzeichenbedingten vereint und hinter diese zurücktritt.

Nutzen wir WUNDTS Modell, um jene Differenzen zwischen der psychischen Struktur der Wortvorstellung des Kindes und des Erwachsenen zu fixieren, die über die selbstverständlichen interindividuellen Unterschiede hinausgehen. Obwohl ein Kind schon relativ früh, oft vor Ablauf des ersten Lebensjahres, mit einem Wort erfolgreich einen Gegenstand seiner Erfahrung bezeichnen kann, divergiert seine psychische Verarbeitung mit der eines vergleichbaren Erwachsenen zumindest in L, abhängig von seinen Artikulationsmöglichkeiten, in Z, abhängig von seinen schriftsprachlichen Kenntnissen, und in B, abhängig von seinen Umwelterfahrungen.

Aus alldem wird klar, daß WUNDT den Spracherwerb nicht primär als genetisch angelegten Reifungsprozeß, sondern als *Lernvorgang* verstand (s. hierzu Kap. IV): «Daß das Kind unter den normalen Verhältnissen seiner Entwicklung die Sprache nicht selbsttätig erzeugt, sondern daß sie ihm von seiner Umgebung mitgeteilt wird, ist zweifellos» (1904, Bd. I, 1. Teil, S. 303). Die von vielen Forschern beobachteten merkwürdigen «Wortschöpfungen» seien in Wirklichkeit nur die Wiedergabe von Umweltreizen. WUNDT sprach in diesem Zusammenhang von einer tradierten «Ammensprache» und suchte nach den Motiven für eigentümliche Wortbildungen von Personen, die viel mit Kindern umgehen. Unter eigentümlichen Wortbildungen verstand er Wörter, bei denen die Affinität zwischen Laut und Bedeutung zumindest dem Erwachsenen gegenwärtig ist. Zum einen passen nach WUNDTS Ansicht diese Erwachsenen ihre eigenen Wortbildungen den *Artikulations*möglichkeiten des Kindes an, zum anderen wollen sie diese den *Verständnis*möglichkeiten so angleichen, daß das Wort durch sich selbst verständlich wird. Als Resultat treten dann notwendig onomatopoetische Wendungen auf. Das fragliche Vokabular der Kindersprache werde infolgedessen vom Kind nicht erfunden, sondern ihm unter Einhaltung bestimmter Bedingungen des wechselseitigen Verkehrs mitgeteilt. Abgesehen von der Entwicklung der Stimmlaute bis zu jenem Punkt, an dem die eigentliche Sprachbildung beginne, stelle die kindliche Sprache keine abkürzende Wiederholung der Sprachentstehung dar.

4. Stern/Sterns Sprachentwicklungsepochen

4.1. Der theoretische Standort

Den Höhepunkt der ersten Forschungsphase bildeten CLARA und WILLIAM STERN mit ihrer 1907 erschienenen und noch heute als Standardwerk akzeptierten Monographie «Die Kindersprache». Die STERNS konnten auf zweieinhalb Jahrzehnte lebhafter Forschung und methodologisch-theoretischer Diskussion zurückblicken. Schon hinter ihnen lag die grundlegende Kontroverse in der emprisch-explikativen Psychologie zwischen *intellektualistischer* und *voluntaristischer* Sicht des Spracherwerbs (vgl. hierzu WUNDT 1918, S. 6ff.).

Dem Intellektualisten PREYER, der allererste sprachliche und vorsprachliche Reaktionen des Kindes auf die Umwelt sogleich als durchaus komplexe Verstandestätigkeit auf der Grundlage von logisch oder assoziationspsychologisch strukturierten Vorstellungen deuten wollte, waren in dieser Meinung viele gefolgt. Nennen wir die bekanntesten, den Polen OLTUSCEWSKI, die Amerikanerin SHINN und die Deutschen LINDNER, AMENT, SCHNEIDER, TÖGEL und FRIEDRICH; auch der englische Preyer-Bewunderer SULLY wäre hier am ehesten einzuordnen. Diesen gegenüber standen die «Voluntaristen», neben WUNDT vor allem MEUMANN und IDELBERGER, mit Einschränkungen auch der Kanadier TRACY und der Amerikaner DEWEY – beide hatten bei dem Wundt-Schüler STANLEY HALL studiert, der die Auffassungen seines Lehrers in den Vereinigten Staaten bekanntgemacht hatte. Von dieser Gruppe wurden die Anfänge des Spracherwerbs als *Nachahmungsprodukte* zur Äußerung von Affekten und Strebungen verstanden. Spracherwerb wurde damit letztlich nicht auf intellektuelle, sondern auf affektive Prozesse zurückgeführt und daher nicht als Folge, sondern als Bedingung höherer kognitiver Funktionen verstanden.

Häufig betonten die «Intellektualisten» das Vorhandensein *gattungsspezifischer Anlagen*, wenn nicht direkt zur Sprachfähigkeit, so zumindest zur Verstandesfähigkeit, die erst die Sprache ermögliche. Die «Voluntaristen» hingegen hoben für den Spracherwerb wie auch den Aufbau anderer kognitiver Funktionen die Bedeutung der *Umwelteinflüsse* hervor. – Nicht in dieses Schema einzuordnen, aber so bedeutend, daß sie genannt werden sollten, sind GUTZMANN, der sich vor allem mit kindlichen Sprachdefekten befaßte und wohl als erster zu Forschungszwecken Tonaufnahmegeräte verwendete, und STUMPF, der eine äußerst abweichende privatsprachliche Entwicklung seines Sohnes beschrieb.

STERN/STERN wollten sich weder der einen noch der anderen Sicht voll anschließen. Sie illustrierten die eigene Position mit einer Gegenüberstellung von WUNDT und AMENT. WUNDTS Auffassung von der «Ammensprache» und der Kindersprache als Umweltprodukt haben wir im vorangegangenen Abschnitt zur Kenntnis genommen. AMENT (1902) vertrat eine vollständig entgegengesetzte Meinung: «Die Onomatopoetica und die gesamte Ammensprache überhaupt sind nicht eine Erfindung der Mütter und Ammen, sondern der ungezählten Kinder von Jahrtausenden, zu denen die Mütter und Ammen in keinem anderen Verhältnis als dem der Fixierer, Überlieferer und Nachahmer des Gegebenen stehen» (zit. nach STERN/STERN 1922, S. 126). Dies schien STERN/STERN allzu einseitig, «denn das sprechenlernende Kind ist nicht einfach mit der sprachschaffenden Menschheit zu identifizieren, sondern überall durch das Eingreifen der Erwachsenen mitbestimmt» (ebd.). Und WUNDT übertrieb ihres Erachtens in der anderen Richtung, da das Kind nicht nur passiv-nachahmend, sondern ebenso spontan-schöpferisch sei. Kurzum, ein Primat der Anlagebedingungen sei ebenso unzulässig wie ein Primat der Umwelteinflüsse. Erst die *Konvergenz* beider Faktoren schaffe die Bedingungen, unter denen Spracherwerb möglich sei.

Der Gedanke ist plausibel und in dieser allgemeinen Form heute ein Gemeinplatz. Zur Relativierung der Argumentation seien noch zwei Bemerkungen gestattet.

Dem gegen WUNDT gerichteten Angriff liegt eine – leider übliche – simplifizierende Wertung seiner Theorie zugrunde. WUNDT verstand das Kind nicht, wie W. STERN an anderer Stelle meinte, als schlichten Echoproduzenten. Aus seinem Modell der psychischen Struktur der Wortvorstellung läßt sich ableiten, daß die vom Kind aufgebauten Wortvorstellungen von denen des Erwachsenen wohlunterschieden sind. Und wenn WUNDT die Kindersprache als «ein Erzeugnis der Umgebung des Kindes, an dem das Kind wesentlich nur passiv mitwirkt» (1904, Bd. I, 1. Teil, S. 313) charakterisierte, zielte er hier doch auf äußere Eigenschaften des Erzeugnisses, z. B. die onomatopoetischen Bildungen, ab, ohne eine aktive Beteiligung am Erwerb dieses Erzeugnisses in Frage zu stellen.

Ferner muß der Konvergenz-Grundsatz spezifiziert werden. Welches sind die für den Spracherwerb relevanten Anlagebedingungen, welches die relevanten Umwelteinflüsse? Und wie läuft der Konvergenzprozeß ab? Mit der Metapher kann man die verschiedensten Vorstellungen über Annäherungs-, Verknüpfungs- und Wechselwirkungsvorgänge verbinden. Nun, für einzelne Beispiele werden diese Fragen von den STERNS durchaus im Rahmen einer empirisch-theoretischen Darstellung beantwortet: «Der Schrei des Säuglings, der ursprünglich nichts als Entladung war, wird dadurch ein ‹Hilfe›-Schrei, daß die Assoziation zwischen Schrei und Abstellung des Unbehagens gestiftet und schließlich symbolhaft benutzt wird. Der Schrei ist jetzt nicht nur Folge, sondern auch Mittel» (1922, S. 125). Zur generellen theoretischen Fundierung des Gedankens wich W. STERN (1967) in den eigens entwickelten philosophischen Überbau, den «kritischen Personalismus», aus (vgl. op. cit., S. 25 ff.).

4.2. Die Fortschritte in der Methode

Wir wollen STERN/STERNS Verfahren zur Beobachtung, Protokollierung und Auswertung hier nicht vollständig erläutern, sondern lediglich die Fortschritte gegenüber PREYER u. a. notieren.

Zur Beobachtungstechnik: Die Beobachtungen wurden vom Forscherehepaar in enger Arbeitsgemeinschaft durchgeführt. Damit kommen sie den schon besprochenen methodologischen Forderungen an ein zuverlässiges

Beobachtungsverfahren näher als ihre Vorgänger. Diese Einschätzung gilt auch für ihre Anstrengung, die Unwissenheit des Kindes um die Beobachtung zu erhalten. Wenn sich z. B. die Mutter mit dem Kind beschäftigte, gab der protokollierende Vater vor, Korrespondenzen zu erledigen. STERN/STERN ergänzten die chronologische Datenaufzeichnung durch synchronische Erhebungen mit dem Ziel, die Sprachleistungen des Kindes zu einem bestimmten Zeitpunkt möglichst umfassend beschreiben zu können. Hierzu wurden erstens größere Sprachproben des Kindes (Erzählungen, Bildbeschreibungen etc.) vollständig mitstenographiert. Der Charakter der Protokolltechnik gestattete einleuchtenderweise nur die Erfassung syntax- und wortschatzbezogener Informationen. Zweitens wurde die Beobachtung gezielt auf solche Äußerungskategorien ausgerichtet, deren Einschätzung nach Auswertung der chronologischen Aufzeichnungen fraglich blieb. Wenn man z. B. Gewißheit haben wollte, ob das Kind tatsächlich schon Präpositionen verwendet, konzentrierte sich der Beobachter ausschließlich auf Äußerungen, die eventuell Realisierungen präpositionaler Gefüge darstellten.

Zu den Altersangaben: Das bisherige Chaos bei den Altersangaben wurde durch die noch heute gebräuchliche Sternsche Konvention bereinigt. Zwei Beispiele: «1; 5 1/2» bezeichnet ein Alter von einem Jahr, fünfeinhalb Monaten, «1; 4(10)» bezeichnet ein Alter von einem Jahr, vier Monaten und zehn Tagen.

Zum Beobachtungszeitraum: PREYER wählte die ersten drei Lebensjahre; seine Begründung haben wir zur Kenntnis genommen. STERN/STERN gingen über diesen Zeitraum hinaus, da sie die Entwicklung der Kindersprache erst als abgeschlossen betrachteten, wenn die «Umgangssyntax» in den Hauptzügen vorhanden war: «Wir verstehen somit unter ‹Kindersprache› diejenige Sprachepoche, die vom ersten sinnvoll gesprochenen Wort bis zur Bewältigung der Hauptarten des Satzgefüges reicht» (1922, S. 4). Indem sie das Interesse von der Artikulationsentwicklung auf die Syntax verlagerten, widmeten sie folgerichtig den vorsprachlichen Artikulationen wenig Aufmerksamkeit.

Zum Datenvergleich: Da STERN/STERN drei Kinder beobachteten – die ältesten (Hilde und Günther) recht ausführlich, das jüngste (Eva) eher zur Ergänzung der bis dahin gewonnenen Daten –, konnten sie ansatzweise «allgemeingültige und differentielle Züge» in der Sprachentwicklung feststellen. So glaubten sie, ihrem Ziel, die «Normalitätsbreite» der Sprachentwicklung zu beschreiben, näherzukommen.

Zur Herauslösung der Sprache: Bisher war es selbstverständlich gewesen, die Entwicklung von Sprache und Denken zusammenhängend abzuhandeln. STERN/STERN wollten hingegen bei der Sprachbetrachtung nur solche nichtsprachlichen Leistungen berücksichtigen, die ihres Erachtens unmittelbar mit Sprachprozessen zu tun haben. Sie planten folgende monographische Auswertung ihrer Protokolle: Die Kindersprache; Erinnerung, Aussage und Lüge; Anschauen und Darstellen; Das Spiel des Kindes; Willens- und

Gemütsleben; Denken und Weltanschauung. Hiervon kam nur der erste Band zur Ausführung.

Zur Sicht des Gegenstandes: Stern/Stern verstanden Kindersprache aus drei Gründen als dialektartiges Gebilde. Kindersprache sei wie ein Dialekt (a) reine Sprechsprache ohne schriftsprachliche Normen, (b) «der adäquate und naive Ausdruck der geistigen Beschaffenheit des Sprechenden» (op. cit., S. 2) und (c) ein abgeschlossenes, regelhaftes «Sprachganzes». Damit unterscheide sich die Kindersprache «von den bloß negativ-wertigen Sprachformen, dem Falschsprechen, dem Jargon, denn diese beruhen darauf, daß von Regeln schon Bewußtsein, aber kein korrekter Gebrauch besteht; daß eine Form gesucht wird, die dem Sprechenden nicht adäquat ist; daß ein unharmonisches Sprachgemisch erzeugt wird, welches jeder einheitlichen Charakterisierung spottet» (op. cit., S. 2). Hinzuzufügen wäre noch, daß nach dieser Auffassung Kindersprache sich in allen relevanten Punkten mit Sicherheit von den meisten pathologischen Spracherscheinungen unterscheidet.

4.3. Die Epochen der Sprachentwicklung

Nach Stern/Stern ist normalerweise bis zum 4./5. Lebensjahr die Syntax der Umgangssprache in ihren Grundzügen aufgebaut. Die Entwicklung bis zu diesem Zeitpunkt gliederten sie in ein Vorstadium und vier Epochen, die im folgenden erläutert und mit Sprachdaten der Sternschen Kinder exemplifiziert werden sollen.

0. Vorstadium (etwa 1. Lebensjahr):

Die Sprache wurzelt nach W. Stern einerseits in *triebhaft angelegten Entladungs- und Ausdrucksbewegungen* wie Schreien, Lallen, aber auch Zappeln und Strampeln, andererseits in einem *allgemeinen sozialen Kontaktbedürfnis*, das sich schon in der vorsprachlichen Zeit in kleinen sozialen Spielen, dann in Lautnachahmungen und sinnvollem Reagieren auf Sprache manifestiere.

- Lallen:
  «Von der siebten Woche an brachte das gesättigte Kind zuweilen Töne des Behagens hervor, etwa wie ‹*kräkrä*›; mit zwei Monaten ließ es den Vergnügungslaut ‹*erre erre*› hören» (1922, S. 12, Hilde).
  «An Lalltönen sind aus dieser Zeit notiert: ‹*bababa, dadada, tätätä, äbuä, hä, pu*›» (1922, S. 82, Günther [0;7]).
- Nachahmung:
  «...; ziemlich mühelos werden ‹*mama, papa, dada, jette (ette)*›, ein meckriges Lachen *(‹ăăăă›)* und noch einiges andere nachgeahmt» (1922, S. 85, Günther [0;9]).
- primitives Verständnis:
  «Mit 3/4 Jahren beginnt bei Günther das ‹Sprachverständnis›, indem er

auf bestimmte Worte mit bestimmten Bewegungen reagiert. ‹Mache mal butz› wird mit Zurückwerfen des Körpers im Wagen, ‹mache mal patsche, patsche› mit Patschen auf unsere Backe beantwortet» (1922, S. 83).

1. Epoche (etwa die 1. Hälfte des 2. Lebensjahres):
Hier liegt der eigentliche Beginn des Sprechens, von W. STERN als Lautäußerungen definiert, die mit dem *Bewußtsein der Bedeutung* und der *Absicht zur Mitteilung* verbunden sind. Er wird ermöglicht durch das Zusammentreten der im Vorstadium entwickelten Funktionen, «der Ausdrucksbewegung des Lallens, dem sinnlosen Nachahmen und dem sinnvollen Reagieren auf Gesprochenes» (1967, S. 113). Die ersten Äußerungen dieser Art sollen nicht als Wörter, sondern als *Einwortsätze* verstanden werden. Artikulatorisch stehen sie dem Lallen noch sehr nahe. Eine Differenzierung zwischen benanntem Gegenstand und auf ihn gerichteter Strebung ist noch nicht zu erkennen.

Nach W. STERNS Auffassung sollte man im Stadium des Einwortsatzes mit einer Unterteilung der Äußerungen nach Wortklassen vorsichtig verfahren. Zwar lege die äußere, grammatische Form oft nahe, schon früh zwischen Interjektionen und Substantiven, vielleicht auch Verben zu unterscheiden. Auf der Basis einer psychologischen Definition von Wort und Satz dürften sich solche Klassifikationen aber als unangebracht erweisen:

«Die Spracheinheiten eines Kindes [in diesem Stadium, der Verf.] gehören überhaupt keiner Wortklasse an, weil sie keine Einzelworte, sondern *Sätze* sind. Denn ein Wort ist der Ausdruck für einen einheitlichen Bewußtseinsinhalt; ein Satz dagegen ist der Ausdruck für eine *einheitliche* (vollzogene oder zu vollziehende) *Stellungnahme zu einem Bewußtseinsinhalt*» (1922, S. 164; zu einem Vergleich dieser Satzdefinition mit der WUNDTS vgl. Anm. 3, ebd.).

– Einwortsätze:
  «‹*băbă̊*› – wird gesagt von Dingen, bei denen er weiß, daß er sie nicht in den Mund stecken darf, . . .» (1922, S. 86, Günther [1;2]).
  «‹*assä*› = essen. Wurde verlangend und konstatierend gebraucht» (1922, S. 23, Hilde [1;3 1/2]).

2. Epoche (etwa die 2. Hälfte des 2. Lebensjahres):
Wie schon PREYER stellten STERN/STERN fest, daß in diese Zeit ein starker Entwicklungsschub fällt, bei Mädchen ca. ein Vierteljahr früher als bei Knaben. Sie führten diese Erscheinung darauf zurück, daß zu diesem Zeitpunkt das «Bewußtsein von der Bedeutung der Sprache» erwache, die Erkenntnis, «daß jedes Ding seinen Namen habe» (1967, S. 142 f.). Das starke Anwachsen des Wortschatzes zieht Differenzierungen in Wortklassen nach sich und wird von Fragen nach dem Namen der Dinge begleitet. Das Auftreten von Wortklassen indiziert nach Ansicht der Autoren «Denkstadien», nämlich das *Substanz-*, das *Aktions-* sowie das *Relations-* und *Merkmalstadium* (vgl. hierzu 1922, S. 212 und 1967, S. 330 ff.).

Um die Diskrepanz zwischen der Menge der sprachlichen Reize aus der Umwelt und den kindlichen Sprachleistungen, also zwischen dem, was nachgeahmt werden könnte, und dem, was wirklich nachgeahmt wird, zu erklären, führen die STERNS den Begriff des *Schwellenwertes* ein, der sich auf eine Verständnis- und eine eigentliche Sprachschwelle bezieht:

«Für ein Kind bestimmten Alters ist von dem Wortschatz der Umgangssprache eine gewisse Menge schon über die Verständnisschwelle gestiegen (alle ‹verstandenen› Wörter); eine kleinere Menge hat sich außerdem über die Sprachschwelle erhoben (alle sinnvoll selbst gesprochenen Wörter); und ein dritter sehr kleiner Teil hat die Sprachschwelle passiert, ohne noch die Verständnisschwelle berührt zu haben (alle sinnlos nachgesprochenen Wörter).

Diese Divergenz zwischen Verständnis- und Sprachschwelle ist während der ganzen Sprachentwicklung vorhanden; aber eine reinliche Scheidung des nur Verstandenen von dem zugleich Selbstgesprochenen ist lediglich in den allerersten Phasen des Sprechenlernens möglich. Später kompliziert sich beides so sehr, daß man sich auf die Sprachschwelle beschränken muß» (1922, S. 132).

Neben Wachstum und Differenzierung des Wortschatzes ist in diesem Stadium das Auftreten verschiedener Satztypen zu beobachten. Zwei oder mehr flexionslose Wörter werden zu Interjektions-, Frage- und Aussagesätzen verkettet.

- Wortschatz:
  Hilde: 8 (1;3), 44 (1;6), 116 (1;8), 275 (1;11). Günther: 19 (1;2), 50 (1;11), 310–320 (2;4).
- Wortklassen und Schwellenwerte sind in Abb. 1.5 erfaßt.
- Fragen nach Namen:
  «‹*is'n das?*› = was ist denn das? So fragte H. unzählige Male am Tag, indem sie mit dem Fingerchen auf die Bilder oder Gegenstände zeigte» (1922, S. 30, Hilde [1;6]).

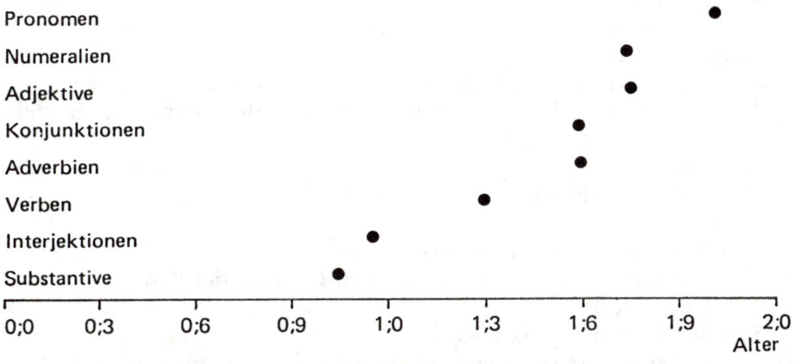

Abb. 1.5: *Schwellenwerte für das Auftreten der Wortklassen nach* STERN/STERN

– Sätze:
«Die ersten Satzverbindungen wurden notiert, und zwar waren sie in koordinierender Form: ‹*huhu ja? mutta!*› (Flasche, ja? Mutter soll sie mir geben). Eine adversative Satzverbindung: Als er ins Bett gebracht worden war und seine Flasche erwartete, fragten wir ihn scherzhaft: jetzt kommt wohl die Suppe? Antwort: ‹*nä – n puppe – hu hu!*› (nein, nicht die Suppe – die Flasche)» (1922, S. 90, Günther [1;10]).

3. Epoche (etwa die 1. Hälfte des 3. Lebensjahres):
Dieser Zeitraum ist durch das Auftreten von Flexionen bestimmt. Damit steigt die Anzahl der verwendeten Wortformen stark an. Man beobachtet die Deklination von Substantiven, Adjektiven und Artikeln, Komparativbildungen und die Konjugation von Verben und Hilfsverben. Abweichungen von der Erwachsenennorm treten häufig als Übertragung regelmäßiger Formen auf unregelmäßig zu flektierende Wörter auf und umgekehrt. Die Flexionen gestatten die Bildung komplexer Sätze, doch bleiben diese auf den Hauptsatztyp beschränkt. Außerdem hat die Wortstellung oft den Anschein von Beliebigkeit, ist also weitgehend unabhängig von grammatischen Vorschriften. «Wie die Vorstellungen durch das kleine Köpfchen hindurchschwirren», meinte STERN einfühlend, «so sprudeln die Worte hervor, . . .» (1967, S. 137). Jetzt treten auch erste Verkettungen von Sätzen auf. Syntaktisch gesehen sind sie noch Parataxen, also Nebenordnungen. Doch nach Analyse der logischen Funktionen können sie durchaus unterordnende Funktionen aufweisen. Auch die Fragen werden vielfältiger; neben Erkundigungen nach Namen stehen solche nach Eigenschaften und lokaler Position von Menschen und Gegenständen.

– Deklinationen:
«*buch – bücher; schönes buch; papa's, mama's; guter papa; sieh mal den goßen bäg* (Berg)» (1922, S. 50, Hilde).

– Komparative:
«*viel ßöner auf fofa*» (1922, S. 51, Hilde).

– Konjugationen:
Die Gegenwartsform herrscht vor: «*hab'n buch*» (1. P. Sing.); «*kommen dei vier anten*» (3. P. Pl.), aber auch Vergangenheits- und Zukunftsbildungen (vgl. 1922, S. 52f.).

– Parataxe:
«*äst anzie, dann bä gähn*» (1922, S. 58, Hilde).

– Fragen:
«*bist du müde?*» (1967, S. 138, Eva).
«‹*i hut? ä handa ä hut?*› = wo ist der Hut? Ist er auf der Veranda?» (1922, S. 101, Günther).

4. Epoche (bis zum 4./5. Lebensjahr):
In dieser Zeit nähert sich die Kindersprache der äußeren grammatischen Form nach der Erwachsenensprache bis zu einer weitgehenden Übereinstimmung. Es entwickelt sich die Fähigkeit zur Beherrschung von komplizierte-

ren Verbformen (z. B. des Konjunktivs) und hypotaktischen Satzverknüpfungen. Letztere sind nach STERN geeignet, die Über- und Unterordnung der Gedanken wiederzugeben. Die «Fehler» in der Artikulation, der Wort- und der Satzbildung nehmen kontinuierlich ab. Gleichzeitig neigen viele Kinder zu eigenen Wortableitungen und -zusammensetzungen. Zu den genannten Fragetypen treten noch Erkundigungen hinzu, die auf kausale und auf temporale Beziehungen ausgerichtet sind.

- Hypotaxe:
  «‹*ich wer se in de Küche mal fragen, ob se hierher kommt*› (indirekter Fragesatz). – ‹*will de Puppe durchhaun, bis ihr wehtut*› (Temporalsatz). – ‹*das bewegt sich heut so, weil's kaputt is*› (Kausalsatz). – ‹*kriegst keine Schnitte, wenn du so unatig bist*› (Konditionalsatz). – ‹*mußt de Betten wegnehmen, daß ich rausgehen kann*› (Finalsatz). – ‹*Puppe hat mich estört, daß ich nich schlafen konnte*› (Konsekutivsatz)» (1967, S. 139, Hilde [3;0]).
- Wortableitungen:
  «*Lötner, Ofner, Maschiner, Wurster*» (1967, S. 141).
- Wortzusammensetzungen:
  «*Milchapfelmus, Kinderzeugkasten, Naseputzschnupfen*» (1967, S. 140).
- Fragen:
  «‹*elett e heiß is – erum denn?*› = Warum ist das Tablett so heiß?» (1922, S. 196, Günther [2;10]).
  «‹*lange thea wiederkommt eintlich?*›= Wie lange dauert es eigentlich, bis Thea wiederkommt?» (1922, S. 110, Günther).

Den Epochen übergeordnet ist ein Prozeß, den die STERNS *fortschreitende Intellektualisierung der Sprache* nennen und der sich in drei Erscheinungen gliedert: die *Stabilisierung* der Wortbedeutungen, die *Objektivation* der Wörter und den Übergang *vom Konkreten zum Abstrakten.*

Stabilisierung meint die kontinuierliche Entwicklung von unterschiedlichsten, sich rasch wandelnden Verwendungsweisen eines Wortes hin zu einem Gebrauch, der am «konventionellen Bedeutungsgehalt» orientiert ist. Eine gewisse Plastizität bleibt letztlich immer erhalten. Fügen wir hinzu: Ohne diesen Prozeß wäre ein von der Sprechsituation relativ unabhängiges Verstehen von Sprachprodukten schwer vorstellbar. Objektivation meint den allmählichen Übergang vom (nur) affektiv-volitionalen zum (auch und manchmal nur) objektiv-konstatierenden Sprachverhalten. Vom Konkreten zum Abstrakten meint den Weg von der Anschauung zur Generalisierung, vom Einzelurteil zur Gesetzesformulierung.

«Konkretes kann vorgestellt, Affekte und Willensregungen können erlebt werden auch im vorsprachlichen Stadium und im sprachlosen Zustand; die Bildung von Allgemeinbegriffen aber und die Loslösung des Selbstbewußtseins vom naiven Erleben vermag der Mensch nur zu vollziehen in und mit der Sprache. Hier ist alles Gegenständliche verflüchtigt, und die Phänomene müßten in nichts zerflattern, wenn nicht das Wort den festen Punkt darstellte, um den sie sich kristallisieren können» (1922, S. 211).

Eine ausführliche Analyse dieses Prozesses war von Stern/Stern in einer – dann leider nicht erschienenen – Monographie über die Logik des Kindes geplant.

5. Zusammenfassende Wertung

Da die Divergenzen zwischen den dargestellten Positionen ausreichend behandelt wurden, sollen in einer knappen Übersicht gerade die Übereinstimmungen hervorgehoben werden.

Der Spracherwerb wurde abhängig von der Entwicklung des Denkens behandelt, was sich in psychologistischen Definitionen grammatischer Kategorien niederschlug. Preyer interpretierte das Wort auf der Basis von Vorstellungen, Wundt explizierte eine psychische Struktur der Wortvorstellung, und Stern/Stern sahen das Wort als Repräsentation eines einheitlichen Bewußtseinszustandes.

Die Hauptmethode zur Datenerfassung war die langfristige Beobachtung, mit der relativ gesicherte Kenntnisse über altersabhängiges Auftreten, äußere Gestalt und Veränderungsverläufe von Sprachprodukten gewonnen werden konnten. Trotzdem sei bedacht, daß das Fehlen geeigneter technischer Einrichtungen zur Aufzeichnung des beobachteten Verhaltens das Auftreten von Beobachtungsfehlern begünstigte. Da experimentelle Beobachtungsverfahren nur vereinzelt und unsystematisch eingesetzt wurden, sind die zahlenmäßig geringen Daten zur Sprachwahrnehmung mit Zurückhaltung zur Kenntnis zu nehmen.

Mit der Beobachtungssprache sind Voraussetzungen verbunden, die bestritten werden können. Die Verwendung traditioneller Grammatiktermini als Beschreibungskategorien impliziert a priori bestimmte Übereinstimmungen mit der Erwachsenensprache im allgemeinen und mit tradierten Normen im besonderen – eine Kritik, die auch für nachfolgende Forschungsphasen gilt. Die Verwendung des Schriftalphabets ist – was damals bereits erkannt wurde – zur Darstellung der kindlichen Artikulationsprodukte ungeeignet und wurde später durch standardisierte phonetische Transkriptionsalphabete abgelöst.

Der Kern der tatsächlich auf Beobachtung beruhenden Daten, der aktive Wortschatz, die Wortschatz- und die Satztypendifferenzierung, wurde zahlenmäßig ausgewertet. Die angestrebte Zusammenfassung und statistische Auswertung vieler Fallstudien mit dem Ziel, generelle quantifizierende Aussagen über die Sprachentwicklung zu erhalten, scheint wenig sinnvoll. Selbst wenn – was keineswegs der Fall war – eine ausreichende Übereinstimmung von Beobachtungsverfahren und -sprache der verschiedenen Forscher eine Zusammenfassung legitimiert hätte, wäre der erreichbare «Stichprobenumfang» für eine statistische Auswertung zu gering geblieben. Davon abgesehen, hätte den Ergebnissen wegen der Eigenart der Stichprobe die Allgemeingültigkeit abgesprochen werden müssen: Wir hätten lediglich Informationen über die Sprachentwicklung des Forscherkindes erhalten.

II. Sprachentwicklung – gezählt, gemessen und gewertet

Einleitung

Die Anfangsphase der Sprachentwicklungsforschung ließ das deutliche Bemühen erkennen, dem Forschungsgegenstand mit quantifizierender Betrachtung beizukommen. Der Erfolg war eher gering. In der amerikanischen Entwicklungspsychologie hingegen konnte gerade dieser Aspekt vervollkommnet werden. Die bis dahin gültigen Problemstellungen wurden kaum modifiziert. Ihre Anzahl wurde höchstens verringert, indem Sprachentwicklung aus umfassenderen Entwicklungsmodellen herausgelöst und isoliert betrachtet wurde. Grundlegend geändert wurde die Forschungsmethodik. Die Fallstudie wurde zugunsten von Gruppenstudien fast aufgegeben. Als ideales Ziel galt die repräsentative, quantifizierende Darstellung des fortschreitenden Aufbaus verbaler Leistungen.

Voraussetzung für die Einlösung des Anspruchs waren Fortschritte in Methodik und Kenntnisstand der Gesellschaftswissenschaften. Die generellen Explorationsverfahren wie Beobachtung, Experiment, Test, Befragung etc. waren verbessert und standardisiert worden. Die Weiterentwicklung der Forschungsstatistik bot günstige Verfahren zur Darstellung und Auswertung größerer Datenmengen sowie zur Kontrolle ihrer Zuverlässigkeit und Gültigkeit. Und die Soziologie hatte die Verteilung sozial relevanter Merkmale innerhalb größerer Populationen festgestellt. Auf dieser Basis konnte die Sprachentwicklungspsychologie zu vergleichbaren, zuverlässigen und in ihrem Gültigkeitsbereich festgelegten Ergebnissen gelangen. Ihre Hauptleistung für die angewandte Psychologie lag im Aufbau von Sprachentwicklungstests, die zur Früherkennung, präzisen Diagnostik und mittelbar zur Therapie von Sprachentwicklungsverzögerungen beitrugen.

Eine Verbesserung der Beobachtungssprache, die analog zum Fortschritt in der Linguistik schon in den 20er, spätestens aber in den 30er Jahren möglich gewesen wäre, wurde nicht geleistet. Von den phonetischen Transkriptionssystemen abgesehen, wurden die Beobachtungskategorien und -hierarchien, die Segmentierung und die Klassifizierung von Beobachtungseinheiten relativ lax gehandhabt.

Die zahllosen Forschungsarbeiten dieser Phase sind kaum überschaubar, so daß im Gegensatz zum 1. Kapitel nur eine systematische Darstellung gerechtfertigt scheint. Die Artikulations-, die Wortschatz- und die Satzforschung werden getrennt behandelt. Diese Bereiche wurden auch weitgehend getrennt erforscht. Für jeden wurde eine Vielzahl von Meß- und Zähltechniken vorgeschlagen. Die wichtigsten Verfahren sollen charakterisiert und typische Wertverläufe in Tabellen und Abbildungen dargestellt werden. Nach Behandlung der generellen Merkmale der Sprachentwicklung im Licht von Sprachmaßen werden von der allgemeinen Norm abweichende, gruppenspezifische Entwicklungsverläufe diskutiert. Abschließend werden korrelative Zusammenhänge zwischen Sprach- und Entwicklungsmaßen erörtert.

1. Die Artikulation

1.1. Die Verständlichkeit kindlicher Äußerungen

Mit dem stetigen Ausbau der psychologischen Methodik wurde auch und gerade im Bereich der Kindersprachforschung die Art der Datenerhebung problematisiert. Technische Verfahren, insbesondere Tonaufzeichnungen, die in der 1. Phase noch nicht zur Verfügung standen, erleichterten die Kontrolle dieses Faktors und warfen ein Licht auf die Leistungsfähigkeit der verschiedenen Protokollverfahren.

Betts (1934) nahm Äußerungen von Grundschulkindern auf und ließ sie nach vier Verfahren protokollieren (vgl. Tab. 2.1).

Protokolltechnik	Vollständigkeit in Prozent	Korrektheit des Aufgezeichneten in Prozent
Gerichtsreporter-protokoll	80,4	84,9
Kurzschrift-protokoll	53,3	82,9
Langschrift-protokoll	32,0	83,9
Phonetisches Protokoll	14,9	87,6

Tab 2.1: *Leistungsfähigkeit verschiedener Protokollverfahren nach* Betts (1934)

Die Protokolle wertete er nach Vollständigkeit und Korrektheit aus. Gerichtsreporter erstellten die vollständigsten, Phonetiker die unvollständigsten, aber in bezug auf das Aufgezeichnete die korrektesten Protokolle.

Untersuchungen dieser Art zeigen, mit welcher Vorsicht man den bis dahin üblichen Datenerhebungen begegnen muß. Wahrscheinlich dürfte in Phasen reicherer Sprachproduktion während einer Protokollsitzung selten mehr als die Hälfte der Äußerungen erfaßt worden sein, und es besteht die Befürchtung, daß die getroffene Auswahl keine zufällige ist. Vielmehr ist zu erwarten, daß besser verständliche Äußerungen eher protokolliert wurden als weniger verständliche. Schließlich kann ein Beobachter nur notieren, was er wahrgenommen und – wie im einzelnen auch immer – «verstanden» hat. Protokolliert er simultan, ist die Vollständigkeit seiner Aufzeichnungen abhängig von der Komplexität seiner Beobachtungssprache – das illustriert das schlechte Abschneiden der Phonetiker im oben geschilderten Versuch. Und protokolliert er im nachhinein, so ist die Vollständigkeit und Korrektheit seiner Aufzeichnungen abhängig von der Leistungsfähigkeit seines Gedächtnisses.

Geht man davon aus, daß Kindersprache von der Erwachsenensprache quantitativ und qualitativ wohlunterschieden ist, und akzeptiert man mit Wundt, daß wir «nur solche Sprachlaute vollkommen richtig [. . .] hören, die wir auch selbst richtig erzeugen können» (Wundt 1904, I. Bd., 2. Tl., S. 312), liegt die Problematik der Datenauswertung auf der Hand: Es besteht der begründete Verdacht, daß die auszuwertenden Daten verzerrt sind, daß durch ihre besondere Auswahl eine Verschiebung hin zur Erwachsenensprache erfolgt. Diese Verschiebung dürfte abhängig sein vom Grad der Unverständlichkeit, den die kindlichen Äußerungen für den Beobachter aufwerfen.

Um diese Bedenken für die Arbeiten der ersten Phase zu relativieren, sei angemerkt, daß Eltern ihre Kinder gemeinhin besser verstehen als ein beliebiger außenstehender Beobachter und daß korrektes Verständnis auch von nichtverbalen Faktoren abhängt, die von Tonaufzeichnungen nicht erfaßt werden. Die Protokolle von Preyer, Stern u. a. dürften in bezug auf Korrektheit und Auswahl des Aufgezeichneten dem Faktenbereich etwas näher kommen, als es Untersuchungen wie die von Betts vermuten lassen. Doch bleiben trotz dieser Abschwächung die generellen Bedenken bestehen. Zudem müssen bei Untersuchungen mit großem Querschnitt zwangsläufig Beobachter eingesetzt werden, denen die Versuchspersonen weitgehend unbekannt sind. Somit ist es unumgänglich, sich über den Faktor «Unverständlichkeit kindlicher Äußerungen» Klarheit zu verschaffen.

Mit dem Anteil unverständlicher Äußerungen an der kindlichen Sprachproduktion befaßten sich mehrere Forscher (u. a. McCarthy 1930, Day 1932, Shirley 1933 und Fisher 1934). Am stärksten soll dieser Anteil etwa im Alter von ein bis eineinhalb Jahren sein, mit zwei Jahren dürfte er zwischen 20 und 40 Prozent der beobachteten Äußerungen liegen und im Alter von dreieinhalb bis viereinhalb Jahren nahezu auf Null absinken.

Obwohl die Verständlichkeit von mehr als nur der korrekten Artikulation abhängen dürfte, eben auch von der Wortstellung oder von der Angepaßtheit einer Äußerung an eine Situation, wurde – wohl zu Recht – vor allem Fehlartikulation für Unverständlichkeit verantwortlich gemacht und ausgiebig untersucht (vgl. auch Abb. 2.4). Interessanterweise bestätigten sich dabei einige alte Hypothesen, so z. B. Preyers Ansicht, daß Vokale leichter als Konsonanten gelernt werden. Metraux (1950) stellte fest, daß bei der von ihr untersuchten Gruppe die Kinder im Alter von zweieinhalb Jahren zwar 90 Prozent der Vokale korrekt artikulierten, der gleiche Stand bei den Konsonanten aber erst mit viereinhalb Jahren erreicht wurde. Und Wundts oben zitierte Auffassung deckt sich grundsätzlich mit REIDS (1947) Schlußfolgerung, die Fähigkeit zwischen Sprechlauten zu unterscheiden sei die herausragende Bedingung für das Vermögen, sie zu artikulieren. In die gleiche Richtung weisen Ergebnisse von Lautdiskriminationstests, nach denen sprachgestörte Kinder auch signifikant schlechter Sprachlaute diskriminieren als normal sprechende (vgl. z. B. SCHIEFELBUSCH/LINDSEY 1958).

Vor allem aber stellte man eine Reihe positiver Korrelationen fest, so die implizit schon genannte zwischen Lebensalter und Korrektheit der Artikulation, zwischen der individuellen Gebrauchshäufigkeit eines Ausdrucks und seiner korrekten Aussprache (POOLE 1934) und zwischen dem Lebensalter und der Konsistenz von Fehlartikulationen (SPRIESTERSBACH/CURTIS 1951). Diese Erkenntnisse wie auch die Tatsache, daß entschieden mehr Fehler in Mittel- und Endpositionen als in Anfangspositionen zu finden sind (TEMPLIN 1943), sowie weitere ähnlich gelagerte Untersuchungen boten ausreichend Material zur Erstellung und Modifikation zahlreicher Artikulationstests (u. a. Blanton/Stinfield-Articulation-Test, Detroit-Articulation-Test, Voegelin/Adams-Test, Wellman-Test, West-Test).

Den meisten Tests liegt eine Klassifikation nach vier Fehlertypen zugrunde: Ersetzung, Auslassung, Verzerrung und Hinzufügung von Sprechlauten. WELLMAN/CASE/MENGERT/BRADBURY (1931) erkundeten die relativen Schwierigkeitsgrade von Konsonanten, Konsonantenverbindungen, Vokalen und Diphtongen an amerikanischen Kindergarten-Kindern. Diese Arbeit wurde von WILLIAMS/MCFARLAND (1937) fortgesetzt, die die gebräuchlichsten Irrtümer, vor allem aber die häufigsten Substitutionen feststellten. Nach ROE/MILISEN (1942) und SAYLER (1949) treten bei normalen Kindern häufiger Ersetzungs- als Auslassungsfehler auf. Interessanterweise zeigen retardierte und hirngeschädigte Kinder eine entgegengesetzte Tendenz (vgl. BANGS 1942 und IRWIN 1956). Eine plausible Interpretation dieser Abweichung ist bisher ausgeblieben.

Es sei noch erläutert, welche Fragen mit den Tests vornehmlich beantwortet werden sollen: Befindet sich der Proband noch innerhalb der Normalitätsbreite der Artikulationsentwicklung, oder muß seine Entwicklung als pathologisch verzögert angesehen werden? Welche spezifischen Fehlleistungen müssen in einem Sprachtraining behandelt werden? Und wie wird voraussichtlich die weitere sprachliche Entwicklung des Probanden aussehen? Kurzum, die Tests dienen zur Klassifikation (normal-retardiert), zur Differenzierung innerhalb der Klassen (spezifische Mängel) und zur Prädiktion.

Zum letzten Punkt hat DAVIS (1937) sehr weitgehende Ausführungen gemacht. Sie nahm an, das Artikulationsvermögen des Kindes sei eng mit der allgemeinen Sprachentwicklung und auch mit der Persönlichkeitsentfaltung verbunden. Die Ergebnisse einer Untersuchung von M. E. MORLEY (1967) stützen die Vermutung und lassen ahnen, wie eminent wichtig eine Früherkennung von Artikulationsstörungen ist. MORLEY verglich sprachlich

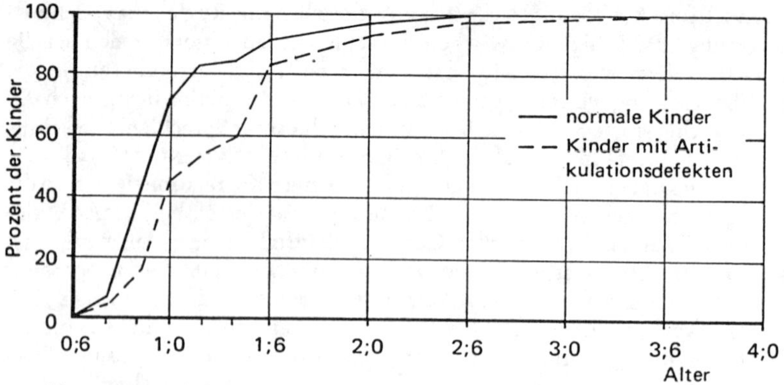

Abb. 2.2: *Produktion von Wörtern nach* Morley (1967), S. 27 und 37

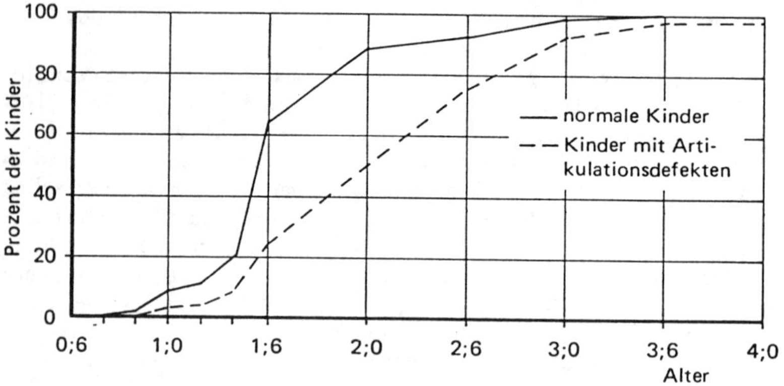

Abb. 2.3: *Produktion von 2- und 3-Wortsätzen nach* Morley (ebenda)

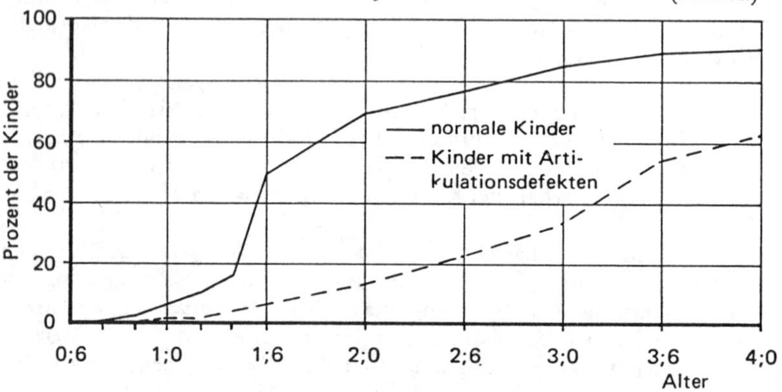

Abb. 2.4: *Produktion verständlicher Rede nach* Morley (ebenda)

normal entwickelte Kinder und Kinder mit Artikulationsschäden (vgl. Abb. 2.2–2.4). Sie betrachtete den Zeitpunkt des Auftretens von Wörtern, von 2- und 3-Wort-Sätzen und von verständlicher Rede. Für jeden der drei Aspekte blieben die Mittelwerte geschädigter Kinder deutlich hinter jenen der normalen Kinder zurück.

Genau betrachtet rechtfertigt der so erkannte Stellenwert der Artikulationsentwicklung PREYERS Entscheidung, die Beobachtung seines Sohnes nach der Vervollkommnung der Artikulation abzubrechen. Wir sind zwar keineswegs der Meinung, daß bis zu diesem Zeitpunkt alle interessanten Vorgänge des Spracherwerbs abgeschlossen sind; doch wenn der Artikulation innerhalb der Sprachentwicklung die oben umrissene Bedeutung zukommt, ist nach ihrer Herausbildung sicher ein vernünftiger Schnitt im allgemeinen Entwicklungsprozeß anzusetzen.

1.2. Die Entwicklung der Artikulation

1.2.1. Phonetische Grundlagen

Sprachlaute können phonetisch unter drei generellen Aspekten betrachtet werden: im Hinblick auf ihre Erzeugung durch die menschlichen Sprechorgane, im Hinblick auf die physikalischen Eigenschaften des produzierten Signals (komplexe Schwingungen der Luft) und im Hinblick auf ihr Einwirken auf das menschliche Gehör. Entsprechend unterteilt man in artikulatorische, akustische und auditive Phonetik.

Die relativ früh entwickelte artikulatorische Phonetik definiert elementare Sprechlaute unter Bezugnahme auf die Konstellation der Artikulationsorgane während der Lautproduktion. Jedem elementaren Sprechlaut wird eindeutig ein Transkriptionssymbol zugeordnet. Das verbreitetste Transkriptionssystem ist das Internationale Phonetische Alphabet (IPA). Man unterteilt die Sprechlaute zunächst in Vokale und Konsonanten. Nach einer leicht verständlichen, aber veralteten Definition wird bei der Produktion von Vokalen der Atemstrom nicht oder kaum behindert, bei den Konsonanten hingegen in irgendeiner Weise unterbrochen oder stärker eingeschränkt. Korrekter ist es, sich menschliche Artikulation als Zusammenspiel zweier Systeme, des *Generators* und des *Ansatzrohres*, vorzustellen. Bei den Vokalen wird der im Kehlkopf (also im Generator) erzeugte Primärklang durch Verformung des Ansatzrohres resonatorisch überformt; bei den Konsonanten entsteht der Schall erst im Ansatzrohr durch Hemmnisbildung (Strikturen).

Von den weiteren, zum Teil sehr spezifischen Klassifikationen seien nur die wichtigsten erwähnt. Man beachtet bei den Vokalen die Position der höchsten Zungenerhebung (vorn . . . mitte . . . hinten), die normalerweise von der Veränderung des Kiefernwinkels begleitete Zungenhöhe (oben . . .

mitte . . . unten) und die Lippenbeteiligung (gerundet . . . ungerundet). Weicht bei der Lautierung die Luft auch durch die Nase aus, heißen die Vokale nasaliert. Die Konsonanten werden als orale und nasale, stimmhafte und stimmlose sowie nach der Position und dem Ausmaß der Striktur gekennzeichnet. Ist die Obstruktion im oralen Kanal total, spricht man, Nasale ausgenommen, von Verschlußlauten, Plosivlauten oder Stops. Ist sie partiell, spricht man von Reibelauten oder Frikativen. Eine Sonderstellung nehmen die Liquide, die l- und r-Laute, ein, da bei ersteren eine seitliche Überwindung der Striktur und bei letzteren ein intermittierender Verschluß vorliegt. Der Ort der Striktur wird *Artikulationsstelle* genannt, das Ausmaß mit der Bezeichnung *Artikulationsmodus* angesprochen. Bündel dieser und weiterer Eigenschaften definieren einen elementaren Sprechlaut, der in den Transkriptionssystemen mit einem eindeutigen Symbol benannt werden soll.

Die bisherige Erörterung legt einen recht verbreiteten Irrtum nahe, der vom Aufbau der phonetischen Alphabete noch unterstützt wird: die Auffassung, menschliches Sprechen sei eine Abfolge wohlunterscheidbarer natürlicher Segmente. In Wirklichkeit fließen die Artikulationskonstellationen ineinander über – man spricht von *Koartikulation.* Eine Artikulationsabfolge stellt so ein viel verflochteneres und kontinuierlicheres Ereignis dar, als die Betrachtung einer phonetischen Transkription vermuten läßt (eine unkomplizierte Darlegung des Problems findet man bei Lyons 1971, S. 108 ff.). Verhalten überhaupt zeichnet sich durch Kontinuität aus, in die erst durch Beobachtung, Bewertung und letztlich wissenschaftliche Analyse Segmentierung hineinprojiziert wird (vgl. Pike 1964). Wir können den Gedanken hier nicht weiterverfolgen. Doch sollte er, wie die Bemerkungen zu den Protokolltechniken im vorangegangenen Abschnitt, bewußt machen, daß wissenschaftliche Daten nicht identisch mit den Fakten sind, sondern immer eine Sicht der Fakten implizieren, eine Sicht, die von den Beobachtungszielen und -möglichkeiten beeinflußt ist.

1.2.2. Irwins Versuchsreihe

Wohl die umfangreichste Forschung auf dem Gebiet der Artikulationsentwicklung leisteten Irwin und dessen Mitarbeiter. In einer großen Anzahl meist kurzer Aufsätze legten sie ihre Beobachtungsergebnisse dar. Zwar bemängelte McCarthy (1954, S. 508) das fast völlige Fehlen von Interpretationen und vor allem die Knappheit der Irwinschen Angaben über Methode und Beobachtungsbedingungen, doch wurde dieser Mangel in späteren Veröffentlichungen, zumindest teilweise, behoben (vgl. Irwin 1960). Da zudem die Ergebnisse bei methodisch abweichenden Versuchen grundsätzlich bestätigt wurden (vgl. Fisichelli 1950), besteht aller Anlaß, sie zur Kenntnis zu nehmen.

Prinzipiell kann die Erkundung von Entwicklungsvorgängen mit *Querschnitt-* oder *Längsschnittbeobachtungen* vorgenommen werden. Das von IRWIN gewählte Längsschnittprinzip weist einen bestechenden Vorzug auf. Jedem Altersschnitt liegt die gleiche Versuchspersonengruppe zugrunde. Damit ist eine Kontinuität der Datenreihe und die Möglichkeit, individuelle Entwicklungsverläufe zu verfolgen, gewährleistet. Die in Querschnittuntersuchungen verglichenen Altersgruppen sollen zwar möglichst ähnlich zusammengesetzt sein – man kontrolliert das Intelligenzalter, den sozio-ökonomischen Status etc; dennoch können unbekannte oder schwer meßbare Faktoren Divergenzen zwischen den Gruppen verursachen und so zur Verzerrung der Datenabfolgen beitragen. Die Vorteile der Querschnittuntersuchung liegen in dem relativ knappen Zeitraum, der für die Datenerhebung benötigt wird, im Gegensatz zu den Längsschnittuntersuchungen, deren Dauer naturgemäß von der beobachteten Altersspanne abhängt. Außerdem können im ersten Fall leichter größere Versuchspersonen(Vpn)-Stichproben erfaßt und die Anzahl für jeden Altersschnitt konstant gehalten werden. Hingegen leiden Längsschnittbeobachtungen oft unter dem Abbröckeln der Vpn-Gruppe – das gilt bedauerlicherweise auch für die Irwinsche Beobachtungsreihe (max. 80 Vpn, min. 19 Vpn).

Die Vpn-Stichprobe sollte weitgehend *repräsentativ* sein. Die Kinder stammten aus Familien von Arbeitern, Facharbeitern, kaufmännischen Angestellten, Geschäftsleuten, Juristen, Ärzten und College-Lehrern. Die Datenerhebung erfolgte im zweimonatigen Rhythmus von der Geburt bis zum 30. Lebensmonat. Üblicherweise werden Beobachtungen innerhalb von *Zeiteinheiten* durchgeführt, die als ausreichend für den Erhalt repräsentativer Daten erachtet werden. Dagegen benutzten IRWIN und seine Mitarbeiter *Verhaltenseinheiten* zur Bestimmung der Beobachtungsspanne. Die simultan protokollierten Artikulationsgeräusche während insgesamt 30 Ausatmungen bilden eine auszuwertende Protokollaufnahme. Nach IRWIN liegen die Vorteile der Methode darin, daß die von einem Kind während einer Ausatmung produzierten Laute gewöhnlich nicht die Verarbeitungsmöglichkeiten des Beobachters überstrapazieren.

Als Protokollsprache wählte die Irwin-Gruppe das oben erwähnte IPA. Zuvor hatte sie ein ausführliches phonetisches Training absolviert. Man kann sagen, es wurde das Verständnis der kindlichen Artikulation in einem ganz bestimmten Sinn geübt, nämlich mit dem Ziel, das Gehörte in Symbolketten des IPA transkribieren zu können. Den Erfolg des Trainings zeigt die hohe *Beobachter-Reliabilität* (resp. Objektivität), also die weitgehende Übereinstimmung von Protokollen verschiedener Beobachter. Die Verläßlichkeit der Daten wurde nach dem «odd-even»-Verfahren ermittelt. Die Eintragungen werden durchgezählt, in die gerade und ungerade numerierten Daten zerlegt und gesondert ausgewertet. Den Grad der Übereinstimmung zwischen beiden Datengruppen ergibt die *Daten-Reliabilität*; auch diese war für den diskutierten Fall zufriedenstellend.

Die in den Abbildungen 2.5 bis 2.8 zusammengefaßten Daten behandeln den Zuwachs von verwendeten Phonemtypen, aufgegliedert in Vokale und Konsonanten (Abb. 2.5), den Zuwachs der Gebrauchshäufigkeit von Vokalen und Konsonanten (Abb. 2.6) und den prozentualen Anteil der verschiedenen Vokal- und Konsonanttypen am Zuwachs (Abb. 2.7 und 2.8). Die Irwinschen Protokolleinheiten als *Phoneme* zu klassifizieren (er selbst verwendet abwechselnd «sound» und «phoneme»), ist genau betrachtet unkorrekt. Wir haben es hier unbestreitbar mit einer phonetischen, nicht mit einer phonologischen Analyse zu tun. Erst in der letzteren kann von Phonemen die Rede sein. Der Unterschied zwischen beiden Niveaus wird in Kap. IV verdeutlicht werden. Vorgreifend sei hinzugefügt, daß Phonemanalysen für die vorsprachliche Entwicklungsphase wenig sinnvoll sind, da alle anerkannten Phonembegriffe bedeutungshaltige Sprache voraussetzen. Am korrektesten wäre es, im vorliegenden Fall von *Artikulationstypen*, die sich nach dem IPA klassifizieren lassen, zu sprechen.

Abbildung 2.5. Ungefähr zum Zeitpunkt des ersten Auftretens von Wörtern erreicht die Konsonantenkurve die der Vokale. Die im ersten Lebensjahr zu beobachtende Tatsache, daß mehr Vokal- als Konsonanttypen in Gebrauch sind, tritt in keinem Lebensalter wieder auf. Später wird die Relation zwischen der Anzahl von Vokalen und Konsonanten von den Eigenschaften der jeweils gesprochenen Sprache abhängig sein. Hier halten wir zunächst fest, daß einfachste Meßwerte die Grenze zwischen sprachlicher und vorsprachlicher Artikulation zu fixieren scheinen. Mit zweieinhalb Jahren sind praktisch alle Vokale vorhanden, aber erst zweidrittel (16) der von Erwachsenen verwendeten englischen Konsonanten. Im 2. und 3. Lebensjahr nimmt die Gesamtzuwachsrate etwas ab. Der gegen Ende des 2. Lebensjahres zu beobachtende starke Anstieg des Wortschatzes findet keine Entsprechung im Anstieg der verwendeten Artikulationstypen.

Abbildung 2.6. Zu Anfang treten nicht nur mehr Vokaltypen auf, sie werden auch wesentlich häufiger als die Konsonanttypen verwendet (in den ersten Lebensmonaten vier- bis fünfmal so oft). Erst mit zweieinhalb Jahren erreicht die Gebrauchshäufigkeit der Konsonanten fast die der Vokale. Vokal- und Konsonantengebrauchshäufigkeit verzeichnen ihren stärksten Anstieg am Ende des 2. Lebensjahres. In diesem Zeitraum verlaufen die Wachstumskurven auffallend parallel. Im Gegensatz zum Typenzuwachs korreliert der Häufigkeitszuwachs mit dem bemerkenswerten Wortschatzanstieg. Wir können das so fassen: Der qualitative Schritt von der vorsprachlichen zur sprachlichen Artikulation bringt auch qualitative Veränderungen für das Lautinventar mit sich, die Anzahl der Konsonanttypen überholt die Anzahl der Vokaltypen, und die Konsonantfrequenz nähert sich der Vokalfrequenz. Der spätere Wortschatzanstieg hingegen geht vornehmlich mit einer vermehrten Artikulationsproduktion Hand in Hand.

Abbildung 2.7/2.8. In der 2. Hälfte des 2. Lebensjahres, eben während des starken Wortschatzanstiegs, stabilisiert sich die Verteilung der verschiede-

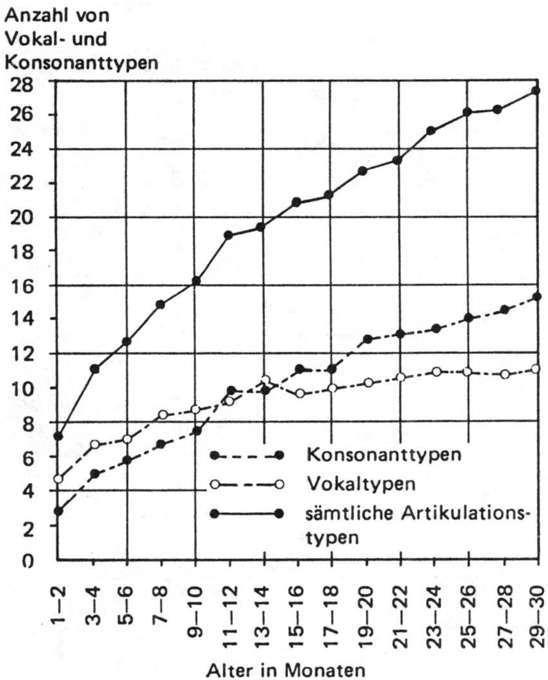

Abb. 2.5: *Zuwachs von Konsonant- und Vokaltypen nach* Irwin (1947a) *und* Chen/Irwin (1946a)

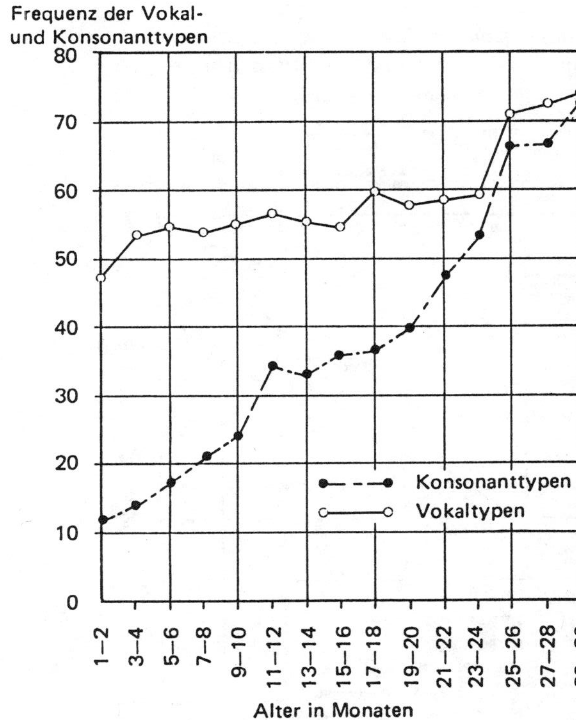

Abb. 2.6: *Zuwachs der Gebrauchshäufigkeit von Konsonant- und Vokaltypen nach* Irwin/Chen (1946)

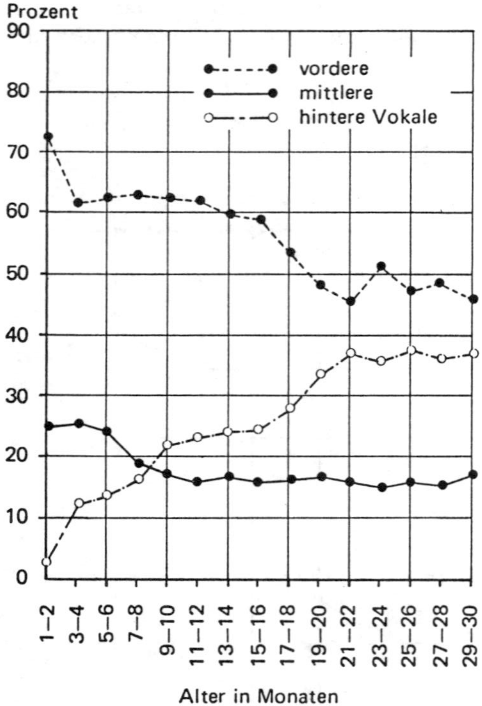

Abb. 2.7: *Prozentualer Anteil der verschiedenen Vokaltypen nach* Irwin (1948a)

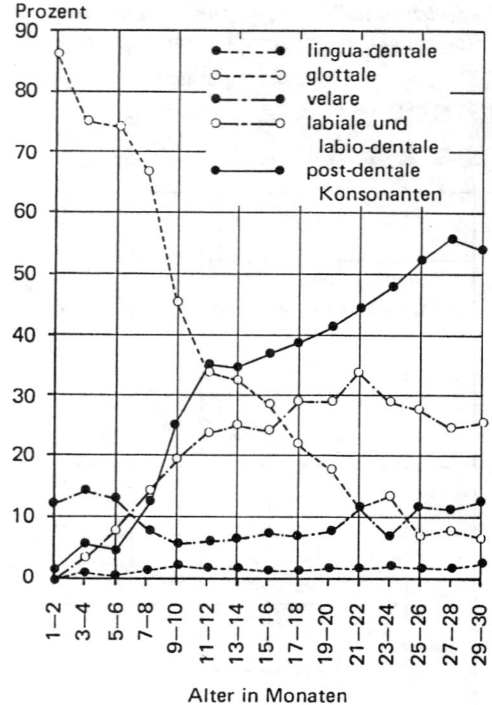

Abb. 2.8: *Prozentualer Anteil der verschiedenen Konsonanttypen nach* Irwin (1947b)

nen Vokaltypen. Zu diesem Zeitpunkt sind ca. 90 Prozent der Vokale beobachtbar. Eine entsprechende Stabilisierung im konsonantischen Bereich beginnt, wenn man sie der Kurve überhaupt entnehmen kann, erst im 3. Lebensjahr. Die Verschiebung wundert nicht, da ja mit zweieinhalb Jahren ein Drittel der Konsonanten noch nicht verfügbar ist. Der Anteil der vorderen Vokale nimmt stark, der der mittleren leicht ab, der der hinteren nimmt stark zu. Bei den Konsonanten ergibt sich ein entgegengesetztes Bild.

Abschließend sei darauf hingewiesen, daß zumindest mit Beginn des eigentlichen Sprechens irgendwann zwischen dem 9. und 18. Monat, wahrscheinlich aber schon früher, die Datenkurven von der jeweiligen Zielsprache, hier also dem Englischen, abhängen. Für deutsche Kinder dürften sie abweichend, wenn auch ähnlich aussehen. Doch da vergleichbare Untersuchungen für das Deutsche nicht unternommen wurden, sollte man Generalisierungen der aufgezeichneten Trends mit Vorsicht begegnen.

2. Der Wortschatz

2.1. Grundsätzliche Probleme der Wortschatzforschung

Im vorangegangenen Abschnitt wurde gezeigt, wie kindliche Äußerungen phonetisch transkribiert werden. Die Ergebnisse sind Ketten phonetischer Symbole. Sprachliche Einheiten oberhalb der phonetischen Ebene, die wie z. B. Wörter durch Lautfolgen realisiert werden, müssen irgendwelchen Unterketten solcher Transkriptionen zugeordnet werden. Doch nach welchen Kriterien werden während oder nach der Transkription die Grenzen zwischen den Unterketten gesetzt, um die in Rede stehenden *Segmente* zu erhalten? Die in der Linguistik entwickelte Distributionsanalyse bietet hierfür eine prinzipiell voraussetzungsfrei ablaufende Prozedur an (vgl. Kap. IV). In den im folgenden referierten Untersuchungen hat man sich hiermit selten näher befaßt. Man geht, nicht ganz zu Unrecht, davon aus, daß der Beobachter eben in der Lage ist, die Grenzen zu setzen. Pausen im Artikulationsstrom, Intonationsmuster u.v.a.m. liefern ihm zahlreiche Hinweise – was nicht heißt, daß er sich dieser Hinweise explizit bewußt ist. Methodologisch ist eine solche Haltung natürlich unbefriedigend, aber sie ist praktisch und reduziert den Arbeitsaufwand. Die durch sie eventuell verursachten Fehlinterpretationen zur Sprachentwicklung können hier nicht abgeschätzt werden.

Ist man mit der Segmentierung schlecht und recht ins reine gekommen, muß bedacht werden, ob das *Wort als elementare Einheit* überhaupt auf ein theoretisch fundiertes Konzept gestützt werden kann. Die moderne strukturelle Sprachwissenschaft verneint dies häufig. Sie entwickelte den Begriff des *Morphems* – der kleinsten bedeutungstragenden Einheit. Mit dem Morphembegriff werden Sprache und Sprechen differenzierter strukturiert. Oft fallen Morphem- und Wortgrenzen zusammen. «Mensch» und «Tat» z. B. sind jeweils ein Wort und ein Morphem. «Unmensch» und «Taten» hingegen werden jeweils als ein Wort, aber als Verbindung zweier Morpheme betrachtet. «Unmensch» setzt sich zusammen aus der Morphemrealisierung «Un», die die Bedeutung «nicht ...», «kein ...», «nicht wie ein ...» o. ä. transportiert, und der Morphemrealisierung «Mensch», die bestimmte Eigenschaften eines Individuums fixiert. «Taten» besteht aus «Tat» und der Morphemrealisierung «en», die den Plural anzeigt.

Obwohl das Morphemkonzept seit Jahrzehnten bekannt ist und sprachwissenschaftlich wesentlich befriedigender abgeklärt werden konnte als das Wort, wird es in der Kindersprachforschung nur sporadisch eingesetzt. Das mag zum Teil an der Unkenntnis der jeweiligen Forscher liegen. Andererseits muß bedacht werden, daß für den in Kulturtechniken geübten, sozusagen mit dem Wort aufgewachsenen Menschen dieser Begriff eminent plausibler ist als das von der Sprachwissenschaft angebotene Morphem. Die Spracheinheit Wort ist ja keine Fiktion. Unsere Standardgrammatiken und Lexika verwenden sie offensichtlich erfolgreich. Wir alle verstehen uns sehr gut, wenn wir über Wörter reden. So nimmt es nicht wunder, wenn auf das Wort als Zähl- und Meßeinheit zurückgegriffen wird (vgl. hierzu auch die kritischen Betrachtungen in SEACHORE 1933, SEACHORE/ECKERSON 1940 und M. K. SMITH 1941).

Da eine anspruchsvolle empirisch-theoretische Explikation nicht vorliegt, begnügt man sich mit der Aufzählung aller Objekte, die unter die Klasse Wort fallen, oder der Angabe eines Verfahrens, dessen Anwendung Wörter von Nicht-Wörtern trennt. MCCURRY/IRWIN (1953) schlugen folgende Definition vor:

«Ein Standardwort ist definiert durch die Form seiner phonetischen Aufzeichnung in Kenyon & Knotts Pronouncing Dictionary of American English» (op. cit., S. 133).

Hiermit wären nur Äußerungen zu erfassen, die der Norm der Hochsprache genügen. Um insbesondere der Kindersprache gerecht zu werden, muß der ersten Definition eine zweite beigegeben werden:

«Eine Wortnäherung ist definiert als ein phonetisches Muster, in dem ein oder mehrere Elemente des Standardwortes, entweder vokalische oder konsonantische Elemente, vorhanden sind. Dies bedeutet, daß einige Elemente des Standardmusters ausgelassen und andere Elemente substituiert oder hinzugefügt sind» (op. cit., S. 133).

Die vorgeschlagene Charakterisierung einer Wortnäherung ist offensichtlich so weit gefaßt, daß mit ihr wenig anzufangen ist. Zusätzliche Kriterien müßten ins Feld geführt werden. Außerdem sind die beiden Definitionen um eine Zählkonvention zu erweitern, die bei unklaren Fällen wie Kontraktionen, Komposita u. ä. den Zahlenwert festlegt.

Betrachten wir den Kern der McCurry/Irwinschen Definition, die Wortliste, hier ein Lexikon, mit der die *Identifikation der Segmente* vorgenommen wird. Wie bekannt, sind alle existierenden Wortlisten unvollständig. Der tatsächliche Wortbestand einer Sprache wird wesentlich höher geschätzt als die Gesamtheit registrierter Einheiten des umfangreichsten Lexikons. Wörter, die wir aufgrund unserer Sprachkenntnis akzeptieren, für die jedoch, auch wenn sie als Approximationen betrachtet werden, im Lexikon keine Eintragung zu finden ist, müßten unbeachtet bleiben. Zugegeben, diese Fehlerquelle ist praktisch irrelevant, wenn größtmögliche Listen, eben Lexika, bei der Auszählung verwendet werden. Anders sieht die Sache bei jenen wesentlich kleineren Listen aus, auf denen viele zur Schätzung des Wortschatzumfangs benutzte Tests beruhen.

Wenn nun Segmentierung und Identifizierung der Einheiten ausreichend gesichert sind, kann man Zähl- und Meßverfahren in der Beobachtung einsetzen. Hier sind zwei Aspekte des Sprechens auseinanderzuhalten. *Sprechproduktion* und *Sprechperzeption* werden als Leistungen, die zwar viel miteinander zu tun haben, aber wohlunterscheidbar sind, eingeschätzt. Entsprechend unterteilt man den Wortschatz in *aktiv* und *passiv* beherrschte Wörter, in Wörter, die produziert, und in solche, die verstanden werden. Von geäußerten Wörtern wird, abgesehen von echolalischen Produkten, angenommen, daß sie normalerweise auch verstanden werden. Folglich kann der passive Wortschatz nie kleiner sein als der aktive. Wäre er mit dem aktiven Wortschatz identisch, bestände kein Anlaß, zwischen beiden zu unterscheiden. Wir dürfen davon ausgehen, daß gute Gründe existieren, die Anzahl der passiv beherrschten Wörter wesentlich höher als die Anzahl der aktiv beherrschten anzusetzen. In der Gedächtnisforschung wurde festgestellt, daß die Anzahl reproduzierter Einheiten immer niedriger als die Anzahl der wiedererkannten Einheiten ist (vgl. FRÖBES 1917, 1920).

Einige Schwierigkeiten, die für die Wortschatzforschung auftreten, wurden bereits in Kap. I, 2 und 4 dargestellt. Bei der reinen Beobachtung liegen sie vor allem in der Feststellung des passiven Wortschatzes (vgl. hierzu auch DALE 1931 und BEAR/ODBERT 1941); in experimentellen Untersuchungen sind sie verstärkt auch auf der aktiven Seite zu finden. Ob ein Kind im Experiment ein Wort äußert, ist nicht nur von seinen außerhalb des Versuchs vielleicht oft bewiesenen Möglichkeiten abhängig, sondern ebenso von der Qualität der Bedingungen, die der Versuchsleiter setzt, um das Zielwort hervorzurufen. Analoges gilt für die Überprüfung des Wortverständnisses. Hinzu kommt, daß die Kriterien, nach denen ein Wort als verstanden oder nicht verstanden bewertet wird, unterschiedlich streng gefaßt werden können. Da verschiedene Wortschatzuntersuchungen im Aufbau stark variieren, gelangt man zu recht unterschiedlichen quantitativen Angaben. Ein sinnvoller Vergleich von Ergebnissen verschiedener Untersuchungen muß immer einen bewertenden Vergleich des Versuchsaufbaus beinhalten.

2.2. Der Wortschatzumfang

Bei der Festlegung des Wortschatzumfangs können recht unterschiedliche Wege eingeschlagen werden. In nicht-experimenteller Längsschnittbeobachtung einzelner Kinder (vgl. Kap. I, insbesondere STERN/STERN) kann die Wortproduktion und -perzeption kontinuierlich protokolliert werden. Somit ist für jedes beliebige Alter innerhalb der Beobachtungsspanne eine vollständige Aufstellung der bis dahin geäußerten und verstandenen Wörter möglich. Ein Nachteil des Verfahrens wurde bereits im 1. Kapitel angedeutet: Da es keine statistisch auswertbaren Datenmengen liefert, verbieten sich generalisierende Interpretationen der Ergebnisse. Ein weiterer bedenkenswerter Nachteil liegt in einer Besonderheit der Daten. Ein irgendwann einmal beherrschtes Wort kann zum Zeitpunkt der Wortschatzaufstellung wieder vergessen worden sein und dürfte eigentlich nicht mitgezählt werden. Dieser Fall ist nicht fiktiv, er tritt zumindest in der Anfangsphase der Wortschatzentwicklung relativ häufig ein. Eine Möglichkeit, repräsentative und genau dem jeweiligen Alter entsprechende Abschätzungen des Wortschatzes zu gewinnen, bieten prinzipiell die *Wortschatztests*. Grundlegend ist hier die Arbeit von M. E. SMITH (1926), die mit relativ geringen Modifikationen oft wiederholt wurde.

Der Sinn eines Tests liegt darin, einem Probanden unter Beachtung bestimmter Eigenschaften (z. B. Leistungen oder Persönlichkeitsmerkmale) seinen Platz in einer eben nach diesen Eigenschaften geordneten Population zuzuweisen. Die interessierenden Parameter der Population werden gewöhnlich über Erkundungen innerhalb repräsentativer Stichproben dieser Population geschätzt. In diesem Zusammenhang spricht man von der Eichung eines Tests für eine bestimmte Personengruppe. Für einen Wortschatztest könnte diese Personengruppe alle Kinder einer bestimmten Nationalität und Sprache umfassen oder nur Heimkinder, Einzelkinder, Kinder aus bestimmten sozio-ökonomischen Gruppen etc. Die korrekte Einschätzung eines Probanden in Hinblick auf eine Population steht und fällt mit der angemessenen Erfüllung zweier Bedingungen: der Repräsentativität der Eichgruppe und der Güte der Testitems.

Gewöhnlich interessiert man sich bei der Durchführung von Tests nicht für die absolute Größe einer Eigenschaft oder Leistung; vielmehr beurteilt man den Probanden relativ zu den Eigenschaften oder Leistungen der Eichgruppe. Dies bedeutet für Wortschatztests die Erkenntnis, ob und, wenn ja, wie weit ein Proband in Hinblick auf die von ihm beherrschten Wörter von der Normalitätsbreite abweicht. Im diskutierten Fall interessiert der Wortschatztest nicht als Werkzeug der psychologischen Diagnostik, sondern als Technik zur Erkundung genereller Entwicklungstendenzen.

M. E. SMITH erfaßte in ihrer 244 Personen umfassenden Stichprobe achtmonatige bis sechsjährige Kinder, die von verschiedenen Institutionen betreut wurden. Nach der Ansicht von IRWIN (1960, S. 504) bedingt die

Auswahl in Hinblick auf mentale Skalen (z. B. Intelligenzquotienten) eine Abweichung von der normalen Verteilung. Es sind mehr Versuchspersonen im oberen und unteren, weniger im mittleren Bereich der Skala angesiedelt. Die Repräsentativität der Stichprobe für amerikanische Kinder der gewählten Altersspanne dürfte daher nicht im bestmöglichen Maße gesichert sein.

Komplexe Potentiale wie die Menge der beherrschten Wörter können aus prinzipiellen methodischen Gründen in einem Experiment nicht vollständig kontrolliert und gemessen werden – im Gegensatz zu Variablen wie Körpergröße oder -gewicht. Sie werden auf der Grundlage einer Stichprobe geschätzt. Die Stichprobe von Wörtern sollte für den kindlichen Wortschatz oder für alle Wörter der jeweiligen natürlichen Sprache repräsentativ sein. Ist das Größenverhältnis zwischen Wortstichprobe und Wortpopulation bekannt, kann von den Stichprobenergebnissen auf den totalen Wortschatz geschlossen werden (zur Problematik der Wortstichprobengewinnung vgl. WILLIAMS 1932).

Will man nun Aussagen über die Gesamtheit der vom Probanden beherrschten Wörter erhalten, muß der Wortstichprobe besondere Aufmerksamkeit gewidmet werden. Stichproben können auf zwei Arten gewonnen werden: durch reine Zufallsauswahl oder durch organisierte, aber prinzipiell zufällige Auswahl. Die reine Zufallsauswahl garantiert nur für recht umfangreiche Stichproben deren Repräsentativität. Dem steht entgegen, daß ein Test, schon gar ein Test für Kinder, so knapp wie eben vertretbar gefaßt sein soll. Bleibt die organisierte Auswahl. Hierfür muß die Verteilung relevanter Merkmale der Population bekannt sein. Lexika enthalten solche Informationen nicht oder nur in verschlüsselter Form. Außerdem wäre es schon in Hinblick auf die Größenverhältnisse besser, eine Stichprobe des Kinderwortschatzes und nicht des umfangreicheren Gesamtwortschatzes einer Sprache zu bilden.

Das Dilemma ist offensichtlich. Methodologische Forderungen zielen auf Kenntnisse ab, die gerade erst gewonnen werden sollen. Der Kinderwortschatz ist nur partiell bekannt; weder über seinen Umfang noch über seine Strukturierung liegen präzise Angaben vor. Die Erforschung seiner Entwicklung soll diese Angaben erst liefern. M. E. SMITH behalf sich mit THORNDIKES 10000-Wortliste (1921), die auf einer Auswertung von Kinderliteratur basiert und von der eine nicht näher bestimmte Ähnlichkeit mit dem Kinderwortschatz postuliert wird. Die Liste wurde um Wörter, deren Beherrschung durch Kinder unwahrscheinlich schien, bereinigt. Da die Liste nach Auftretenshäufigkeiten geordnet ist, bietet sie ein Strukturmerkmal, nach dem die 203 Wörter umfassende Stichprobe organisiert werden konnte.

Der Test enthält zwei Typen von Items. Die Items des ersten Typs setzen in Form von Bildern und Fragen die Bedingungen, die die Produktion des Testwortes hervorrufen sollen. Erst wenn dies mißlingt, wird in den Items des zweiten Typs in Form anderer Fragen das Testwort so verwendet, daß dessen Verständnis respektive Nichtverständnis aus der kindlichen Reaktion

Alter	Vpn	IQ	Wörter	Zuwachs	GRISBY
0;8	13	–	0	–	–
0;10	17	–	1	1	–
1;0	52	–	3	2	–
1;3	19	–	19	16	–
1;6	14	–	22	3	–
1;9	14	–	118	96	–
2;0	25	–	272	154	–
2;6	14	–	446	174	–
3;0	20	109	896	450	1507
3;6	26	106	1222	326	–
4;0	26	109	1540	318	2148
4;6	32	109	1870	330	–
5;0	20	108	2072	202	2527
5;6	27	110	2289	217	–
6;0	9	108	2562	273	3054

Tab. 2.9: *Wortschatzentwicklung nach* M. E. SMITH *und* O. J. GRISBY (zit. nach MCCARTHY 1954, S. 533)

möglichst eindeutig abzulesen ist.

Die hochgerechneten Werte der Smithschen Eichgruppe enthält Tabelle 2.9. Bei ihrer Einschätzung sei bedacht, daß die zugrundeliegenden Wortstichproben nicht aus dem Kinderwortschatz oder dem amerikanischen Wortschatz überhaupt, sondern aus der Thorndike-Liste entnommen sind. So dürfen wir aus der Betrachtung der Smithschen Tabelle z. B. nicht schließen, die beobachteten Kinder verfügten im Alter von drei Jahren über durchschnittlich 896 Wörter. Es bleibt lediglich die eingeschränkte Aussage, daß 896 Wörter aus der vorgegebenen Liste wahrscheinlich beherrscht werden. Ob darüber hinaus weitere Einheiten produziert oder verstanden werden können, bleibt unbekannt.

Diese Bemerkung zur Relativität so gewonnener Zählwerte zeigt, daß der tatsächliche Entwicklungsverlauf quantitativ höher anzusetzen ist, als die Daten auf den ersten Blick vermuten lassen. Die tatsächliche Entwicklung des Wortschatzumfangs bleibt zum Teil ungeklärt. Die Begrenzung «nach unten» wurde festgelegt. Außerdem besteht die Hoffnung, daß die Daten-

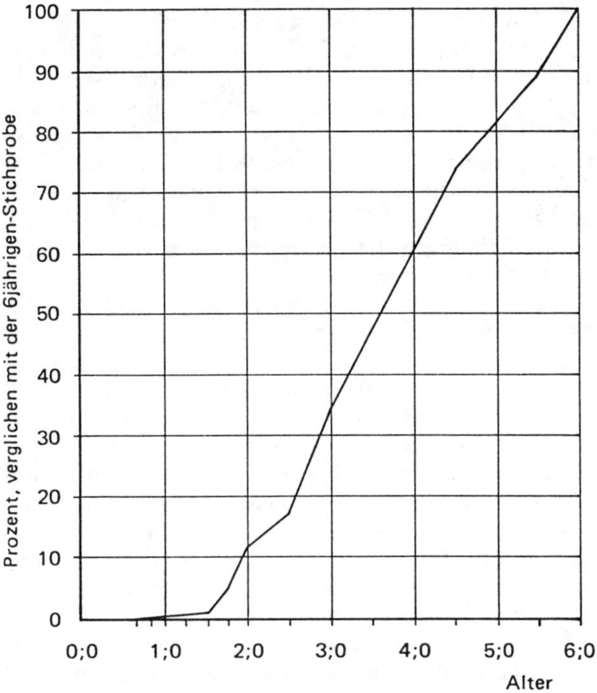

Abb. 2.10: *Wortschatzzunahme nach* M. E. Smith *mit den Werten der 6jährigen-Stichprobe als 100%-Niveau*

folge die charakteristische Verlaufsform der Wortschatzentwicklung aufzeigt – daß man voraussagen kann, wann typische Stagnationen und typische Anstiege im Zuwachs zu erwarten sind.

Abbildung 2.10 vermittelt einen ersten Eindruck. Wird das Alter von 6;0 als 100%-Niveau gesetzt, liegt in dem Beobachtungsintervall 2;6 bis 3;0 der stärkste Zuwachs. Die Abweichungen zwischen den Intervallen über 1;6 sind so gesehen allerdings gering; fast könnte man von einem linearen Anstieg zwischen 1;6 und 6;0 sprechen. Hingegen hebt eine andere Betrachtungsweise das Intervall 1;6 bis 2;0 hervor. Hier ist der Zuwachs von 250 Wörtern innerhalb eines halben Jahres gemessen an den 22 Wörtern im Alter von 1;6 mit 1136 Prozent entschieden der höchste aller Halbjahresintervalle. Kurzum, zwischen 1;6 und 2;0 liegt der eigentliche Beginn der Wortschatzentwicklung. Während bei 1;6 nur ein höchst geringes Wortmaterial vorliegt, treffen wir bei 2;0 auf einen Bestand, der schon relativ vielfältige verbale Kommunikation gestattet.

Um deutlich zu zeigen, wie verfahrensabhängig Schätzungen der Smithschen Art sind, wurden in Tabelle 2.9 zusätzlich die vergleichbaren Zahlen von GRISBY (1932) aufgenommen. Sie liegen beträchtlich höher und beruhen nach McCARTHY auf einer vorveröffentlichten Form des Smith-Williams Vocabulary Test. Dessen endgültige Fassung, eine Revision des ursprünglichen Tests von M. E. SMITH, wurde von WILLIAMS/McFARLAND (1937) erarbeitet und wird noch heute verwendet. Die Autoren beachteten einen Großteil der methodischen Kritik; vor allem verkürzten sie den Test auf die praktikable Länge von zwei Teilen zu je 42 Items. Da die Autoren die Relativität ihrer Zählungen klar erkannten, verzichteten sie auf die Abschätzung des totalen Wortschatzes.

In M. E. SMITHS Arbeit wurden passive und aktive Wortbeherrschung zwar partiell getrennt getestet, aber nicht getrennt ausgewertet. Andere Wortschatztests verzichten von vornherein auf die Erfassung der aktiven Seite. VAN ALSTYNE (1929) entwickelte einen reinen *Wortverständnistest*, der in einer Viertelstunde durchgeführt werden kann. Dem Kind werden pro Item ein Testwort und vier Zeichnungen vorgegeben. Es muß entscheiden, welche Zeichnung den Wortinhalt wiedergibt. Offensichtlich ist das Kriterium, mit dem hier Verständnis beurteilt wird, nicht sehr streng. Das Kind trifft eine alternative Wahl, leistet aber keine Definitionen o. ä. So wundert es nicht, daß Schätzungen nach diesem Test höher liegen als nach Tests mit strengeren Kriterien. Der Van Alstyne-Test war außerdem nur auf die Normen Dreijähriger bezogen. Von AMMONS u. a. (1948, 1949a, b, 1950) wurde er auf den Altersbereich zwischen 2 und 17 Jahren ausgeweitet.

Erst TEMPLIN (1957) differenzierte sauber zwischen aktivem und passivem Wortschatz. Sie untersuchte die Sprachentwicklung von 480 Kindern im Alter von drei bis acht Jahren in Hinblick auf die Mehrzahl der bis dahin vorgelegten Sprachentwicklungsmaße. Den passiven Wortschatz («vocabulary of recognition») erfaßte sie für die Altersspanne drei bis fünf mit dem oben erwähnten Ammons Full-Range Picture Vocabulary Test und für die Altersspanne sechs bis acht mit dem Seachore/Eckerson English Recognition Vocabulary Test (zum letztgenannten Test vgl. M. K. SMITH 1941). Hier unterschied TEMPLIN zwischen *Basis-* und *Gesamtvokabular*. Im Basisvo-

Alter	M. K. SMITH	TEMPLIN unkorrigiert	TEMPLIN korrigiert
6	16 100	14 400	7 800
7	18 500	19 200	12 400
8	23 000	25 100	17 600

Tab. 2.11: *Entwicklung des passiven Basiswortschatzes nach* M. K. SMITH *und* TEMPLIN (nach TEMPLIN 1957, S. 111)

kabular (vgl. Tab. 2.11) sind Komposita und abgeleitete Wörter nicht berücksichtigt. Auch für den aktiven Wortschatz («vocabulary of use») wurden zwei Verfahren herangezogen. TEMPLIN beachtete die Anzahl verschiedener Wörter in 50 Äußerungen und die Leistungen in Lautunterscheidungstests. Leider gestatten beide Verfahren keine Aussage über den Gesamtumfang des aktiven Wortschatzes.

Eine Umfangsschätzung leistete TEMPLIN lediglich für den passiven Wortschatz der 6- bis 8jährigen, da nur die Wortstichprobe des Seachore/Eckerson-Testes für ein ungekürztes Lexikon, den Funk & Wagnalls, repräsentativ ist. Die Tabellen 2.11 und 2.12 enthalten korrigierte und unkorrigierte Werte sowie die Vergleichswerte von M. K. SMITH. Die korrigierten Werte sollen um Leistungen, die nicht auf tatsächlichem Verständnis, sondern auf Raten beruhen, bereinigt sein. Zum kritischen Vergleich wurden der Tabelle

Alter	M. K. SMITH	TEMPLIN unkorrigiert	TEMPLIN korrigiert	M. E. SMITH	GRISBY
6	21 000	18 800	13 000	2 562	3 054
7	26 500	24 400	21 600	–	–
8	38 000	32 000	28 300	–	–

Tab. 2.12: *Entwicklung des passiven Gesamtwortschatzes nach* M. K. SMITH *und* TEMPLIN *mit Vergleichswerten von* M. E. SMITH *und* GRISBY (nach TEMPLIN 1957, S. 113, und McCARTHY 1954, S. 533)

2.12 die Werte der Sechsjährigen von M. E. SMITH und GRISBY beigegeben. Die Abhängigkeit der Schätzungen von Wortstichprobe und Beurteilungskriterien ist evident. Die Schätzungen von TEMPLIN und M. K. SMITH beruhen auf der gleichen Wortstichprobe. M. K. SMITHs Kriterien waren schwächer; so liegen ihre Zahlen deutlich höher. Der Abstand zwischen TEMPLIN und M. K. SMITH auf der einen Seite sowie M. E. SMITH und GRISBY auf der anderen ist noch bemerkenswerter. Eine einfache Überlegung erklärt diese Diskrepanz: Die Zahlen der ersteren können von den letzteren prinzipiell nicht erreicht werden, da ihre Wortstichprobe für eine 10000-Wortliste repräsentativ ist. 10000 Wörter wäre folglich der maximale Schätzwert.

Eine weitere Methode, mit der die Verlaufsform der Wortschatzentwicklung erfaßt werden sollte, ist die *freie Assoziation*. Sie wurde vor allem mit Schulkindern durchgeführt – eine methodisch bedingte Einschränkung. Vorschulkinder erfolgreich dahingehend zu instruieren, auf ein Stimulus-Wort frei zu assoziieren, dürfte nicht ganz einfach sein. Zudem wurden die Kinder aufgefordert, ihre Assoziationen niederzuschreiben. Die in Tabelle

Autor	Vpn-Gruppe	Anzahl der Wörter	Differenz
PRESCOTT	7-jährig	35	122
	13-jährig	157	
DOLCH	2. Klasse	73	118
	8. Klasse	191	

Tab. 2.13: *Anzahl der frei assoziierten, innerhalb von 15 Minuten niedergeschriebenen Wörter nach* PRESCOTT *und* DOLCH (zit. nach McCARTHY 1954, S. 535)

2.13 angegebenen Werte von PRESCOTT und von DOLCH dürften von der zunehmenden Schreibfähigkeit der Kinder mit beeinflußt sein.

Von SHAMBAUGH/SHAMBAUGH (1928) wurde die Methode der freien Assoziation systematisch für Wortzählstudien ausgebaut. 400 eng mit dem täglichen Leben der Kinder assoziierte Stimulus-Wörter wurden in 50er-Listen geordnet und Kindern von der 4.-8. Klasse zur freien Assoziation vorgegeben. Da 1851 Kinder an der Untersuchung teilnahmen und jedes vier oder fünf Wörter niederschreiben sollte, wurde ein beträchtlicher Wortkorpus erstellt (230631 Wörter insgesamt, davon 4515 verschiedene Wörter), der auch nach Häufigkeiten ausgewertet wurde. Da die Ergebnisse mit der Thorndike-Liste nicht in Einklang standen, wurde deren Eignung für Wortschatzhochrechnungen bestritten (vgl. McCARTHY 1954, S. 534, und OERTER 1970, S. 445). Uns scheint diese Argumentation nicht einsichtig, da die Repräsentativität des Shambaugh/Shambaugh-Korpus für Kindersprache keineswegs gesichert ist. Der Korpus ist eine Funktion der Stimuluswörter, und andere Stimuluswörter hätten zu einem anderen Korpus mit abweichenden Frequenzen etc. führen können.

Abschließend sei ein insgesamt erfolglos gebliebener Forschungsansatz beschrieben. Auf der Suche nach quantifizierbaren Variablen der Wortschatzentwicklung lag es auf der Hand, die Anzahl der Wortäußerungen pro Zeiteinheit (vgl. u. a. BRANDENBURG/BRANDENBURG 1919, M. E. SMITH 1926, FISHER 1934) und den zeitlichen Anteil der Wortäußerungen an der Zeiteinheit (vgl. u. a. GESELL 1925, McCARTHY 1930, OLSON/KOETZLE 1936) zu bestimmen. Beide Maße zeigten zumindest bis zum 4. Lebensjahr eine ständige Zunahme mit steigendem Alter. In der Smithschen Untersuchung wächst der Mittelwert von 78 Wörtern pro Stunde bei 2;0 auf 400 Wörter pro Stunde bei 4;0. Dieses und analoge Ergebnisse ließen hoffen, zwei gut erfaßbare Maße der frühen Sprachentwicklung gefunden zu haben. Doch waren die interindividuellen Abweichungen so kraß (zwischen 0 und 1100 Wörtern bei SMITH), daß generelle Tendenzen nicht aufgezeigt werden konnten.

2.3. Die Wortschatzsstruktur

Die Strukturierung des Wortschatzes kann auf unterschiedliche Weise erkundet werden. Zunächst mag das Ziel heißen, den totalen Wortschatz in Hinblick auf Wortklassen zu zerlegen. Die Fragestellung ist nur fruchtbar, wenn eine vollständige Erfassung des Wortschatzes geleistet werden kann. Dies gelingt nur, solange eine gewisse Übersichtlichkeit der Sprachentwicklung gewährleistet ist, also bis zum Alter von drei, höchstens vier Jahren bei normal entwickelten Kindern. Die durch Methoden und Gegenstand gesetzten Grenzen eines solchen Unterfangens wurden bereits in Kap. I angedeutet. Auch operationale Definitionen des Wortes wie die von McCURRY/IRWIN leisten lediglich Identifizierungshilfen, versagen aber bei der Klassifikation beobachteter Wortäußerungen. Ein Beispiel: Mit [ttha:t] kann entweder das Substantiv «Tat» oder eine Präteritumform des Verbs «tun» gemeint sein. Das Lexikon weist zwei identische phonetische Muster auf, liefert aber keine Hinweise, welches Wort wohl gemeint ist. Diese müssen im sprachlichen, oft auch im situativen Kontext der Äußerung gesucht werden.

Angenommen, all dies sei zu bewältigen, so bleibt doch die bedauerliche Tatsache, für die Strukturierung des totalen Wortschatzes nur mit Fallstudien aufwarten zu können. Hier helfen Wortschatztests nicht weiter. An die Form der Wortstichproben würden zu hohe Anforderungen gestellt; sie müßten zusätzlich für die Verteilungsform der Wortklassen innerhalb der Wortpopulation repräsentativ sein – eine Bedingung, die Wortstichproben von praktikablem Umfang wahrscheinlich verhindert.

Erfolgreicher verfolgen läßt sich ein eher begrenztes Ziel – die Verteilung der Wortklassen innerhalb größerer Passagen laufender Rede, wobei die Auswertung entweder in Hinblick auf die Gesamtheit aller gesprochenen Wörter oder in Hinblick auf die Anzahl der verschiedenen verwendeten Wörter vorgenommen wird. Die Tabellen 2.14 und 2.15 enthalten die entsprechenden Werte aus TEMPLINS Untersuchung. Neben neun Wortklassen führte sie eine gemischte Klasse ein, in die Eigennamen, unverständliche Wörter, Ausdrücke wie «ain't» ect. aufgenommen wurden. Nach TEMPLINS Werten ist mit drei Jahren schon eine beachtliche Stabilisierung der Wortklassenverteilung eingetreten, so daß nur recht schwache Alterstrends zu beobachten sind. Abgesehen von der gemischten Klasse ist auf der Basis der Gesamtheit aller gesprochenen Wörter nur bei den Konjunktionen ein kontinuierlicher Alterstrend zwischen dem 3. und 8. Lebensjahr zu vermerken. Wählt man die Anzahl der verschiedenen Wörter als Grundlage der Auswertung, steigen neben den Konjunktionen auch die Adjektive an, während der Anteil der Promomina abnimmt.

Alter	Sub-stantiv	Verb	Adjektiv	Adverb	Pro-nomen	Kon-junktion	Prä-position	Artikel	Inter-jektion	Gemischt
3	17,7	22,6	6,3	10,0	19,4	1,5	6,5	6,8	2,1	7,1
3,5	17,1	23,0	6,9	9,9	19,2	2,3	6,9	6,5	1,8	6,5
4	16,3	23,1	6,7	10,1	20,3	2,8	6,9	6,8	1,3	5,7
4,5	16,5	23,6	7,7	10,0	18,9	2,5	6,8	7,3	1,2	5,6
5	16,1	23,5	7,5	10,6	20,0	2,6	6,7	6,7	0,8	5,4
6	17,1	25,0	7,6	10,0	19,3	2,6	7,6	7,0	1,0	3,1
7	17,0	24,0	7,3	10,4	18,0	3,3	8,0	7,9	1,4	2,8
8	17,0	24,3	7,4	9,1	17,8	3,7	7,9	8,1	1,2	2,9

Tab. 2.14: *Mittlerer prozentualer Anteil der Wortklassen, gemessen an der Gesamtzahl der Wortäußerungen* (nach M. C. TEMPLIN 1957, S. 101)

Alter	Sub-stantiv	Verb	Adjektiv	Adverb	Pro-nomen	Kon-junktion	Prä-position	Artikel	Inter-jektion	Gemischt
3	25,5	23,4	8,8	11,5	12,1	1,1	5,8	2,2	2,0	7,6
3,5	23,8	24,1	9,8	11,6	11,4	1,6	6,6	2,0	2,0	7,2
4	24,2	24,0	10,3	12,2	10,4	1,6	6,0	1,7	1,6	8,0
4,5	25,0	23,3	10,9	12,4	10,5	1,4	5,5	1,7	1,4	7,9
5	23,7	23,9	11,0	13,4	10,4	1,6	5,7	1,7	0,9	7,7
6	25,9	24,4	12,1	12,8	9,2	2,2	5,9	1,6	1,3	4,8
7	26,0	24,1	11,9	12,9	9,2	2,2	6,1	1,5	1,7	4,2
8	27,4	24,2	11,9	12,4	8,7	2,5	5,6	1,5	1,3	4,5

Tab. 2.15: *Mittlerer prozentualer Anteil der Wortklassen, gemessen an der Anzahl unterschiedlicher Wortäußerungen* (nach M. C. TEMPLIN 1957, S. 101)

3. Der Satz

3.1. Definitionen des Satzes

Genau betrachtet sind Sätze, Wörter, Morpheme etc. keine Gegenstände der Beobachtung. Registriert werden mehr oder weniger lange, komplexe und verständliche Schallereignisse oder Schriftzeichenfolgen, die aufgrund einer Grammatik und Sprachtheorie als Äußerung von Sätzen, Wörtern, Morphemen etc. klassifiziert werden. Schon bei der Darstellung der Lauttranskription, letztlich aber bei der alternativen Erörterung des Wort- und des Morphembegriffs wurde klar, daß die beobachtungssprachlichen Begriffe selbst wie auch die Subsumierung von Ereignissen unter Klassen durchaus nichts Selbstverständliches sind. Vielmehr sollten sie auf begründeten theoretischen und methodologischen Vorentscheidungen beruhen. Viele Psychologen meinen, einige der involvierten Probleme umgehen zu können, wenn sie nicht von Sätzen resp. Satzäußerungen, sondern von «verbal responses» sprechen. Sind aber mit «verbal responses» immer Satzäußerungen oder Vergleichbares gemeint, haben wir es lediglich mit einer Verschiebung der Terminologie zu tun. Wer die entsprechenden Arbeiten kennt, wird die Verquickung von behavioristischer und grammatischer Terminologie bemerkt haben. Wir legen dem weiter kein Gewicht bei und gestatten uns, da der Unterschied zwischen Satz und Satzäußerung dargelegt wurde, aus Gründen der Einfachheit in unmißverständlichem Kontext «Satz» zu sagen, wenn eigentlich «Satzäußerung» gemeint ist.

Satzäußerung oder Satz gelten für die Mehrzahl der linguistischen Theorien als größte Beschreibungseinheit. Anders ausgedrückt, Prozeduren zur Korpusanalyse und Grammatiken interpretiert man generell als Definition der umfangreichsten Beobachtungsklasse oder der obersten Beschreibungskategorie der grammatischen Analyse – und das ist die Satzäußerung oder der Satz.

Für die Sprachentwicklungspsychologie wurden strukturell linguistische Konzepte erst in den späten fünfziger Jahren nutzbar gemacht. Die frühen Auswertungen der Satzentwicklung basierten auf theoretisch wesentlich anspruchsloseren Kriterien. Die Meß- und Zählkriterien waren – und das ist keineswegs abwertend gemeint – durchweg handfest, hausgemacht und althergebracht. Man bestimmte die Länge, die Komplexität und die Klassenzugehörigkeit der Sätze. Hierzu betrachtete man die Anzahl der Wörter pro Satz, die Vollständigkeit und Gliederung sowie die Funktion der Sätze.

Autor und Untersuchungstyp	Anzahl d. Vpn	Gruppe	Alter										
			1;6	2;0	2;6	3;0	3;6	4;0	4;6	5;0	6;0	7;0	8;0
M. E. SMITH (1926)	64	Kn.		1,3	2,2	3,3	4,4	4,1	4,8	4,7			
Einstündige Konversationen	60	M.		2,2	2,4	3,5	3,8	4,4	4,7	4,6			
in Spielsituationen.	124	Total		1,8	2,2	3,4	4,3	4,2	4,7	4,6			
McCARTHY (1930)	67	Kn.	1,0	1,4	3,2	3,1	4,2	4,3	4,6				
Repräsentative Gruppe.	73	M.	1,3	2,1	3,1	3,8	4,4	4,4	4,7				
50 Äußerungen gegenüber Erwachsenen.	140	Total	1,2	1,8	3,1	3,4	4,3	4,4	4,6				
FISHER (1934)	35	Kn.	3,4	4,7	3,4	5,0	8,4	6,9	10,1				
Begabte Gruppe. Drei-	37	M.	3,9	4,8	5,3	6,3	5,6	7,6	8,3				
stündige Stichproben in Spielsituationen.	72	Total	3,7	4,8	4,7	5,6	6,9	7,2	9,5				
M. E. SMITH (1935)	153	Kn.	1,2	1,5	2,4	3,3	4,3	4,4	5,0	4,9			
Einstündige Konversationen	152	M.	1,3	2,0	2,6	3,8	4,2	4,7	4,9	5,0			
in Spielsituationen.	305	Total	1,2	1,8	2,5	3,5	4,3	4,6	4,9	5,0			
TEMPLIN (1957)	30	Kn.				4,3	4,5	5,2	5,4	5,3	6,7	7,3	7,3
Repräsentative Gruppe.	30	M.				3,9	4,9	5,6	5,4	6,1	6,4	7,3	7,9
50 Äußerungen.	60	Total				4,1	4,7	5,4	5,4	5,7	6,6	7,3	7,6

Tab. 2.16: *Mittlere Wortanzahl pro Satz in fünf Untersuchungen* (nach McCarthy 1954, S. 546f., und Templin 1957, S. 79)

3.2. Die Satzlänge

Aus der großen Anzahl der Forschungen zur Satzlänge werden fünf herausgegriffen. Die Ergebnisse und eine Kurzcharakteristik der Versuche sind Tabelle 2.16 zu entnehmen. Meist liegen die Werte der Knaben etwas niedriger als die der Mädchen. Die Differenzen sind nur in wenigen Fällen signifikant (vgl. hierzu 4.2). Offensichtlich befinden sich Kinder mit 1;6 vorwiegend im Stadium des Einwortsatzes, mit 2;6 werden 2- oder 3-Wortsätze verwendet usf. bis zum Schuleintrittsalter, in dem die Sätze durchschnittlich sechs oder sieben Wörter aufweisen.

Die Festlegung der *Satzgrenzen* in den Äußerungen bestimmt die Ergebnisse der Satzlängenmessung. Insbesondere die parataktischen Fügungen dürften Schwierigkeiten bereiten, da der Beobachter zu entscheiden hat, ob ein satzähnlicher Äußerungsteil dem vorausgehenden Satz klar untergeordnet ist oder nicht. Die Entscheidungskriterien sind inhaltlicher Natur – sie fußen auf dem Verständnis der Äußerungsintention. Wir müssen daher annehmen, daß die geringen Differenzen zwischen den Werten der verschiedenen Untersuchungen auch von leicht variierenden Bewertungskriterien verursacht wurden. Den Einfluß der Gruppenzusammensetzung zeigen Fishers Werte. Begabte Kinder scheinen mit 1;6 schon lange das Stadium des Einwortsatzes verlassen zu haben und erreichen bereits mit 3;6 die Schuleintrittswerte der repräsentativen Gruppen. Neben gesprochenen Sätzen wurden auch geschriebene Texte ausgewertet – selbstverständlich erst für höhere Altersgruppen (vgl. Tab. 2.17). Der kontinuierliche Zuwachs hält bis ins College-Alter an.

Alter Schulklasse	8 3	9 4	10 5	11 6	12 7	13 8	14 9	 10	 11	 12	College Anf.	College Fortg.	Erw.
HEIDER/ HEIDER (1940)	10,2	10,9	11,1	11,1	12,8	13,7	13,9						
STORMZAND/ O'SHEA (1924)		11,1		12,0	13,5	15,2	17,3	17,8	18,9	19,8	19,9	21,5	20,9

Tab. 2. 17: *Mittlere Anzahl der Wörter pro Satz in geschriebenen Texten* (zit. nach McCarthy 1954, S. 550)

Die Satzlänge scheint somit ein ausgezeichnetes Entwicklungsmaß darzustellen, da sie fast vom Beginn des Sprechens bis zum Ende der Schulausbildung differenziert. Trotz mannigfaltiger Einzelkritik am Verfahren hat nach

McCarthys Ansicht niemand bezweifelt, daß hier «ein zuverlässiges, leicht bestimmbares, objektives, quantitatives und leicht verständliches Maß der Sprachreifung» (McCarthy 1954, S. 550f.) vorliegt.

3.3. Satzkomplexität und Satzfunktion

Die Messung der Satzlänge kann durchaus als Beitrag zur Bestimmung der Satzkomplexität verstanden werden. Für die *syntaktische Typisierung* leistet sie hingegen nichts. Hier müssen strukturelle Kriterien ins Feld geführt werden. Die sehr ausführliche Befassung mit der Entwicklung der Satztypen in der Kindersprache basiert auf verschiedenen Motiven, die sich gegenseitig nicht ausschließen. Nach psychologistischen Grammatikkonzepten ist der Satz die sprachliche Fassung der kleinsten vollständigen gedanklichen Einheit (vgl. u. a. Wundt 1904 und Symonds/Daringer 1930). So kommt ihm im Verhältnis Denken/Sprechen besondere Bedeutung zu. Pädagogen bedenken eher den Stellenwert des Satzes in der Schulgrammatik, die gewöhnlich auf einer Verbindung von Wort- und Satzkonzept aufbaut. Die Leistungen im Sprach- und Grammatikunterricht mögen auch von der Beherrschung der Satzformen in der Umgangssprache abhängen. Zunächst von den psychologischen und pädagogischen Überlegungen absehend, könnten Entwicklungspsychologen in der Satztypenverteilung ein zuverlässiges Maß der allgemeinen Sprachentwicklung suchen.

McCarthy (1930) unterschied Sätze nach ihrer syntaktischen Konstruktion. Ihr Konzept wurde von Davis (1937) weiterentwickelt und von zahlreichen Autoren übernommen. Die sechs Kategorien lauten: (1) funktional vollständig, aber strukturell unvollständig, (2) einfach, ohne Syntagma (unter Syntagma wird eine mehrgliedrige Konstituente ohne Teilsatz verstanden), (3) einfach, mit Syntagma, (4) zusammengesetzt und komplex (zwei unabhängige Teilsätze oder Haupt- mit Nebensatz), (5) elaboriert (mehr als zwei Syntagmen, mehr als ein Nebensatz etc.) und (6) unvollständig.

Die Werte der Untersuchungen von McCarthy (1930), Davis (1937) und Templin (1957) sind in Tabelle 2.18 zusammengefaßt. Davis' Zahlen können mit den Werten der anderen Autoren nicht in Einklang gebracht werden, da sie weder vergleichbare Größenverhältnisse noch vergleichbare Verlaufsformen aufweisen. McCarthys und Templins Ergebnisse zeigen wenigstens in den Kategorien (3) bis (6) eine gewisse Ähnlichkeit. Diese ins Auge stechenden Differenzen lassen befürchten, daß die vorgeschlagenen Satzkategorien keine zuverlässigen und eventuell keine angemessenen Beobachtungskriterien darstellen. Doch sollte ein endgültiges Urteil erst nach einer Versuchswiederholung mit wesentlich größeren Äußerungs- und Vpn-Stichproben gefaßt werden.

Obwohl auch Templins Stichprobe für eine Auswertung nach Satztypen

Satztyp	Autor	Alter										
		3	3;6	4	4;6	5	5;6	6	6;6	7	8	9;6
funktional vollständig, strukturell unvollständig	McCARTHY	27,2	30,6	32,0	31,2							
	DAVIS						39,4		32,0			33,6
	TEMPLIN	28,2	23,8	19,7	19,5	17,2		9,8		9,0	9,4	
einfach ohne Syntagma	McCARTHY	45,1	35,3	39,4	36,5							
	DAVIS						29,4		30,8			18,8
	TEMPLIN	32,0	39,5	37,2	37,6	35,8		38,2		34,1	31,5	
einfach mit Syntagma	McCARTHY	8,7	11,4	10,9	10,4							
	DAVIS						7,8		9,8			11,4
	TEMPLIN	13,7	16,4	18,5	16,2	16,8		20,7		22,8	21,3	
zusammengesetzt und komplex	McCARTHY	1,5	6,5	6,1	7,0							
	DAVIS						4,6		5,4			6,8
	TEMPLIN	2,9	3,3	6,9	6,8	8,7		10,8		11,1	15,0	
elaboriert	McCARTHY	1,3	2,3	4,5	5,9							
	DAVIS						3,6		5,6			10,0
	TEMPLIN	3,1	3,4	6,5	7,5	8,1		11,9		13,4	13,2	
unvollständig	McCARTHY	16,2	13,9	6,8	8,8							
	DAVIS						15,0		16,4			19,4
	TEMPLIN	16,8	13,1	11,2	12,1	12,6		8,6		10,5	9,5	

Tab. 2.18: *Mittlerer Anteil der Satztypen nach* McCarthy (1930), Davis (1937) *und* Templin (1957) (zit. nach Templin 1957, S. 84)

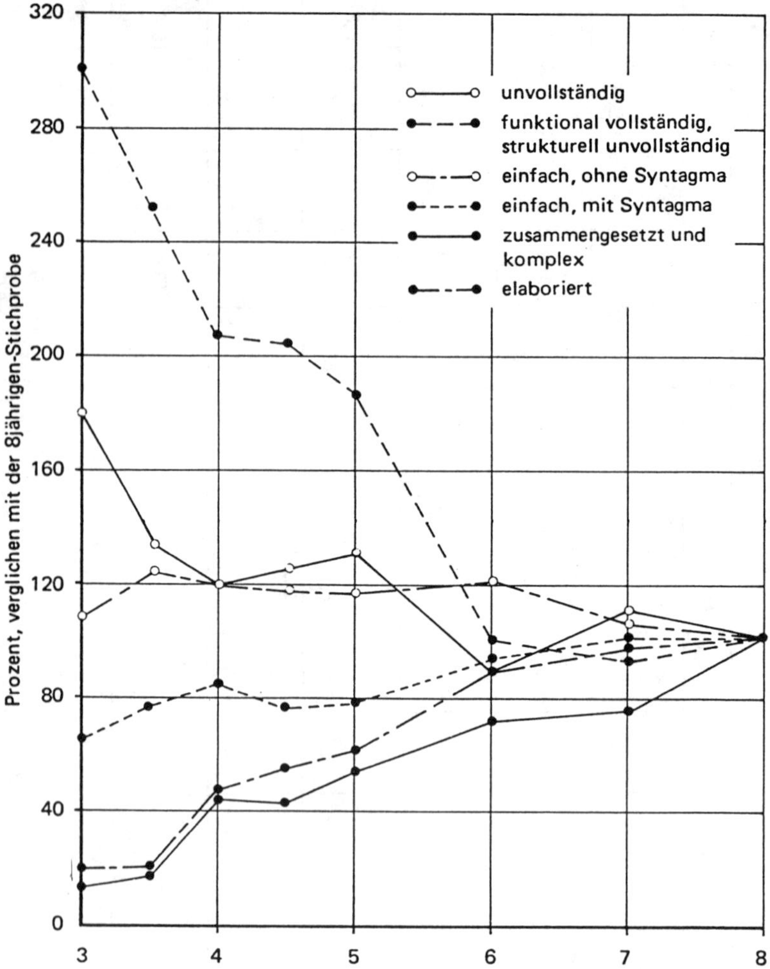

Abb. 2.19: *Mittlerer Anteil der Satztypen mit den Werten der 8jährigen-Stichprobe als 100 %-Niveau* (zit. nach TEMPLIN 1957, S. 90)

noch zu gering erscheint, sollten ihre Ergebnisse – mit allen Vorbehalten – zur Kenntnis genommen werden. Sie beruhen auf der sorgfältigsten Versuchsplanung. Zur Darstellung der Sprachentwicklungsdaten verwendete TEMPLIN die «terminal status analysis», d. h. die Werte der höchsten Altersgruppe werden als 100 %-Niveau gesetzt. Anschließend wird das prozentuale Verhältnis zwischen den Ergebnissen der jüngeren Altersgruppen und dem «Endstatus» bestimmt. Derartige Berechnungen relativer Entwicklungsverläufe können graphisch dargestellt leicht zu Fehlinterpretationen verleiten. Wenn z. B. in Abbildung 2.19 bei 3;0 die Sätze vom Typ (1) mit ca. 300 Prozent und die Sätze vom Typ (2) mit gut 100 Prozent angegeben sind, bedeutet das keineswegs, die genannten Satztypen ständen in diesem Alter in einem Verhältnis von drei zu eins. Absolut betrachtet liegt bei allen Altersstufen Typ (2) höher als Typ (1) (vgl. Tab. 2.18). Abbildung 2.19 erfaßt also nicht das absolute Verhältnis der Satzmaße zueinander, sondern gestattet lediglich Tendenzvergleiche.

Demnach weisen die einfachen Sätze mit und ohne Syntagma in Hinblick auf ihren prozentualen Anteil an der Gesamtheit aller Äußerungen die geringsten Veränderungen auf. Die zusammengesetzten und komplexen sowie die elaborierten Sätze nehmen mit 3;0 einen wesentlich geringeren Anteil ein als mit 8;0, während die unvollständigen und mehr noch die funktional vollständigen, aber strukturell unvollständigen Sätze die entgegengesetzte Tendenz aufweisen. Sehr deutlich treten die Tendenzen zwischen 3;0 und 4;0 sowie zwischen 5;0 und 6;0 hervor. Im 5. Lebensjahr scheint eine gewisse Stagnation der Entwicklung vorzuherrschen. Nach Beendigung des 6. Lebensjahres ist, abgesehen von den zusammengesetzten und komplexen Sätzen und den einfachen Sätzen ohne Syntagma, der «Endstatus» praktisch erreicht.

Zwei entsprechende Auszählungen geschriebener Texte wurden von STORMZAND/O'SHEA (1924) und HEIDER/HEIDER (1940) vorgenommen. Die Untersuchung der ersteren erstreckt sich bis ins College-Alter. Das Bild ähnelt dem der oben zitierten Untersuchungen – die Ergebnisse sind schwer vergleichbar (vgl. auch MCCARTHY 1954, S. 556). Da zudem die Kategorien von den hier definierten abweichen, wollen wir auf eine Darstellung verzichten.

Nach TEMPLIN bietet die Auswertung der zusammengesetzten und komplexen und der elaborierten Sätze nach den in ihnen enthaltenen Nebensätzen einen relativ zuverlässigen und für die ersten Altersstufen gut differenzierenden Index der Komplexitätszunahme. Sie unterteilte nach substantivischen, adjektivischen und adverbialen untergeordneten Teilsätzen (vgl. Tab. 2.20 und Abb. 2.21). In allen untersuchten Altersstufen sind die adverbialen Teilsätze am stärksten vertreten; es folgen die substantivischen und schließlich die adjektivischen Teilsätze. Absolut gesehen weisen alle Kategorien in jeder Altersstufe einen starken Anstieg auf. Bei der ersten Kategorie liegt anteilsmäßig betrachtet zwischen 3;0 und 6;0 ein Rückgang, bei der zweiten

Teilsatztyp \ Alter	3		4;6		6		8		Total	
	N	%	N	%	N	%	N	%	N	%
substant.	33	29,7	84	28,7	189	38,7	219	37,8	525	35,6
adjektiv.	6	5,4	40	13,7	67	13,7	82	14,1	195	13,2
adverbial	72	64,9	169	57,6	233	47,6	279	48,1	753	51,2
Total	111	100,0	293	100,0	489	100,0	580	100,0	1473	100,0

Tab. 2.20: *Anzahl und prozentualer Anteil der Teilsatztypen* (zit. nach TEMPLIN 1957, S. 93)

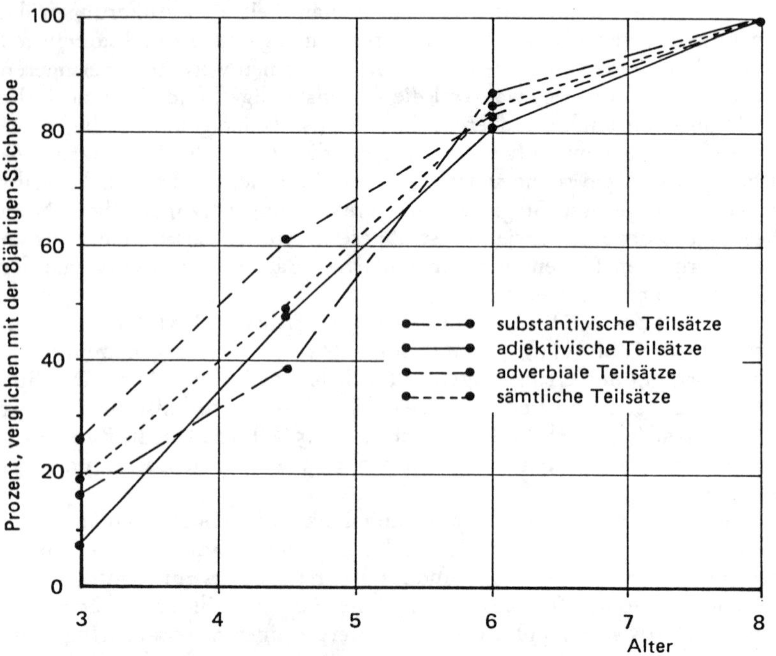

Abb. 2.21: *Verteilung der Teilsätze, verglichen mit den Werten der 8jährigen-Stichprobe* (zit. nach TEMPLIN 1957, S. 94)

und dritten Kategorie ein Anstieg zwischen 4;6 und 6;0 respektive 3;0 und 4;6. Abbildung 2.21 zeigt, daß diese Unterschiede, gemessen am 8jährigen-Niveau, wesentlich geringer sind als bei den Satztypen und den noch zu erläuternden Satzarten. So scheint es solider, nicht die Verteilung der Nebensatztypen, sondern die gesamte Entwicklung des Nebensatzgebrauchs zur allgemeinen Sprachentwicklung in Beziehung zu setzen. Zunächst halten wir fest, daß der Anstieg der Nebensätze von 3;0 bis 6;0 knapp dreimal so steil verläuft wie von 6;0 bis 8;0. Für die von Templin beobachteten Kinder zeigt sich als unerwartetes Ergebnis, daß der Schulunterricht in den ersten zwei Jahren keine Verstärkung der Komplexitätszunahme bewirkt. Die Berechnung von Nebensatz-Satz-Quotienten veranschaulicht diese Interpretation (3;0 : 0,06 – 4;6 : 0,12 – 6;0 : 0,18 – 8;0 : 0,22). Zwischen 3;0 und 6;0 steigt der Koeffizient um 0,04, zwischen 6;0 und 8;0 um 0,02 pro Jahr.

Neben der syntaktischen Komplexität bot sich als weiteres Trennungskriterium die *Satzfunktion* an. Es galt zu überprüfen, ob einem Satz vornehmlich eine Aussage, eine Aufforderung oder ein Ausruf zuzuschreiben ist. Liegen die Unterscheidungsmerkmale lediglich in Wortstellung und Intonationsmuster der Sätze, dürften unvollständige Sätze nur schwer zu beurteilen sein. Folgerichtig zählte Templin lediglich die vollständigen Sätze aus. Zusätzlich sei angemerkt, daß nur unter Beachtung grammatischer und prosodischer Merkmale keine optimale Trennschärfe in Hinblick auf die genannten Funktionen gegeben ist. Wie allgemein bekannt, können Aufforderungen mit Aussagesätzen, Aussagen mit Fragesätzen etc. formuliert werden. Streng genommen enthalten Tabelle 2.22 und Abbildung 2.23 daher keine unmittelbare Trennung nach Funktionen, sondern nach traditionell-grammatischen Satzarten. Da jedoch deren Gebrauch meist mit dem

Satzart \ Alter	3		4;6		6		8		Total	
	N	%	N	%	N	%	N	%	N	%
Aussagesatz	1307	68,4	1854	77,5	2084	78,0	2378	89,0	7623	79,0
Fragesatz	347	18,2	381	15,9	480	18,0	205	7,7	1413	14,7
Aufforderungssatz	219	11,5	124	5,2	94	3,5	48	1,8	485	5,0
Ausrufesatz	37	1,9	32	1,3	14	0,5	40	1,5	123	1,3
Total	1910	100,0	2391	99,9*	2672	100,0	2671	100,0	9644	100,0

*abrundungsbedingt

Tab. 2.22: *Anzahl und prozentualer Anteil der Satzarten an den vollständigen Sätzen* (zit. nach Templin 1957, S. 91)

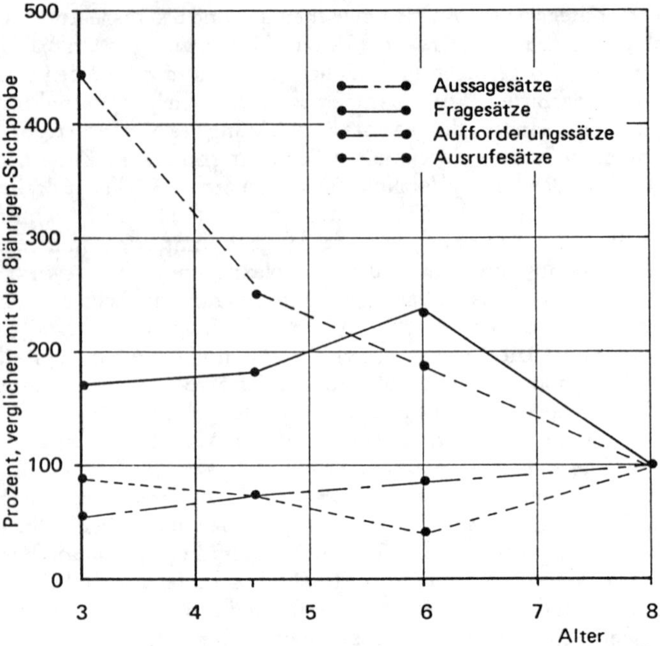

Abb. 2.23: *Mittlerer Anteil der Satzarten an den vollständigen Sätzen mit den Werten der 8jährigen-Stichprobe als 100%-Niveau* (zit. nach TEMPLIN 1957, S. 93)

Auftreten jener Funktionen, nach denen sie benannt werden, gekoppelt ist, stellen entsprechende Untersuchungen jedenfalls eine Näherung an Funktionsanalysen dar.

Vergleicht man in Abbildung 2.23 die Werte der 3jährigen mit denen der 8jährigen, fällt vor allem der wesentlich höhere Anteil der Aufforderungssätze auf. Bei 4;6 und 6;0 liegen die Ausrufe- und Aussagesätze noch unter dem 8;0-Niveau, die Aufforderungs- und Fragesätze darüber. Für eine detailliertere Interpretation der Entwicklungstendenzen wären engere Folgen von Beobachtungsschnitten wünschenswert.

Die den Abbildungen 2.19 und 2.23 zu entnehmende und erwartete generelle Tendenz besteht in der Abnahme der einfachen und unvollständigen Sätze zugunsten der komplexen und vollständigen. Der Rückgang der meist einfach strukturierten Aufforderungssätze dürfte, wenigstens zum Teil, an der bereits dargelegten Abnahme der funktional vollständigen, aber strukturell unvollständigen Sätze und der einfachen Sätze ohne Syntagma beteiligt sein.

Im Hinblick auf die Entwicklung der Aufforderungssätze könnte im Interpretationsbemühen weiter ausgeholt werden. Gerade bei einer Betrachtung von Sprachfunktionen bieten sich Schlußfolgerungen an, die über den engeren Bereich der Sprachentwicklung hinausgehen. Mit gutem Recht darf man annehmen, daß das verbale Verhalten von Kindern Aufschlüsse über die spezifisch kindliche Interaktion mit der Umwelt liefert. Das starke relative Absinken gerade der Aufforderungs- und der Fragesätze kann die Vermutung stärken, daß das jüngere Kind seine Bedürfnisse spontaner und unmittelbarer geltend macht. Erst nach und nach internalisiert es das sozio-kulturell bedingte, äußerst komplexe Gefüge sprachlichen Einwirkens auf andere und damit auf seine Umwelt. Es lernt, Aufforderungen und Fragen zu begründen, zu umschreiben oder zu vermeiden, je nachdem, worum es sich handelt und mit wem es spricht. Diese Interpretation scheint plausibel – eine andere allerdings ebenso. Beide stehen nicht zueinander im Widerspruch.

Ohne Anhänger einer rigiden «trial-and-error»-Theorie zu sein, gehen wir davon aus, daß die Erfolgskontrolle beim Spracherwerb eine wesentliche Rolle spielt. Gemeinhin bewirken Aufforderungs- und Fragesätze, spätestens nach mehrfacher, eindringlicher Wiederholung, Reaktionen von seiten der Angesprochenen. Darauf sind sie angelegt. Aussagesätze bleiben viel eher unbeachtet, ohne daß sich das Kind daran stört. Aber erst eine Reaktion des Kommunikationspartners bietet die Möglichkeit zur Erfolgskontrolle. Das Kind wird ganz, teilweise oder überhaupt nicht verstanden, seine Äußerung wird akzeptiert, korrigiert oder zurückgewiesen. So mögen Kinder Aufforderungs- und Fragesätze zunächst leichter zu formulieren lernen als Aussagesätze. Trifft diese Hypothese zu, dann verwundert der im frühen Lebensalter überproportionale Anteil der Aufforderungs- und Fragesätze an den vom Kind produzierten *vollständigen* Sätzen nicht.

Abschließend sei der Gültigkeitsbereich der in diesem Abschnitt dargestellten Untersuchungsergebnisse verdeutlicht. Sie basieren durchweg auf Experimentsituationen, in denen eine Kommunikation zwischen Kind und Erwachsenem stattfand. In TEMPLINS wie auch in anderen Untersuchungen der Satzentwicklung waren die Kinder mit dem Versuchsleiter allein. Sie wurden durch Bilderbücher und Spielzeug zu Äußerungen angeregt. Der Versuch war nach der Protokollierung von 50 Äußerungen beendet. Da sich der Sprachgebrauch von Kindern gegenüber Erwachsenen von dem gegenüber Kindern deutlich unterscheidet (vgl. z. B. die alternative Satzlängenmessung bei M. E. SMITH 1935), können TEMPLINS Ergebnisse nur für genau die erstere Kommunikationssituation Geltung haben.

4. Gruppenspezifische Unterschiede in der Sprachentwicklung

4.1. Zum Erkenntniswert differenzierender Betrachtung

Die zentralen Tendenzen in den Sprachmaßen, die aus der Untersuchung repräsentativer Vpn-Stichproben gewonnen wurden, sollten allgemeingültigen Aufschluß über die Verlaufsform des Spracherwerbs geben. Daß in der

Entwicklung der Sprache wie in den meisten anderen Entwicklungsbereichen starke interindividuelle Differenzen auftreten, ist bekannt. Die statistisch ermittelten Verlaufsformen spiegeln immer nur wahrscheinlichste Entwicklungsabläufe wider, und der Grad der Wahrscheinlichkeit kann berechnet werden. Mit dieser Unsicherheit ist die Beurteilung eines Einzelfalles auf dem Hintergrund einer Zusammenfassung ausreichend vieler Einzelfälle belastet. Vor allem aber gestattet die Angabe einer Entwicklungsnorm, die ausschließlich als Funktion des Alters gekennzeichnet wird, nicht, Ursachen für Abweichungen von der generellen Norm namhaft zu machen.

Oft tritt der Fall ein, daß mit Abweichungen von der Generalnorm gleichzeitig gewisse Merkmale des Kindes oder seiner Umgebung beobachtet werden, die nicht von allen, manchmal nur von recht wenigen Kindern der Gesamtheit geteilt werden. Mit anderen Worten, das Kind kann einer oder mehreren wohlbestimmten Gruppen zugeordnet werden, deren Mitglieder eine von der Gesamtheit abweichende Sprachentwicklung aufweisen. Daher verlangt eine adäquate Würdigung individueller Fälle den Vergleich mit speziellen Gruppennormen. Zugleich macht die Korrelation gruppenkonstituierender Merkmale mit sprachspezifischen Merkmalen das Bedingungsgefüge sichtbar, in dem sich Spracherwerb vollzieht.

4.2. Geschlecht

Über geschlechtsspezifische Entwicklungsunterschiede ist eine beträchtliche Anzahl von Stereotypen im Umlauf, die sich bei strikt empirischer Nachprüfung nicht halten lassen. Zunächst entdeckte die empirische Forschung in fast allen Sprachmerkmalen Entwicklungsvorsprünge der Mädchen. Dies Verhältnis zeichnete sich selbst in Sondergruppen ab, so z. B. bei Frühgeborenen (vgl. HESS/MOHR/BARTELME 1934) und bei geistig Behinderten (vgl. MEAD 1913 und SIRKIN/LYONS 1941). Bei Kindern aus niedrigeren sozioökonomischen Schichten wurden stärker ausgeprägte Geschlechtsunterschiede gefunden (vgl. DAVIS 1937 und YOUNG 1941), bei begabten und besonders geförderten Kindern nur geringe Differenzen (vgl. FISHERS Werte in Tab. 2.16). Hingegen verkehrt sich bei USA-Negern das Verhältnis zugunsten der Knaben (vgl. ANASTASI/D'ANGELO 1952).

Die letztgenannten Ergebnisse legen nahe, geschlechtsspezifische Differenzen in der Sprachentwicklung aus unterschiedlichen *Sozialisationsprozessen* abzuleiten. Eine ganz andere Erklärung liefert die Physiologie. Mit Sicherheit ist die Sprachentwicklung von der zunehmenden Funktionsfähigkeit des Großhirns abhängig und diese wiederum von der *Markscheidenbildung,* die ca. mit Ende des 1. Lebensjahres als abgeschlossen gilt (vgl. FLECHSIG 1920 und PEIPER 1961). Von KARLIN (1947) stammt die Hypothese, daß die Prozesse der Markscheidenbildung beim weiblichen Geschlecht früher als beim männlichen beendet sind und daß darauf die Sprachentwick-

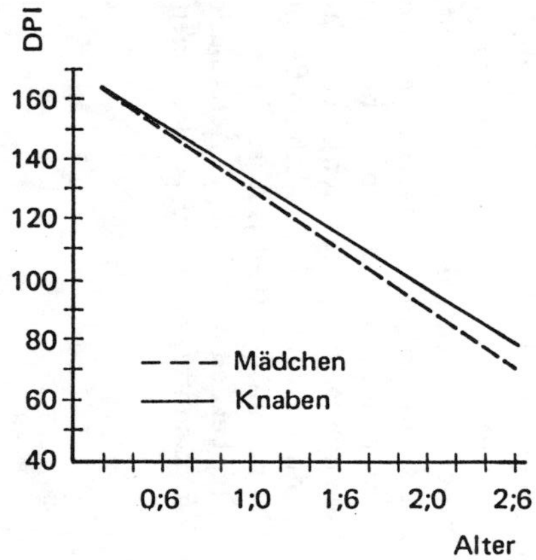

Abb. 2.24: *Geschlechtsunterschiede im D.P. Index ausgedrückt nach* Chen/Irwin (1946b), S. 524

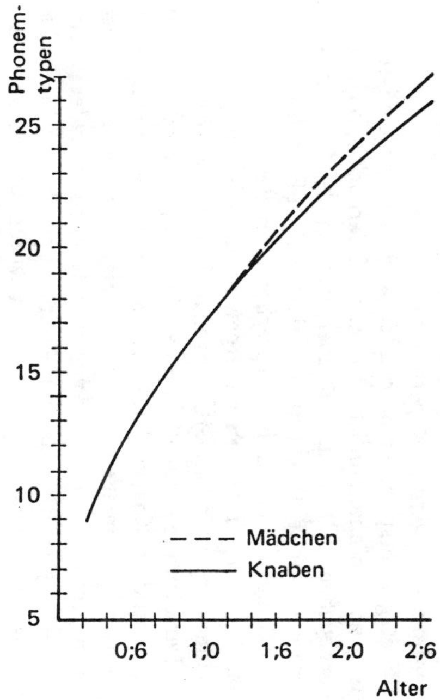

Abb. 2.25: *Geschlechtsunterschiede in den Phonemtypen nach* Irwin/Chen (1946), S. 435

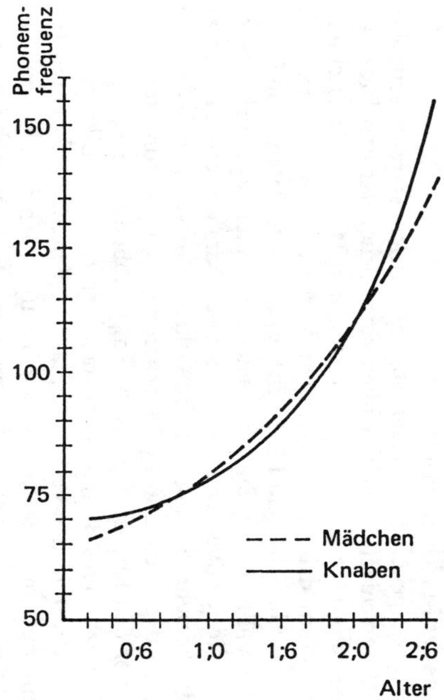

Abb. 2.26: *Geschlechtsunterschiede in der Phonemfrequenz nach* Irwin (1947a), S. 189

lungsvorsprünge der Mädchen beruhen.

Brechen wir die Spekulation besser ab und prüfen statt dessen, wie gewichtig die Unterschiede in Wirklichkeit sind. Schon JERSILD/RITZMAN (1938), die ebenfalls eine Tendenz zugunsten der Mädchen feststellten, mußten konstatieren, daß die gemessenen Vorsprünge nicht statistisch signifikant waren. Ähnliches gilt für IRWINS und CHENS Daten. Von CHEN (1946) stammt ein allgemeiner Sprechentwicklungsindex (vgl. auch IRWIN/CHEN 1945), der die relativen Lautfrequenzen von Kindern und Erwachsenen aufeinander bezieht. Er zeigt die Entwicklungsfortschritte des Kindes gemessen an der Erwachsenennorm. Mädchen liegen, wiederum statistisch unsignifikant, vor den Knaben (vgl. Abb. 2.24). Abbildung 2.25 und 2.26 zeigen ein differenzierteres Bild, obwohl auch hier keine signifikanten Unterschiede auftreten. Mädchen verwenden ca. ab 1;6 mehr Artikulationstypen als Knaben, diese hingegen setzen vor 0;6 und nach 1;8 die Artikulationstypen häufiger ein. Knaben sind sozusagen effektiver in der Ausnutzung ihres – allerdings geringeren – Repertoires.

Unter Effektivitätsgesichtspunkten betrachtet, weisen die Ergebnisse von OLSON/KOETZLE (1936) in eine ähnliche Richtung. Hiernach sprechen innerhalb eines vorgegebenen Zeitraumes Knaben weniger als Mädchen. Vergleicht man aber gleich große Abschnitte der eigentlichen Sprechzeit, liegt die Produktion der Knaben höher, d. h. sie sprechen schneller.

Weitere Aufschlüsse läßt TEMPLINS außergewöhnlich vielfältiger Überblick zu den geschlechtsspezifischen Differenzen im Spracherwerb erhoffen. TEMPLINS acht altersdiskrete Vpn-Stichproben (N=60) bestanden je zur Hälfte aus Mädchen und aus Knaben. Die Geschlechtsgruppen wurden unter Hinzuziehung von 33 Sprachmaßen (20 zur Artikulation, zwei zur Lautdiskrimination, sieben zum Wortschatz und vier zum Satz) miteinander verglichen. Tabelle 2.27 berücksichtigt nur die bereits besprochenen Maße. Da nicht jedes Maß für jede Altersgruppe berechnet wurde, blieben 230 Vergleichsmöglichkeiten. 133mal lagen die Mädchenwerte besser, 84mal die Knabenwerte und 13mal waren die Werte identisch. In nur 15 Fällen waren die Differenzen auf dem 5%-Niveau signifikant (11mal zugunsten der Mädchen). Auch hier zeigt sich, daß die Überlegenheit der Mädchen nicht so hoch wie erwartet ausfiel. Bemerkenswert scheint, daß alle signifikanten Differenzen erst ab 5;0 zu verzeichnen sind, acht davon bei 7;0 im Artikulationsbereich (6mal zugunsten der Mädchen). In der Zusammenfassung aller Altersstufen lagen die Knabenwerte lediglich im Bereich des passiven Wortschatzes höher (immer unsignifikant). Abschließend meinte TEMPLIN, daß im frühen Schulalter bei den Mädchen das Artikulationsvermögen und bei den Knaben die Wortkenntnis besser ausgebildet seien.

Sprachmaß / Alter	3	3;6	4	4;6	5	6	7	8
Artikulation:								
Artikulation total	K	M	K	M	M	M	M!	K
Konsonanten	K	M	M	M	M	M	M	K
Vokale	M	M	K	K	0	0	M	0
Wortschatz:								
Anzahl der verschiedenen Wörter	K	M	M	K	M	K!	M	M
Laut-Diskriminations-Wortschatz	K	M	K	M	M			
AMMONS Wortschatz	K	K	M	M	M!			
SEACHORE/ECKERSON Basis (unkorrigiert)						K	K	K
SEACHORE/ECKERSON Basis (korrigiert)						K	K	K
SEACHORE/ECKERSON total (unkorrigiert)						K	K	M
SEACHORE/ECKERSON total (korrigiert)						K	K	K
Sätze:								
Länge	K	M	M	M	M!	K	K	M
Komplexität	K	M	M	M	M!	K	M	M

K = Werte der Knaben höher; M = Werte der Mädchen höher; 0 = keine Differenz; ! = Differenz auf dem 5%-Niveau signifikant

Tab. 2.27: *Geschlechtsspezifische Differenzen bei verschiedenen Sprachmaßen nach* TEMPLIN (1957), S. 145 f.

4.3. Sozio-ökonomischer Status

Zwischen den Angehörigen verschiedener sozio-ökonomischer Schichten sind die Sprachleistungsunterschiede wesentlich markanter als zwischen den Geschlechtern. DESCOEUDRES (1921) verglich 300 Kinder der unteren und der gehobeneren Schichten mittels einer umfangreichen, durchweg sprachbezogenen Batterie von Tests. In allen Belangen waren die unterprivilegierten Kinder entschieden im Nachteil. STERN (1967) schätzte einen achtmonatigen Entwicklungsvorsprung zugunsten der privilegierten Schicht. Nach IRWIN (1948b, c) wird der Abstand bei der Artikulation mit ca. 1;6, also in etwa mit dem Beginn sinnvollen Sprechens, sichtbar.

Wenden wir uns TEMPLINS detaillierter Untersuchung zu. Ihre Stichproben sollten für die sozio-ökonomische Schichtung der USA-Stadtbevölkerung repräsentativ sein. Hierzu wurde der Beruf des Vaters als Merkmal herangezogen und die Stichprobenstruktur der *Minnesota Occupation Scale* des *Institute of Child Welfare* (1950) angeglichen. Nach der Skala entfallen 30 Prozent der Stadtbevölkerung auf die höheren (im weiteren Mittelschicht genannt) und 70 Prozent auf die niedrigeren Schichten (im weiteren Unterschicht genannt). Entsprechend wurden jeder Stichprobe 18 Kinder der Mittelschicht und 42 Kinder der Unterschicht zugeteilt.

Wieder standen 230 Vergleichsmöglichkeiten zur Verfügung (vgl. den in Tab. 2.28 wiedergegebenen Ausschnitt). Die Differenzen waren durchgehend beträchtlicher als zwischen den Geschlechtern. Nur in 13 Fällen lagen die Unterschichtwerte über den Mittelschichtwerten (einmal signifikant auf dem 5%-Niveau). Die Differenzen zugunsten der Mittelschicht waren 38mal auf dem 5%-Niveau und 30mal auf dem 1%-Niveau signifikant. Zusammengenommen sind das 28 Prozent der Vergleichswerte.

Im Gegensatz zum Geschlechtsvergleich waren in jeder Altersgruppe signifikante Differenzen zu verzeichnen. Häufungen traten bei 4;6 und weniger ausgeprägt bei 7;0 und 8;0 auf. Ausgenommen drei Artikulationsmaße (Diphtonge, Nasale, Konsonanten in Anfangsposition), zeigten alle Sprachmaße zumindest auf einer Altersstufe signifikante Differenzen zugunsten der Mittelschicht. Konzentrationen fanden sich bei der Artikulation von Vokalen, von Konsonanten in Mittel- und in Endposition und beim passiven Wortschatz. Ein eigentümlich gemischtes, schwer zu interpretierendes Bild bot die Messung der Satzkomplexität, ein weiterer Hinweis auf die Fragwürdigkeit des Maßes.

4.4. Heimkinder

Die häufig zitierte Untersuchung von SPITZ (1945) machte das *Hospitalismus-* respektive *Deprivationssyndrom* allgemein bekannt. Leider haben medizinische, psychologische und soziologische Kenntnisse zur Schädlich-

Sprachmaß \ Alter	3	3;6	4	4;6	5	6	7	8
Artikulation:								
Artikulation total	M	M	M!	M!	M	M	M!	M
Konsonanten	M	M	M!!	M	M	M	M!!	M!
Vokale	M!!	M!	M!!	M!!	M!!	0	M	M!
Wortschatz:								
Anzahl der verschiedenen Wörter	M	M!!	M	M!	M	M	M!	M
Laut-Diskriminations-Wortschatz	M!	M	M	M!	M			
AMMONS Wortschatz	M	M!	M	M!	M			
SEACHORE/ECKERSON Basis (unkorrigiert)						M!!	M!!	M!!
SEACHORE/ECKERSON Basis (korrigiert)						M!!	M	M!!
SEACHORE/ECKERSON total (unkorrigiert)						M!!	M!	M!
SEACHORE/ECKERSON total (korrigiert)						M!!	M	M!!
Sätze:								
Länge	M	M!!	M	M!!	M	M	0	M
Komplexität	M	M!	U	M!!	U	M	U!	M!!

U = Werte der Unterschicht höher; M = Werte der Mittelschicht höher; 0 = keine Differenz; ! = Differenz auf dem 5%-Niveau signifikant; !! = Differenz auf dem 1%-Niveau signifikant

Tab. 2.28: *Differenzen zwischen Unter- und Mittelschicht bei verschiedenen Sprachmaßen nach* TEMPLIN (1957), S. 148f.

keit der üblichen Heimunterbringung wenig an der Praxis geändert. Kinder, die in Heimen, Kliniken oder ähnlichen Institutionen aufwachsen, zeigen gegenüber Kindern aus familiärem Milieu extreme Retardationen bis hin zu vollständiger Apathie und frühem Tod. Nach SPITZ haben schwer deprivationsgeschädigte Kinder genau drei Entwicklungsperspektiven: Schwachsinn, Asozialität oder Tod durch Marasmus. Welche der Alternativen im Einzelfall eintritt, dürfte stark von der vermutlich angeborenen individuellen Vitalität bestimmt sein.

In besonders rückständigen orientalischen Heimen können die meisten Kinder, vorausgesetzt sie überleben, erst mit zwei Jahren sitzen und mit vier Jahren gehen (vgl. DENNIS/NAJARIAN 1957 und DENNIS 1960). Anfangs schreien Heim- und Klinikbabys wesentlich häufiger als individuell betreute Säuglinge. Wird ihre Situation durch pflegerische Sorgfalt und Zuwendung, die das übliche Maß übersteigt, verbessert, mindern sich die Unlustkundgebungen um mehr als 50 Prozent (vgl. ALDRICH/SUNG/KNOP 1945 a, b, c und ALDRICH/NORVAL/KNOP/VENEGAS 1946). In der Artikulationsentwicklung werden die Rückstände der Heimkinder nach BRODBECK/IRWIN (1946) schon im Alter von zwei Monaten erkennbar. Insgesamt schneiden die Heimkinder in der Sprachentwicklung wesentlich schlechter ab als die Unterschichtkinder.

Die Deprivation umfaßt zwei Faktoren. Es fehlt den Heimkindern an *affektiver Zuwendung* und an *stimulierenden Umweltreizen.* In beiden Faktoren ist Sprache involviert. Den Unterschichtkindern dürfte es wesentlich nur an Sprachreizen, vor allem an Reizen, die an den Mittelschichtnormen orientiert sind, mangeln. Doch ist dieser Mangel auf jeden Fall weniger ausgeprägt als bei Heimkindern. Hieraus erklärt sich, daß bei ihnen, verglichen mit den Heimkindern, der Entwicklungsrückstand geringer ist und zu einem späteren Zeitpunkt auftritt. Erschreckend ist die relativ geringe Reversibilität einer deprivationsbedingten Intelligenz- und Sprachentwicklungsverzögerung. ROUDINESCO/APPELL (1950) maßen die Entwicklungsquotienten schwer geschädigter Heimkinder, sorgten für eine wesentliche Verbesserung in der individuellen Betreuung und wiederholten nach eineinhalb Jahren die Entwicklungstests. Während in bezug auf die Motorik und das soziale Verhalten merkbare Fortschritte verzeichnet werden konnten, waren die Verbesserungen in der Sprachentwicklung gering.

4.5. Behinderte Kinder

Blinde, taube und stumme Kinder, möglichst aber solche, die alle drei Defekte in sich vereinen, werden von vielen Wissenschaftlern als günstiges Experimentierfeld eingeschätzt, aus dem grundsätzliche Erkenntnisse zur Entwicklung von Sprache und Denken zu gewinnen seien. Die Beobachtung kognitiver Funktionen unter Einfluß pathologischer Zustände wird häufig primär unter dem Aspekt der Theoriebildung und mit höchst geringen Ambitionen für Fortschritte in der Diagnostik und Therapie unternommen. Dies mag mit Arbeitsteiligkeit in der Wissenschaft entschuldigt werden. Trotzdem bleibt ein unangenehmer Nachgeschmack, wenn Kranke und Behinderte als wissenschaftliche Glücksfälle betrachtet werden, weil ihre Leiden Bedingungen setzen, die der Wissenschaftler aus ethisch motivierter Zurückhaltung selbst nicht herstellen dürfte.

Von Geburt an vollständig taube oder stark schwerhörige Kinder, denen Hörhilfen wenig nützen, benötigen einen besonderen Sprachunterricht. Eine Späterkennung von Schwerhörigkeit kann vermeidbare Sprachentwicklungsverzögerungen nach sich ziehen. Oft wird von solchen Kindern noch im Schuleintrittsalter eine reine Vokalsprache gesprochen oder völlig verwaschen artikuliert. In manchen Fällen bemerken Eltern diese Entwicklungsverzögerungen zu spät, da die Kommunikation mit den Kindern im großen und ganzen zufriedenstellend abläuft. Nach geringen Erfolgen im verbalen Bemühen entwickeln schwerhörige Kinder primär eine vielfältige Mimik und Gebärdensprache.

Die Forschungsergebnisse zur Sprachentwicklung tauber Kinder sind teilweise widersprüchlich. HEIDER/HEIDER (1940) verglichen taube mit normal hörenden Kindern. Nun ist die Feststellung trivial, daß bei gleichem Alter die tauben Kinder schlechter abschneiden. So setzten HEIDER/HEIDER in ihrer Untersuchung erst mit Altersstufen ein, in denen die Fähigkeit zur Niederschrift vollständiger Geschichten gewährleistet war. Das waren bei den normal Hörenden 8jährige und bei den Tauben 11jährige. Obwohl die Tauben mit drei Jahre jüngeren Kindern verglichen wurden, waren sie deutlich im Nachteil. Vor allem zeigten sie eine Tendenz zur einfacheren Form; sie benutzten kürzere und weniger komplexe Sätze. Demgegenüber zeigten TEMPLINS (1950) Ergebnisse bei hörgeschädigten Kindern längere Sätze. Ihres Erachtens bedingt der geringere Wortschatz längere Umschreibungen. Wir können zunächst nur annehmen, daß die entgegengesetzten Ergebnisse entweder eine Folge abweichenden Sprachtrainings oder abweichender Untersuchungsverfahren sind.

Die Sprachentwicklung blinder Kinder zeigt ein erwartetes und gut interpretierbares Bild. MAXFIELD (1936) fand bei blinden Vorschulkindern weniger nichtverbale Kommunikation, mehr unvollständige Äußerungen und den sehr häufigen Gebrauch von Eigennamen. Nichtverbale Kommunikation bedarf größtenteils des visuellen Kanals. Fällt dieser aus, werden andere Kanäle, vorzugsweise der akustische, stärker genutzt, selbst wenn die entsprechenden Fähigkeiten noch mangelhaft ausgebildet sind. Und das bedeutet einen notwendigen Anstieg der unvollständigen Äußerungen. Hinzu kommt, daß die angemessene Behandlung blinder Kinder eine stärkere sprachliche Stimulierung verlangt, die einen höheren Anteil sprachlicher Reaktionen nach sich zieht. Auch die häufige Verwendung von Eigennamen erklärt sich aus dem Ausfall des visuellen Kanals. In Telefongesprächen und im Schriftverkehr dürften die Verhältnisse analog liegen. Nur Eigennamen oder präzise Beschreibungen sichern, wenn der sinnvolle Einsatz demonstrativer Gestik, Mimik, Blickrichtung etc. ausgeschlossen ist, eine optimale Identifikation des Bezeichneten.

Funktional betrachtet stellte MAXFIELD in der Sprache blinder Kinder mehr Fragen, weniger Aufforderungen und einen höheren Anteil emotional gefärbter Äußerungen fest. Nun, mit Fragen muß die visuell nicht mögliche Orientierung hergestellt werden; Aufforderungen hingegen setzen eine gewisse Orientierung in der Situation voraus. Da andererseits anzunehmen ist, daß blinde Kinder häufiger als sehende nach Hilfe verlangen, müßte trotzdem ein höherer Anteil an Aufforderungen erwartet werden. Wahrscheinlich bedingt die besondere soziale Situation der Blinden, die sich teilweise als Unterlegenheit gegenüber anderen manifestiert, eine Tendenz, Aufforderungen, Bitten und Wünsche in Aussage- oder Frageform zu kleiden. Insgesamt sind bei blinden Kindern nur geringe Sprachentwicklungsverzögerungen festzustellen. Anfängliche Mängel in der Artikulation mögen auf fehlende Gelegenheit, die Lippenbewegungen der Gesprächspartner zu beobachten, zurückgeführt werden. Doch muß die organische Behinderung selbst als Ursache für Anstrengungen begriffen werden, die nachteilige Folgen der Behinderung wenigstens im sprachlichen Sektor ausgleichen.

4.6. Bilingualismus

Eine ausführliche und linguistisch sorgfältige Fallstudie bilingualer Entwicklung bietet LEOPOLD (1939, 1947, 1949a, b). Wir werden auf die besondere Charakteristik zwei- oder mehrsprachigen Aufwachsens nicht näher eingehen, sondern kurz die Vor- und Nachteile des Bi- oder Polylingualismus besprechen.

Die Vorzüge liegen auf der Hand. Mit großer Mühe werden Kindern, Jugendlichen und Erwachsenen Fremdsprachen vermittelt, damit sie ihren Informations- und Kommunikationsbedürfnissen nachkommen und den Anforderungen der mobiler gewordenen Gesellschaft besser genügen können. Wie angenehm, wenn Kinder von vornherein mehr als eine Sprache beherrschen lernen. Doch sollten die Nachteile nicht unterschätzt werden. So fanden TRAVIS/JOHNSON (1937) signifikant mehr Stotterer bei zweisprachigen als bei einsprachigen Kindern. SEIDL (1937) und DARCY (1946) stellten bei bilingualen Kindern Verzögerungen in der intellektuellen Entwicklung fest. In M. E. SMITH' (1939) vielschichtiger Untersuchung hawaianischer Kinder waren die Sprachleistungen um so mangelhafter, je vielsprachiger die Kinder aufwuchsen. M. E. SMITH (1949) vertrat die Meinung, daß nur Kinder mit herausragenden Sprachfähigkeiten schon im Vorschulalter eine zweite Sprache lernen sollten. Ist dies, etwa aus familiären Gründen, trotzdem erwünscht oder nicht zu verhindern, sollte darauf geachtet werden, daß für das Kind verschiedene Sprachen an verschiedene Personen geknüpft sind. Es sollte also jeweils eine Person möglichst nur in einer Sprache mit dem Kind kommunizieren.

4.7. Zwillinge

Die Sprachentwicklung von Zwillingen ist gegenüber der von Einzelkindern deutlich retardiert. In manchen Sprachmaßen entsprechen die Werte fünfjähriger Zwillinge denen dreijähriger Einzelkinder (vgl. Day 1932). Nach Davis (1937) verringert sich der Abstand bald nach dem Schuleintritt, allerdings nur für Mittelschichtkinder. Bei Drillingen ist die Retardation noch ausgeprägter (vgl. Howard 1946). Zur Erläuterung des Phänomens können zwei Ursachen angeführt werden. Organisch mögen Zwillinge in der pränatalen Phase und während der Geburt benachteiligt sein. Ihre abweichende soziale Situation macht sich in einer relativen Abgeschlossenheit gegenüber der Umwelt und dementsprechend geringerem sprachlichen Kontakt mit Erwachsenen bemerkbar.

Nach Davis entwickeln sich Zwillingsknaben mit Zwillingsschwestern besser als Zwillingsknaben mit -brüdern, möglicherweise deshalb, weil durch sozialen Druck zwischen Geschwistern unterschiedlichen Geschlechts größere Interessendivergenzen auftreten und so die ursprünglich enge Bindung gelockert wird. Ein anderer Grund mag im geschlechtsspezifischen Entwicklungsvorsprung des Mädchens liegen, durch dessen Sprache der Knabe besser stimuliert wird.

5. Korrelationen zwischen Sprach- und Intelligenzmaßen

Der Zusammenhang von Sprache und Denken wird im nächsten Kapitel ausführlich betrachtet. Von der amerikanischen Entwicklungspsychologie, die vornehmlich an quantifizierbaren Entwicklungsmaßen interessiert war, wurde hierzu wenig gesagt. Denken selbst kann ja im Gegensatz zu Sprechen nicht direkt beobachtet, ausgezählt und gemessen werden. Zugänglich ist diesen Verfahren offenliegendes Leistungsverhalten (wie z. B. Lösungen von Aufgaben), von dem man annimmt, daß es auf irgendwelchen Denkvorgängen basiert. Das Ausmaß solcher Leistungen bildet die Grundlage von Intelligenzbestimmungen. So bietet sich neben einem Vergleich der verschiedenen Sprachmaße auch der Vergleich der Sprachmaße mit Intelligenzmaßen an.

Viele der bisher besprochenen Sprachmaße können guten Gewissens als Entwicklungsmaße verstanden werden, da sie deutlich altersabhängige Verlaufsformen aufweisen. Die Feststellung korrelativer Zusammenhänge unter den Sprachmaßen und zwischen den Sprach- und Intelligenzmaßen

Sprachmaße		Artikulation	Wortgebrauch	Satzlänge	Vollständigkeit	Komplexität	VAN ALSTYNE Wortschatz	SMITH-WILLIAMS Wortschatz
	Lebensalter	.31	.43	.54	.41	.45	.36	.16
	Intelligenzalter	.12	.49	.78	.55	.59	.52	.47
Artikulation		\	.64	.60	.61	.62	.16	.01
Wortgebrauch		.60	\	.62	.80	.57	.36	.27
Satzlänge		.69	.42	\	.65	.80	.56	.37
Vollständigkeit		.58	.66	.41	\	.74	.41	.21
Komplexität		.60	.38	.67	.61	\	.56	.41
VAN ALSTYNE Wortschatz		.57	.13	.28	.16	.36	\	.59
SMITH-WILLIAMS Wortschatz		.08	.09	.04	–.02	.22	.76	\

Partielle Korrelationen im linken, unteren Feld

Tab. 2.29: *Korrelationen verschiedener Sprachmaße mit dem Lebens- und Intelligenzalter und Interkorrelationen der Sprachmaße nach* WILLIAMS (1937) (zit. nach MCCARTHY 1954, S. 575)

würde ein Licht auf die Komplexität der Sprachentwicklung werfen. Leider sind entsprechende Untersuchungen spärlich und ihre Ergebnisse widersprüchlich.

Eine erste detaillierte Studie dieses Zusammenhangs wurde von WILLIAMS (1937) vorgelegt (vgl. Tab. 2.29). Sein Vergleich basierte auf einer Stichprobe von 38 drei- und vierjährigen Kindern. Es wurden die Interkorrelationen von sieben Sprachmaßen und deren Korrelationen mit Intelligenz- und Lebensalter errechnet. Zusätzlich wurden zwischen den Sprachmaßen partielle Korrelationen bestimmt, in denen der Einfluß von Intelligenz- und Lebensalter ausgeschaltet war. Generell zeigten WILLIAMS' Daten hohe positive Korrelationen zwischen der Artikulation, dem korrekten Wortgebrauch, der Satzlänge und der Vollständigkeit. Dieses Bild blieb bei der Berechnung partieller Korrelationen erhalten. Die Korrelationen zwischen den genannten Maßen und den Wortschatzmaßen, insbesondere dem Smith-Williams-Wortschatz, lagen nach beiden Berechnungsarten so niedrig, daß eine gewisse Unabhängigkeit der Wortschatzentwicklung nicht ausgeschlossen werden konnte. Mit der Intelligenz korrelierte die Artikulation am schwächsten und die Satzlänge am stärksten. Da die Satzlänge gleichzeitig als bestes Sprachentwicklungsmaß akzeptiert wurde, konnte angenommen werden, daß sie zuverlässige Hinweise auf die allgemeine kognitive Entwicklung vermittelt.

Mit welcher Vorsicht man WILLIAMS' Daten gegenübertreten muß, zeigen die abweichenden Ergebnisse aus TEMPLINS Untersuchung. Zwar fanden sich auch hier positive Interkorrelationen der Sprachmaße nach beiden Berechnungsarten; aber schon für eine Unabhängigkeit der Wortschatzentwicklung waren nicht die geringsten Indizien auszumachen. Es stellte sich heraus, daß einige Korrelationen altersabhängig variierten, andere nicht. Die Interkorrelationen der Satzmaße waren alterskonstant, die Korrelationen zwischen den Artikulations- und den Satzmaßen hingegen sanken mit zunehmendem Alter ab. Die Korrelation zwischen den Sprachmaßen und der gemessenen Intelligenz zeigten keine konsistenten Alterstrends. Gegenüber WILLIAMS' Untersuchung ergab sich hier ein fast entgegengesetztes Bild, da die Artikulation eine wesentlich höhere Korrelation mit der Intelligenz aufwies als die Satzlänge.

Eine befriedigende Klärung des Zusammenhangs von Sprach- und Intelligenzmaßen dürfte nach TEMPLINS Worten erst auf der Basis von Untersuchungen mit wesentlich größeren Stichproben zu erwarten sein. Zuvor kann auch nicht ausgeschlossen werden, daß einige der verwendeten Sprachmaße nicht ausreichend zuverlässig sind. Trotzdem bleibt die Abhängigkeit von Sprach- und Intelligenzentwicklung unbestritten. So fanden TERMAN et al. (1925), daß begabte Kinder ca. vier Monate früher zu sprechen beginnen als der Durchschnitt (vgl. auch ABT/ADLER/BARTELME 1929). Nun können solche Ergebnisse immer mit dem starken verbalen Teil und der verbalen Vermittlung von Intelligenztests begründet werden. Andererseits weisen die Untersuchungsergebnisse bei Schwachsinnigen in die gleiche Richtung. Irwin (1942) testete zehn extreme Fälle. Keines der durchschnittlich vierjährigen Kinder hatte eine verständliche Sprache entwickelt. Die Charakteristik ihrer Artikulation entsprach den Normen von Einjährigen (vgl. auch Mead 1913 und Sirkin/Lyons 1941).

Ist eine Abhängigkeit von Intelligenz- und Sprachentwicklung erkannt, wird häufig die Frage aufgeworfen, welche Variable nun welche beeinflußt, die Intelligenz die Sprache oder umgekehrt (vgl. u. a. Day 1932 und Williams/McFarland 1937). Da das Problem einer korrelationsstatistischen Klärung unzugänglich ist, muß eine klare Antwort ausbleiben. Korrelationskoeffizienten nennen das Ausmaß eines Zusammenhangs von Variablen; sie geben keine Auskunft über die Richtung des Zusammenhangs. Aussagen über Ursache und Wirkung sind Teil der Deutung von Statistiken. Die Behauptung von kausalen, finalen, wechselseitigen oder dialektischen Abhängigkeiten gehört in den Bereich der Theoriebildung.

6. Zusammenfassende Wertung

Ohne Zweifel hat die hier dargestellte Forschungsphase eine Fülle von Einsichten in die Sprachentwicklung vermittelt. Die Herausbildung der Artikulation, des Wortschatzes und der Satzverwendung wurden in Maßzahlen festgehalten, um Kenntnisse von generellen und gruppenspezifischen Sprachentwicklungsnormen zu erhalten. In wichtigen Teilen der Pädagogik, der psychologischen Diagnostik und der Sprachtherapie haben diese Daten orientierenden Charakter gewonnen. Dennoch, meinen wir, hat die amerikanische Entwicklungspsychologie ihren Anspruch, repräsentative und quantifizierende Ergebnisse auf der Basis zuverlässiger und angemessener Verfahren zu gewinnen, nur partiell eingelöst. Die Standardisierung der meisten Beobachtungsverfahren kann nicht als abgeschlossen gelten, so daß die Ergebnisse scheinbar identisch aufgebauter Untersuchungen nur mit größter Vorsicht verglichen werden dürfen. Gerade komplexere Beobachtungskategorien wie jene zur Satzbildung scheinen eine objektive, gleichwertige Klassifizierung des beobachteten Verhaltens durch verschiedene Forscher nicht im gewünschten Ausmaß zu gewährleisten. Und in vielen Fällen haben sich die Vpn- und Datenstichproben als nicht repräsentativ oder von zu geringem Umfang herausgestellt. Kurz, eine gewisse Diskrepanz zwischen methodologischen Forderungen und tatsächlich geübter Forschungspraxis ist nicht zu leugnen. Sie dürfte dem normalen Entwicklungsprozeß empirischer Wissenschaften zuzuschreiben sein. Sie fällt auf, weil von den Autoren die methodischen Aspekte ihrer Arbeit oft stärker betont wurden als die eigentlichen Ergebnisse.

Hiermit mag ein anderer Kritikpunkt verknüpft sein. Vielen amerikanischen Sprachentwicklungsforschern kann der Vorwurf eines zu engen Gesichtskreises nicht erspart bleiben. Gerade Arbeiten aus der europäischen Psychologie, deren weniger rigide Methoden von den eigenen abwichen, wurden nicht oder nur eklektizistisch ausgewertet. Sprachentwicklungsmaße und -experimente, wie BUSEMANNS Aktionsquotient, PIAGETS Egozentrismuskoeffizient und WYGOTSKIS Begriffsbildungsexperiment, wurden aus dem intendierten Zusammenhang mit allgemeinen Entwicklungsmodellen, der Entwicklung des Bewußtseins und der Sozialisation herausgelöst. So isoliert und eventuell methodisch modifiziert sollten sie dem Fundus von Verfahren und Maßen zugeschlagen werden. Dabei interessierten die Absichten der Autoren, der Stellenwert der genannten Begriffe in den jeweiligen Arbeiten, oft nur am Rande.

III. Komplexe Modelle der Sprachentwicklung – Verflechtung mit anderen Entwicklungsfaktoren

Einleitung

Neben dem Bemühen um eine quantifizierende Erfassung der Sprachphänomene versuchte die Sprachentwicklungsforschung der Anfangsphase den Zusammenhang von Sprache, Denken, Wahrnehmen u. a. in allgemeinen Entwicklungsmodellen zu erfassen. Die nachfolgende amerikanische Entwicklungspsychologie baute vornehmlich die Maßkonzepte auf der Basis repräsentativer Datenmengen aus. Hingegen wurde im europäischen Bereich das zweite Grundanliegen der vorangegangenen Epoche hervorgehoben und die Verknüpfung des Spracherwerbs mit der Entwicklung anderer Faktoren erforscht. Hierbei wurden weniger die methodisch-statistischen Neuerungen, sondern stärker die theoretischen Fortschritte der entsprechenden psychologischen Disziplinen betont und genutzt.

Auch in Europa entstanden eine große Anzahl von Arbeiten, die mit den amerikanischen Erhebungen vergleichbar sind. Ihr Gegenstand war z. B. die syntax- und wortschatzbezogene Analyse von Schulaufsätzen, die Erkundung gruppenspezifischer Sprachentwicklungsnormen oder die Aufstellung von Entwicklungstests. Wir lassen diese Arbeiten unberücksichtigt, da die genannten Probleme bereits im zweiten Kapitel behandelt wurden, vor allem aber, weil sie uns für einen spezifischen Beitrag der europäischen Psychologie zur Sprachentwicklungsforschung nicht ausreichend typisch zu sein scheinen.

Hier trafen zwei polare Betrachtungsweisen aufeinander. Einerseits wurde Spracherwerb als Produkt der Persönlichkeits- und Intelligenzentwicklung, andererseits als bedingender Faktor in der Entwicklung des Denkens und des sozialen Handelns gesehen. Den ersten Gesichtspunkt vertraten Busemann und Piaget, den zweiten vertrat Wygotski. K. Bühler ist keinem der Standpunkte eindeutig zuzuordnen.

Bühler verstand Sprache als Werkzeug zur Regelung des sozialen Verkehrs und betrachtete Sprachentwicklung als Aneignung der Werkzeugfunktionen. Sein häufig referiertes und vielfach modifiziertes Organonmodell stellt in beachtlicher Einfachheit die Kommunikationsfunktionen der Sprache dar. Auf seinem Hintergrund lassen sich gerade die sprachfunktionalen Hypothesen Piagets und Wygotskis besser verstehen.

Busemann wollte seine Periodizitätstheorie, Piaget sein Modell der Erkenntnisgenese mit Daten aus dem sprachlichen Verhalten der Kinder absichern. Beide schlugen spezifische Sprachmaße vor: Busemann den Aktionsquotienten und Piaget den Egozentrismuskoeffizienten. Ihre Konzepte sollen erläutert und einer Kritik unterzogen werden. Wygotskis Hypothesen zum Verhältnis von Sprechen und Denken gründen sich auf einer modifizierten Wiederholung der Piagetschen Versuche und einem sehr geschickten Experiment zur Begriffsbildung; PIAGET schloß sich später WYGOTSKIS Auffassungen weitgehend an.

1. Sprachentwicklung als Erwerb der Sprachfunktionen

1.1. Bühlers Sprachtheorie

KARL BÜHLERS Theorie der menschlichen Sprache ist zu vielschichtig, als daß man ihr auf wenigen Seiten gerecht werden könnte. Hier werden nur jene Aspekte knapp zusammengefaßt, die von BÜHLER selbst zur Klärung des Spracherwerbs herangezogen wurden.

BÜHLER (1922, 1965) verstand Sprache als Werkzeug zur Regulierung des sozialen Verkehrs. So ist seine Sprachtheorie fest in ein Modell der Kommunikationsfunktionen eingefügt (vgl. Abb. 3.1). In diesem «*Organonmodell*» ist das sprachliche Zeichen Träger dreier Funktionen. Es fungiert als *Symbol in der Darstellung* von Gegenständen und Sachverhalten, als *Symptom im*

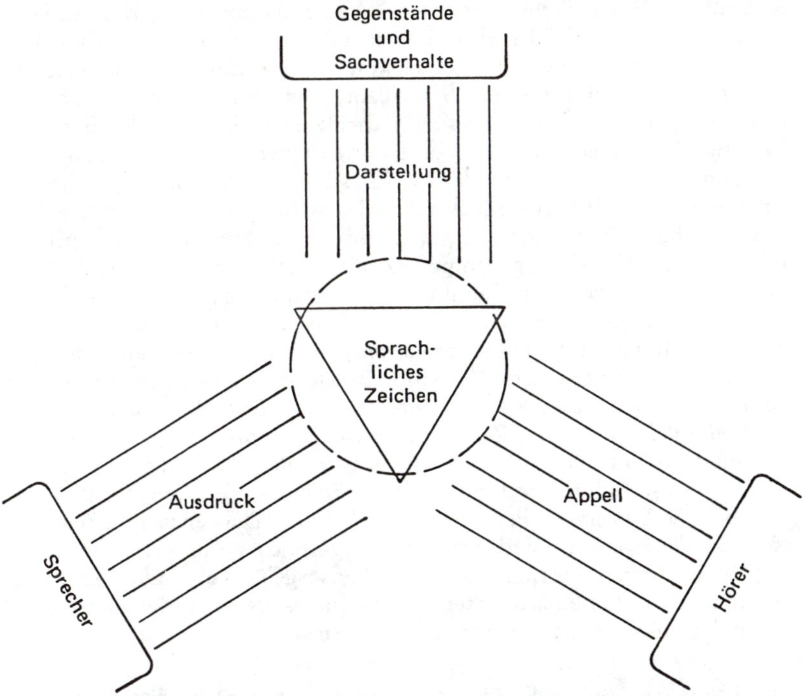

Abb. 3.1: *Das Organonmodell nach* K. BÜHLER (1965), S. 28

Ausdruck der Sprecherbefindlichkeit und als *Signal im Appell* an den Hörer.

Die theoretische Isolierung der Funktionen bedeutet nach BÜHLER nicht, daß realen Kommunikationsakten genau eine der Funktionen zuzuschreiben sei. Im Gegenteil, meist weise ein Kommunikationsakt mehrere Funktionen auf, und erst nachdem eine Analyse in Hinblick auf Sprecher- und Hörerbezug vorgenommen worden sei, könne entschieden werden, ob für beide Partner dieselbe Funktion dominiere oder ob «das mediale Produkt des Lautes je eine eigene Zeichenrelation zum einen und zum anderen aufweist» (1965, S. 31). Insgesamt gesehen aber stehe die spezifisch menschliche Kommunikation unter einer Dominanz der Darstellungsfunktion; denn nur diese sei «*situationsentbindbar*».

Das sprachliche Zeichen (in Abb. 3.1 mit einem Dreieck symbolisiert) ist nach BÜHLER nicht einfach mit dem vom Sprecher produzierten Lautgebilde (gestrichelter Kreis) gleichzusetzen. Die Relation zwischen sprachlichen Zeichen und Lautgebilde wird durch die Prinzipien der *abstraktiven Relevanz* und der *apperzeptiven Ergänzung* bestimmt. Das Lautgebilde enthält Informationen, die nicht benötigt werden. Unter dem Gesichtspunkt der Darstellungsfunktion z. B. ist die mundartliche Tönung oder die geschlechtsspezifische Frequenzlage einer Äußerung unwichtig. BÜHLER verdeutlichte das Prinzip der abstraktiven Relevanz an der Unterscheidung zwischen Laut und Phonem, wie sie von der strukturellen Linguistik der Prager Schule definiert wurde. Sprachlaute sind Realisationen von Phonemen, den kleinsten bedeutungsunterscheidenden Einheiten der Sprache. Wichtig für die Bedeutung einer Äußerung ist nicht, mit welchem Laut ein Phonem gekennzeichnet, sondern welches Phonem realisiert wird. Dieser Analyseansatz zielt vornehmlich auf die Darstellungsfunktion des sprachlichen Zeichens ab. Stände z. B. die Ausdrucksfunktion im Vordergrund, müßten zusätzlich die sogenannten extralinguistischen Merkmale der Äußerung, wie die emotionale Tönung, die Lautstärke etc., beachtet werden.

Neben dem Überfluß zeigt das sprachliche Zeichen gleichzeitig einen Mangel an Information. Der Informationsgehalt muß, um die angemessene Deutung des Zeichens zu sichern, unter Beachtung kontextueller Merkmale des Kommunikationsaktes ergänzt werden. Dieser Gedanke wird in BÜHLERS *Zweifelderlehre* präzisiert. Zwei Klassen von Konstruktions- und Verständnishilfen verleihen dem Einzelzeichen von Fall zu Fall die gewünschte «Bedeutungserfüllung und Bedeutungspräzision»: das *Zeigfeld* und das *Symbolfeld*. Das erste schafft die Verbindung des Zeichens zum situativen Kontext, das zweite die Verbindung zum sprachlichen Kontext.

Wird die Menge der sprachlichen Zeichen losgelöst von ihren Werkzeugfunktionen als kombinatorisches System analysiert, sind mindestens zwei Formklassen von Konventionen anzunehmen:

«Da gibt es eine erste Klasse von Sprachgebilden und zugehörigen Setzungen, die so verfahren, als gälte es, die Welt in Fetzen zu zerschneiden oder in Klassen von Dingen,

Vorgängen usw. aufzugliedern oder in *abstrakte Momente* aufzulösen und jedem von ihnen ein Zeichen zuzuordnen, während die zweite darauf Bedacht nimmt, einer *Durchkonstruktion* derselben Welt (des Darzustellenden) nach *Relationen* die zeichenmäßigen Mittel bereitzustellen» (1965, S. 73).

Mit einfachen Worten, es gibt mindestens eine Formklasse von Lexikon- und eine von Syntaxcharakter. Zwar ist Kommunikation prinzipiell auch mit einem Einklassensystem möglich; BÜHLER verwies z. B. auf den Flaggenkode der Schiffahrt. Doch sind solche Kodes im Vergleich zur Sprache auf eine äußerst begrenzte Anzahl von Mitteilungen angelegt. Erst Zweiklassensysteme erlauben, «mit einem beschränkten Schatz von Konventionen [. . .] *unbeschränkt Mannigfaltiges* hinreichend differenziert und exakt zur Darstellung zu bringen» (1965, S. 76).

1.2. Bühlers Darstellung der Sprachentwicklung

KARL BÜHLER (1926, 1967) zog Parallelen zwischen der Entwicklung von Kontakt- und Verständigungsmitteln im Tierreich und der Entwicklung der menschlichen Lautsprache im 1. Lebensjahr:

(1) In beiden Fällen trifft man auf ein vererbungsmäßig angelegtes Material von Kontaktmitteln, die im Augenblick der Geburt in Funktion treten, allmählich reifen und ihre artspezifischen Modulationen erfahren.

(2) Die vom menschlichen Säugling anfangs produzierten Laute gehören in die gleiche Kategorie wie die Produkte von Fletschlingen anderer luftatmender Tiere.

(3) Die ersten Modulationen der Urlaute werden durch äußere Einflüsse bestimmt, vor allem durch die Wahrnehmung akustischer Reize (auch der eigenen Stimme).

Im ersten Lebensjahr zeigt das Kind nach BÜHLER einen stetigen Fortschritt im Artikulieren und Syllabieren. Der soziale Kontakt wird zunächst nur durch den Einsatz zweier kommunikativer Funktionen geregelt. Indem das nasse oder hungrige Kind schreit oder weint, bringt es seinen mißlichen Zustand zum Ausdruck. Diese Kundgabe wird vom pflegenden Erwachsenen als Appell aufgefaßt, die Ursachen des Mißstandes zu beseitigen. Streckt das Kind verlangend die Arme nach der Flasche aus und äußert es gleichzeitig «mammam» oder anderes, dann appelliert es an den Erwachsenen, ihm die Flasche zu geben.

Etwa gegen Ende des 1. Lebensjahres erhalten einige Lautgebilde den Status von Symbolen, d. h. sie werden zur Darstellung von Gegenständen und Sachverhalten eingesetzt. Erst jetzt, also nicht schon mit dem ersten Wort, wie andere meinten, beginnt nach BÜHLERS Modell die Entwicklung der sich von den Kontakt- und Verständigungsmitteln der Tiere prinzipiell unterscheidenden, spezifisch menschlichen Sprache.

Vom Erscheinungsbild her zeichnet sich dieser «eigentliche» Beginn der Sprache durch die Produktion isolierter Wörter aus. Die Forschung spricht vom Stadium der *Einwortsätze* – eine Bezeichnung, die BÜHLER einmal für nicht unpassend hielt, «da jedes dieser Worte eine für sich abgeschlossene Sprachleistung ist» (1967, S. 83). An anderer Stelle schien ihm der Terminus «nichts als ein Verlegenheitsausdruck der Kinderpsychologen, ein Ausdruck, der andeuten soll, man könne die Phänomene so gut zu den Wörtern wie zu den Sätzen rechnen, sie seien eigentlich ‹noch› beides in eins» (1965, S. 72).

Dieser Auffassung mochte sich BÜHLER nicht anschließen. Seine bemerkenswerte Interpretation der sogenannten Einwortsätze besagt, man habe es in diesem Stadium weder mit Wörtern noch mit Sätzen zu tun. Die Sprache des Einwortsätze produzierenden Kindes zeige alle Merkmale eines Einklassensystems. Erst wenn das Kind zu echten Sätzen mit mehreren Wörtern übergeht, vollziehe sich eine Systemänderung, nämlich der Schritt vom Einklassensystem zum zweiklassigen Symbolfeldsystem unserer fertigen Sprache. Wiederum an anderer Stelle werden wir zu einer noch differenzierteren Sicht dieses Entwicklungsstadiums veranlaßt.

«Der phonetische Lautbestand nennt, das Musikalische in Verbindung mit Gebärden und der Situation geben kund, wie das Genannte die Seele des Kindes erfüllt, und lösen in dem verständigen erwachsenen Hörer aus, was an oder mit dem Genannten gemacht werden soll. Das ist die *Syntax des Einwortsatzes*, mit dem das Kind rund ein Jahr lang alle seine (primitiven) Sprachbedürfnisse befriedigt» (1922, S. 82).

Also doch kein Einklassensystem? Nun, das kommt darauf an, unter welchem Aspekt man die Dinge beleuchtet. Sieht man nur die verbale, die rein sprachliche Seite der Äußerung, trifft man auf ein Einklassensystem. Hebt man den kommunikativen Aspekt hervor, findet man zwei Formklassen: die Einwortsätze einerseits und andererseits Merkmale ihrer Realisierung und ihrer Einbettung in die Situation. – Reformulieren wir die obige Aussage. Tatsächlich vollzieht sich beim Übergang von Einwortsätzen zu echten Sätzen eine Systemänderung. Es erfolgt der Schritt vom situationsgebundenen, gemischt zweiklassigen Kommunikationssystem zum situationsentbindbaren, rein sprachlich zweiklassigen Symbolfeldsystem.

Die Bedeutung des nachfolgenden flexionslosen Mehrwortsatzes sah BÜHLER neben dem gesteigerten Können auf dem Gebiet der Sprechtätigkeit vor allem im kognitiven Bereich. Das Kind sei durch ein und denselben Sprechanlaß reichhaltiger als früher angeregt, es thematisiere verschiedene Aspekte des Sprechanlasses, und der durch Kontaktwirkung zustandekommende Gesamtsinn des «Worthaufens» bezeuge eine gewisse Gliederung des Gedankens im Geiste des Kindes. Doch wird eine leistungsfähige Syntax in flektierenden Sprachen erst durch Wortabwandlungen ermöglicht. Nachdem diese zunächst mechanisch aus der Erwachsenensprache übernommen werden, folgt eine Verallgemeinerung auf der Basis eines *Analogieprinzips*, das nach Bühler «ein Verfahren, ein Werkzeug im Geiste des Kindes» ist. Mit seiner Hilfe sucht es die Umwelt zu bewältigen, wenn es Neues analog zu Bekanntem deutet.

«Wir stehen wieder einmal vor einem der großen, weittragenden Fortschritte in der Entwicklungsgeschichte der Sprache des Kindes. So wie es erfaßt, daß jedes Ding einen Namen hat, so geht ihm auch einmal das Grundprinzip aller flektierenden Sprachen, daß durch lautliche Abwandlung der Wörter Verhältnisse zum Ausdruck gebracht werden können, auf. Geht ihm auf, nachdem es selbst bis zu dem Bedürfnis solchen Ausdruckes fortgeschritten ist und sozusagen mit einem Fuße schon mechanisch in der Formerei drinnen steht. Nichts ist charakteristischer für eine Entdeckung, die wirklich diesen Namen verdient, als die Verallgemeinerung, als die Übertragung des einmal erfaßten Prinzips auf die verschiedensten Anwendungsfälle. Und so müßten wir, wenn es nicht schon feststünde, theoretisch geradezu voraussagen, daß die Hauptarten der Wortabwandlung beim Kinde ungefähr gleichzeitig zu erwarten sind» (1967, S. 89 f.).

Fassen wir zusammen: Bühler sah den Übergang von der prinzipiell nicht spezifisch menschlichen zur spezifisch menschlichen Kommunikation

(a) im Auftreten der *Darstellungsfunktion*, die kontinuierlich dominanter wird, und von welcher

(b) die zunehmende *Situationsentbindbarkeit* der kindlichen Äußerungen abhängt, sowie

(c) im Erwerb des *zweiklassigen Symbolfeldsystems* der Sprache, nachdem

(d) das kombinatorische Grundprinzip der Sprache in *Analogiebildungen* verwirklicht worden ist.

2. Sprachentwicklung als Ausdruck periodisch alternierender Phasen

2.1. Busemanns Aktionsquotient und Entwicklungsmodell

Busemanns vielbeachtete *Periodizitätstheorie* war weitgehend auf der Auswertung sprachlichen Materials aufgebaut (vgl. Busemann 1925, 1926, 1959). Seine Beschreibungskategorien basieren auf der Logik Wundts (1906), der aus den logischen Kategorien «Gegenstand, Eigenschaft, Zustand und Beziehung» im Hinblick auf prädikative Aussagen drei Urteilsformen abgeleitet hatte: Zustandsbegriffe bedingen erzählende, Eigenschaftsbegriffe beschreibende und Beziehungsbegriffe erklärende Urteile. Nach eingehender Diskussion dieses Aspekts der Wundtschen Logik, der im Grunde eine Reduktion der zehn bekannten Aristotelischen Begriffsformen darstellt, gelangte Busemann (1925, in: Helmers 1969, S. 1–59) zu einer weiteren Vereinfachung. In jugendpsychologischen Untersuchungen soll es genügen, «nur *zwischen erzählenden und beschreibenden Aussagen die*

Grenzlinie zu verfolgen und ungefähr abzustecken» (op. cit., S. 2).

Nach BUSEMANN beziehen sich beschreibende Aussagen vornehmlich auf Qualitäten und Größenquantitäten, die sprachlich in Kopulaformen, in Adjektiven, Ordinalzahlen etc. gefaßt werden. In erzählenden Aussagen hingegen soll ein Moment der Aktivität hervorstechen, das sich in der Verwendung von Verben manifestiere. Demgemäß könne statt in beschreibende und erzählende Aussagen in qualitative und aktionale Aussagen unterschieden werden. Entwicklungsabschnitte mit überwiegend beschreibenden, also qualitativen Aussagen nannte BUSEMANN *Qualitätsphasen*; im umgekehrten Fall sprach er von *Aktionsphasen*.

WUNDT hatte erzählende Aussagen als phylogenetisch älter und primitiver eingeschätzt. STERN/STERN schienen hierzu die ontogenetische Parallele gefunden zu haben. Folglich, meinte BUSEMANN, sei zu erwarten, daß bei steigendem Alter aktionale Aussagen zurückgehen, während qualitative ansteigen. Doch da Untersuchungen von COHN/DIEFFENBACHER (1911), VALENTINER (1918) und SCHRENK (1918) dem entgegenstanden – sie deuteten auf einen mehrfachen Wechsel beider Phasen hin –, schien es BUSEMANN sinnvoll, die Hypothese einer altersabhängigen Fixierung der Phasenwechsel zu überprüfen.

Als geeignetes Kontrollmaß wählte BUSEMANN jenen Wert, der sich aus einer Division der Anzahl aktionaler Aussagen durch die Anzahl qualitativer Aussagen einer mündlichen oder schriftlichen Äußerung ergibt, und nannte ihn *Aktionsquotient* (AQ). Bei der Beschaffung des Sprachmaterials zur Berechnung der AQs wurden zwei Verfahren angewandt. Durch geeignete Fragen veranlaßte der Versuchsleiter 3- bis 9jährige Kinder zu längeren Äußerungen, die simultan protokolliert wurden. 9- bis 17jährige, in einigen Fällen auch 8- bis 18jährige erhielten dem Charakter des üblichen Deutschunterrichts angepaßte Aufsatzthemen (Die Stadt Einbeck – Meine guten und schlechten Eigenschaften – Bin ich mit mir selbst zufrieden?). Die aktionalen und die qualitativen Aussagen im Sprachmaterial wurden nach vorgegebenen Regeln indiziert und ausgezählt.

Unter Beachtung aller Einzeluntersuchungen konstatierte BUSEMANN Aktionsphasen für Knaben bei 6, 9, 12–13 und 17–18 Jahren, für Mädchen bei 6, 9–10, 16–17 und irgendwann zwischen 11 und 15 Jahren. Wir haben BUSEMANNS AQ-Werte in Abbildung 3.2 zusammengefaßt. Zwischen 3 und 8 respektive 9 Jahren ist eine stark ansteigende, deutlich ausgeprägte Wellenlinie zu erkennen, zwischen 9 und 18 Jahren hingegen weist die nur schwach ausgeprägte Wellenlinie eine leicht sinkende Tendenz auf. Die Kurvenbilder zeigen bei den Mädchen ab 11 und bei den Knaben ab 14 Jahren keine Gipfel, die als Aktionsphasen interpretiert werden könnten. BUSEMANNS Deutungen basieren auf relativ geringen Wertdifferenzen in mehreren Einzeluntersuchungen, die in der Zusammenfassung kaum noch zum Ausdruck kommen.

Offensichtlich ist nach Abbildung 3.2 der AQ modalitätsabhängig – die Werte der Aufsätze liegen deutlich niedriger als die Werte der mündlichen Äußerungen. Diese von BUSEMANN nur beiläufig erwähnte Beobachtung verdient hervorgehoben zu werden, da von ihrer Interpretation die Bewertung der gesamten Untersuchung abhängt. Nach BUSEMANNS Hypothese sollten sich zwei Entwicklungsphasen alternierend in der Sprachverwendung niederschlagen. Für die relativ spontanen, mündlichen Äußerungen scheint seine Annahme voll bestätigt. Nun sind gerade Schulaufsätze ein hervorragendes Beispiel für die Unterdrückung sprachlicher Spontaneität; denn sie sind thematisch gelenkt, ihr formaler Rahmen wird durch die Normen der Schriftsprache und ihr inhaltlicher Rahmen durch die Leistungsnormen der Schulinstitution gesetzt. Sicher entspricht die Charakteristik der Schulnormen viel eher den Merkmalen der qualitativen als der aktionalen Phase. Unseres Erachtens spiegelt ein aus Schulaufsätzen gewonnener AQ-Verlauf vornehmlich Aspekte eines normorientierten Sozialisationsprozesses wider. Träfe unsere Vermutung zu, müßten die entsprechenden AQ-Werte Kennzeichen für eine Annäherung an die Norm enthalten. Tatsächlich weisen das Absinken des AQs und die Abflachung der Wellenform in diese Richtung. Ebenso wäre zu erwarten, daß eine kürzere und weniger anspruchsvolle Schulausbildung eine geringer nivellierende Wirkung auf den AQ-Verlauf hat. Auch dies scheint der Fall, denn BUSEMANN beobachtete bei Volks- und Berufsschülern deutlicher ausgeprägte AQ-Verläufe als bei Realschülern und Gymnasiasten.

Bleibt zu sagen, daß hier eigentlich zwei Untersuchungen vorliegen, die getrennt oder in Gegenüberstellung interpretiert, aber nicht einfach zusammengefaßt werden sollten. Der wellenförmige Anstieg des AQ bis zum Alter von 10 und die wellenförmige Abnahme bis zum Alter von 18 Jahren ergeben einheitlich interpretiert ein methodisches Artefakt. Eine korrekte Kontrolle der Entwicklungsphasen über AQ-Berechnungen hätte auf Sprachmaterial genau einer Modalität beruhen müssen. Es liegt auf der Hand, daß die mündliche Modalität der schriftlichen vorzuziehen ist – gesprochene Sprache ist spontaner und daher der Fragestellung angemessener; zudem gestattet ihre Wahl die Erfassung des Vorschulalters.

Das Verhältnis von aktionalen zu qualitativen Aussagen wurde von BUSEMANN als Ausdruck einer Entwicklungsrhythmik interpretiert. Entwicklungsrhythmik war der übergeordnete Gesichtspunkt, unter den er Entwicklungsphasen wie Trotzalter, glückliche Jahre, Flegeljahre etc. integrierte. Man kann den Gedanken sehr plastisch als Spiralmodell fassen: Zwei prinzipiell gleichbleibende Phasen wechseln einander auf immer höherem Niveau ab. Der Wechsel soll so tiefgreifend sein, «daß man von einer totalen Umstimmung der ‹psychophysischen Person› reden muß» (op. cit., S. 59).

BUSEMANN suchte seine Theorie mit Erkenntnissen aus den verschiedensten Entwicklungssektoren zu fundieren. Dabei stützte er sich ebenso auf eigene Arbeiten wie auf die Ergebnisse anderer Forscher und berücksichtigte

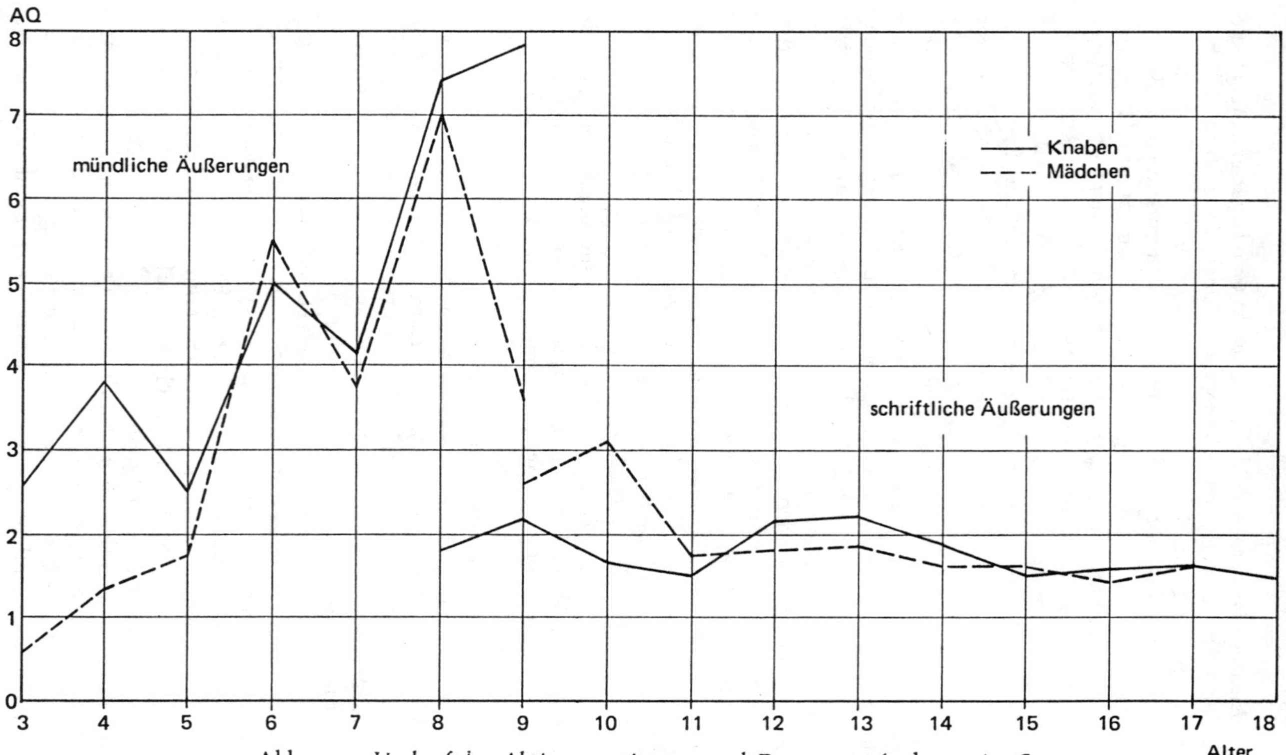

Abb. 3.2: *Verlauf der Aktionsquotienten nach* BUSEMANN (vgl. op. cit., S. 23, 27)

auch Beobachtungen und allgemein gängige Ansichten von Lehrern und Erziehern.

Die Aktionsphasen zeichnen sich nach BUSEMANN durch starke Emotionalität und Subjektivität aus, begleitet von einer maßlosen, oft negativen Selbsteinschätzung. In Zusammenhang mit dem emotionalen Bereich muß die Anfälligkeit für Kriminalität wie für religiöse Erweckungserlebnisse gesehen werden, ebenso eine allgemeine Unruhe, die sich in gesteigerter Motilität ausdrückt. Zur gleichen Zeit stagniert die Entwicklung der Intelligenz; die Gedächtnis- und Konzentrationsleistungen lassen nach, und die Schulleistungen sinken. Die Qualitätsphasen hingegen sind gekennzeichnet durch Sachlichkeit und Objektivität, begleitet von maßvoller Selbsteinschätzung. Die Motilität sinkt, die Intelligenz und die Schulleistungen steigen.

BUSEMANN gestand ein, daß zwischen seiner anspruchsvollen Theorie und den sie stützenden empirischen Daten wohl eine gewisse Diskrepanz bestand: «Nur in Umrissen freilich zeichnet sich dieser Wechsel in unserem Material ab, es wird umfassender und eindringender Arbeit bedürfen, um Einzelheiten des theoretisch wie praktisch gleich bedeutsamen Gebietes zu sichern» (op. cit., S. 59). Leider stand der allgemeine Entwicklungszusammenhang nicht im Blickpunkt der nachfolgenden Kritik. Diese war vielmehr eng auf das Verfahren zur Bestimmung des AQ ausgerichtet.

2.2. Kritik am Aktionsquotienten

Gegen BUSEMANNS Theorie des Periodenwechsels bestand, ohne daß detaillierte Kritik laut wurde, lange Zeit ein gewisses Mißtrauen. Dieses beruhte vor allem auf Statistiken der Syntaxforschung, deren Ergebnisse nicht auf ausgeprägte AQ-Verläufe schließen ließen. So wurde die Validität von BUSEMANNS Aussagen in Frage gestellt (vgl. FISCHER 1963, S. 196) und die altersmäßigen AQ-Schwankungen auf mögliche Stichprobenfehler zurückgeführt (vgl. MCCARTHY 1954, S. 560f.). Diese Kritik wurde von BAKKER (1965, in: Helmers 1969, S. 369–401) aufgegriffen und um eine Bemerkung zu BUSEMANNS Form der AQ-Bestimmung erweitert:

> «Überwiegen in einem Text die aktionalen Aussagen, so ist der Quotient größer als 1, überwiegen die qualitativen, ist er kleiner als 1. Hierbei ist zu berücksichtigen, daß die unterschiedlichen Grade des Überwiegens der aktionalen Aussagen in der ganzen Breite des Zahlenraumes von 1 bis Unendlich zum Ausdruck kommt, während für das Übergewicht qualitativer Aussagen nur der Raum von Null bis 1 vorhanden ist. Diese unsymmetrische Lagerung bereitet bei der statistischen Behandlung des AQ einige Schwierigkeiten, vor allem bei der Signifikanzeinschätzung, da gleiche Differenzen im Bereich unter 1 eine andere Wertigkeit besitzen als über 1» (op. cit., S. 374).

Weiterhin zeigte BAKKER, daß unter bestimmten Umständen der AQ gleiche Entwicklungsvorgänge «gegensinnig» wiedergibt. BAKKER betrachtete hy-

	Altersstufe	A	A+1	A+2	A+3
1. Fall	Zahl der a	6	8	10	12
	Zahl der q	4	6	8	10
	AQ	1,5	1,33	1,25	1,2
2. Fall	Zahl der a	6	8	10	12
	Zahl der q	8	10	12	14
	AQ	0,75	0,8	0,83	0,86

a = aktionale Aussagen; q = qualitative Aussagen

Tab. 3.3: *Berechnung hypothetischer AQs zur Illustration «gegensinniger» Aufzeichnung gleicher Entwicklungsvorgänge nach* Barker (op. cit., S. 375)

pothetisch eine gleich große Zunahme der aktionalen und der qualitativen Kategorie pro Jahr (vgl. Tab. 3.3). Liegt die Anzahl der aktionalen Aussagen höher, ergibt sich eine Abnahme des AQ; ist hingegen die Anzahl der qualitativen Aussagen größer, steigt der AQ.

Schließlich kritisierte Bakker, daß aus dem AQ nicht hervorgeht, welche Veränderungen des Sprachmaterials die AQ-Verlaufsformen verantworten – ob sie auf Veränderung der aktionalen, der qualitativen oder beider Kategorien beruhen. Er schlug vor, statt des Textes den Satz als Bezugsgröße zu verwenden, also die folgende Gleichung aufzustellen:

$$\frac{a}{S} : \frac{q}{S} = \frac{a}{q}$$

wobei

a = Anzahl der aktionalen Aussagen im Text,
q = Anzahl der qualitativen Aussagen im Text und
S = Anzahl der Sätze des Textes.

In dieser Formel, meinte Bakker, erscheinen Entwicklungsvorgänge genau da, wo sie sich tatsächlich vollziehen.

In einer Nachuntersuchung konzentrierte sich Bakker nur auf die Gruppe der Volksschüler, die bei Busemann die deutlichsten Phasenwechsel aufwies. Obwohl Themenstellung und Instruktion genau kopiert wurden, war keine Übereinstimmung mit Busemanns Resultaten zu registrieren (vgl. Abb. 3.4).

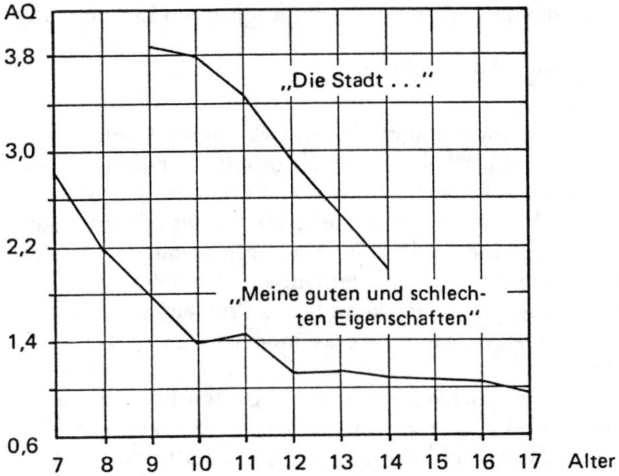

Abb. 3.4: *AQs zweier Aufsätze nach* BARKER (op. cit., S. 390)

«Es zeigte sich, daß der Aktionsquotient in den Altersjahren 7–17 Jahren kontinuierlich kleiner wird. Im Anteil aktionaler Verben ließ sich weder eine durchgehend ansteigende oder abfallende, noch eine periodische Tendenz im Sinne von Busemann erkennen. Der Reichtum an ‹qualitativen› Aussagen wächst mit zunehmendem Alter stetig an» (op. cit., S. 400).

Nach heutigen Maßstäben war BUSEMANNS Stichprobe nicht repräsentativ. Da sie nur eine Volksschule berücksichtigte, können die AQ-Verläufe durch den Schulunterricht (Themen-, Lehrerwechsel etc.) bedingt sein. Außerdem verändert sich gerade für die 10- bis 11jährigen durch Wechsel zum Gymnasium etc. die Klassenzusammensetzung. Schließlich sind die Kategoriendefinitionen so vage, daß eine gleiche Behandlung des Sprachmaterials durch verschiedene Auswerter nicht gewährleistet scheint.

BUSEMANNS Periodizitätstheorie wurde damit in ihrem Gehalt nicht angegriffen. Als fraglich erwies sich nur ihre Abstützung auf AQ-Mittelwerte, die auf der Auswertung von Schulaufsätzen basieren. Wir meinen, daß in diesem wie in vielen ähnlich gelagerten Streitfällen ein abschließendes Urteil erst nach Längsschnittuntersuchungen anhand repräsentativer Stichproben zu fällen ist.

3. Sprachentwicklung als Produkt der kognitiven Entwicklung

3.1. Piagets Entwicklungsmodell

JEAN PIAGET wurde vornehmlich als Entwicklungspsychologe bekannt, muß aber mit gleichem Recht als biologisch orientierter Erkenntnistheoretiker verstanden werden. Die höchst entwickelte Erkenntnisform ist der menschliche Intellekt: Wie ist er strukturiert, was leistet er? Intelligenz ist nach PIAGET die spezifisch menschliche Form interagierender Anpassung lebender Organismen an die Bedingungen der Umwelt. Dem Biologen PIAGET war der genetische Zugang zu derart komplexen Problemen geläufig. Will man wissen, wie etwas ist, wird man zu erkunden haben, wie es zu dem, was es ist, geworden ist.

Die Erkenntnismöglichkeiten des intelligenten Erwachsenen bilden sich in der Kindheit und Jugend heraus. So wird Entwicklungspsychologie hier ein Mittel zum Zweck, und der Zweck liegt in der Erkundung der höchsten Form menschlicher Erkenntnis. Für den Erwerb, die Organisierung und die Übermittlung intellektueller Leistungen scheint der Einsatz sprachlicher Mittel typisch. Daher ist es kein Zufall, daß PIAGETS erstes Buch das «Sprechen und Denken des Kindes» behandelt.

Vergegenwärtigen wir uns das von PIAGET selbst als komplexe Arbeitshypothese verstandene Entwicklungsmodell der menschlichen Erkenntnis. Danach schreitet die Entwicklung gleichzeitig fort vom nicht mitteilbaren zum mitteilbaren und vom nicht gelenkten zum gelenkten Denken. Nicht mitteilbares und nicht gelenktes Denken nannte PIAGET mit BLEULER (1963) *autistisches Denken*, für mitteilbares und gelenktes Denken wurde die Bezeichnung *mitgeteilte Intelligenz* gewählt. Das autistische Denken ist die phylo- und ontogenetisch primitivste, die mitgeteilte Intelligenz hingegen die höchste Stufe der menschlichen Erkenntnis. Beide Denkweisen unterliegen einer eigenen Logik:

«Das gelenkte Denken folgt im Laufe seiner Entwicklung immer mehr den Gesetzen der Erfahrung und der eigentlichen Logik. Das autistische Denken dagegen folgt einer Gesamtheit besonderer Gesetze (Gesetze des Symbolismus, der unmittelbaren Befriedigung, usw.), [. . .]» (1972, S. 50).

Vor allem aber unterscheiden sich nach PIAGETS Meinung beide Denkformen in ihrem Ursprung. Während das autistische Denken *individuell* bleibt, ist die mitgeteilte Intelligenz infolge fortschreitender Anpassung der Individuen aneinander *sozialisiert*. Was bedeutet dies für das kindliche Denken und das Zusammenwirken von Sprach- und Intelligenzentwicklung?

«[. . .] – und das wird für das rechte Verständnis des kindlichen Denkens sehr wichtig –, ein großer Teil ihrer (der beiden Denkformen; Anm. d. Verf.) Unterschiedlichkeit geht auf die Tatsache zurück, daß die Intelligenz sich nach und nach sozialisiert und immer mehr mit

Begriffen arbeitet, dank der Sprache, die das Denken mit dem Wort verbindet. Dagegen haftet das autistische Denken, eben weil es individuell bleibt, immer an bildlichen Vorstellungen, an körperlicher Aktivität und an Bewegungen selbst» (op. cit., S. 51).

Kurz, wir haben nach PIAGET eine Entwicklung vom bildlichen zum begrifflichen und vom individuellen zum sozialisierten Denken zu sehen. Zwischen der Ausgangs- und der Endposition sollen je nach dem erreichten Mitteilbarkeitsgrad eine Reihe von Zwischenformen zu finden sein, deren wichtigste PIAGET *egozentrisches Denken* nannte. Dieses Denken suche die Anpassung an die Wirklichkeit, teile sich dabei aber als solches nicht mit.

3.2. Die Entwicklung der egozentrischen Sprache

Die Erkenntnismöglichkeiten des Erwachsenen umfassen die mitgeteilte Intelligenz. Dies heißt aber nicht, daß seine Äußerungen gänzlich oder vorwiegend auf objektiven Überlegungen beruhen und lediglich erkenntnisgebundene Informationen übermitteln. Der Erwachsene stellt nicht nur fest, sondern erteilt ebenso Befehle, formuliert Wünsche, Kritik und Drohungen, d. h. er erweckt Gefühle und veranlaßt Handlungen. Soweit haben wir es mit BÜHLERS Symbol- und Appellfunktion zu tun. Nun gibt es nach PIAGET noch ein drittes. Man beobachtet, daß Erwachsene laut monologisieren, also Selbstgespräche führen. Dieses Phänomen kann zwar mit der Symptom- und der Symbolfunktion formal abgedeckt, jedoch inhaltlich nicht hinreichend geklärt werden. Daß es gerade bei Kindern verstärkt auftritt, stützt die Annahme, ihm sei in der Entwicklung von Sprache und Denken eine besondere Rolle zuzuschreiben. Konkretisiert wurde diese Hypothese durch eine zielgerichtete Beobachtung der Kindersprache und eine sorgfältige Analyse der Erscheinungsformen des Selbstgesprächs.

Von PIAGETS Mitarbeitern wurden zunächst zwei sechsjährige Knaben (Pie und Lev) einen Monat lang mehrere Stunden am Tage beobachtet; ihre Äußerungen wurden vollständig protokolliert und der Äußerungskontext so präzise wie möglich beschrieben. Später wurden nach dem gleichen Verfahren die Äußerungen mehrerer Kinder aus verschiedenen Altersstufen erfaßt. Alle Kinder gehörten zum «Maison des Petits», der Vorschule des Instituts «J. J. Rousseau». Die beobachteten Kinder gehörten einer Klasse an, deren Mitglieder malen, bauen oder modellieren konnten, wie und was immer sie wollten. Erwachsene griffen nur ein, wenn dies von den Kindern ausdrücklich gewünscht wurde. Die Kinder genossen vollkommene Bewegungsfreiheit und konnten ihren Tätigkeiten, wieder nach eigener Entscheidung, allein oder gruppenweise nachgehen. PIAGET folgerte: «Diese Räume sind also ein erstklassiges Beobachtungsfeld für das Studium des sozialen Lebens und der Sprache des Kindes» (op. cit., S. 18).

Für die Auswertung wurden die protokollierten Äußerungen zunächst in zwei Gruppen aufgeteilt. Unter die erste Gruppe fallen Äußerungen ohne Adressaten. – dem Kind bleibt gleichgültig, ob sie gehört werden. «Diese Sprache ist egozentrisch zunächst einmal, weil das Kind nur von sich erzählt, vor allem aber, weil es nicht versucht, auf den Standpunkt des Zuhörers einzugehen» (op. cit., S. 21).

Zur *egozentrischen Sprache* wurden drei Untergruppen gebildet: die Wiederholung (Echolalie), der Monolog und der Monolog zu zweit oder der kollektive Monolog. Die zweite große Gruppe von Äußerungen, *sozialisierte Sprache* genannt, zerfällt in fünf Untergruppen: die angepaßte Information, die Kritik, die Befehle, Bitten und Drohungen, die Fragen und die Antworten. Um nun zuverlässige Kenntnis über das Ausmaß des Egozentrismus in der kindlichen Sprache zu gewinnen, wurde das Verhältnis zwischen der Anzahl egozentrischer Äußerungen und der Gesamtheit spontaner Äußerungen bestimmt. Spontane Äußerungen sind alle Kategorien, ausgenommen die Antworten. Diese bleiben bei der Berechnung unberücksichtigt, weil ihr Ausmaß nach PIAGET zu sehr vom Zufall abhängt. Wenn ein Kind vielen Erwachsenen oder einem redseligen Freund begegnet, könne sich der Prozentsatz der Antworten beträchtlich erhöhen, so daß sich der Egozentrismuskoeffizient unabhängig vom echten Ausmaß des Egozentrismus verändert.

Die Ergebnisse dieser Untersuchung sind in Tabelle 3.5 zusammengefaßt. Tabelle 3.6 zeigt Berechnungen über fünf Altersstufen. In den vorliegenden Fällen nahmen egozentrische Äußerungen im Alter von drei bis sechs Jahren ca. die Hälfte der Spontansprache ein. Die Toleranzangaben in Tabelle 3.5 erklären sich wie folgt: Von Lev wurden insgesamt 1400, von Pie 1500 Äußerungen protokolliert, die in 100er-Gruppen aufgeteilt wurden. So konnte neben der Gesamtberechnung des Egozentrismuskoeffizienten eine Reihe von Teilberechnungen durchgeführt werden. Der Toleranzwert zeigt die durchschnittliche Abweichung der Teilkoeffizienten vom Gesamtkoeffizienten. Pies Koeffizient lag niedriger als der von Lev; hingegen war die durchschnittliche Abweichung bei Pie größer. Die Differenz spiegelt nach PIAGET die Temperamentunterschiede zwischen beiden Knaben wider:

> «Diese größere Variabilität entspricht durchaus dem, was wir von Pies Charakter wissen, der auf den ersten Blick nüchterner und angepaßter als Lev ist und geneigter zur Zusammenarbeit [. . .]. Aber Pie wird ab und zu von seiner Phantasie fortgerissen, die ihn für einige Stunden isoliert, in denen er unaufhörlich Monologe führt» (op. cit., S. 44).

Wir müssen diese Anmerkung als Versuch verstehen, die Egozentrismusberechnung über einen Vergleich mit Charakterwertungen zu validieren.

PIAGET zog die folgenden Schlüsse aus seinen Beobachtungen: Bis zu einem gewissen Alter denken und handeln Kinder egozentrischer als Erwachsene, sie teilen ihre Gedanken viel weniger mit. Die Sprache des Kindes ist individueller, die des Erwachsenen fast immer sozialisiert. Trotzdem

Kategorien	Pie	Lev
(1) Wiederholung	2	1
(2) Monolog	5	15
(3) Kollektiver Monolog	30	23
Egozentrische Sprache	37	39
(4) Angepaßte Information	14	13
(5) Kritik	7	3
(6) Befehle	15	10
(7) Fragen	13	17
Spontane sozialisierte Sprache	49	43
(8) Antworten	14	18
Gesamte sozialisierte Sprache	63	61
Egozentrismus-Koeffizient	0,43 ± 0,06	0,47 ± 0,04

Tab. 3.5: *Prozentualer Anteil der funktionalen Kategorien an der Sprache zweier sechsjähriger Kinder nach* Piaget (1972), S. 45

spricht das Kind, während es tätig ist, viel mehr über das, was es tut, als der eher schweigende Erwachsene. Diesen scheinbaren Widerspruch zwischen individueller versus sozialisierter Sprache auf der einen und Sprechen versus Schweigen auf der anderen Seite versuchte Piaget aufzulösen, indem er das Denken des Erwachsenen als zur Intimität fähig beschrieb und postulierte, intimes Denken sei fast immer sozialisiert. Wissenschaftliches Arbeiten z. B. zieht nach Piagets Erfahrung eine «ständige mentale Diskussion» nach sich.

«Daher ist die Untersuchung selbst in fast jedem Stadium sozialisiert. Die Erfindung entzieht sich diesem Einfluß, aber das Bedürfnis nach Kontrolle und Beweis ruft eine innere Sprache (langage interieur) hervor, die sich unaufhörlich an Kritiker wendet, [. . .]. Wenn der Erwachsene sich Mitmenschen gegenüber befindet, ist das, was er ihnen mitteilt, bereits sozial elaboriert und daher in groben Umrissen dem Gesprächspartner angepaßt, d. h. verständlich» (op. cit., S. 47).

Alter	Name	Egozentrismus-koeffizient	Mittelwert
3	Hans	0,52	0,51
	Rob	0,55	
	Sli	0,37	
	Jan	0,56	
	Dan	0,56	
4	Hans	0,44	0,48
	Wer	0,44	
	Ad	0,60	
	Nic	0,45	
5	Ad	0,46	0,46
6	Pie	0,43	0,45
	Lev	0,47	
7	Clau	0,30	0,28
	Lev	0,27	

Tab. 3.6: *Egozentrismus-Koeffizienten über fünf Altersstufen nach* PIAGET (1972), S. 70

Das Kind hingegen habe, weil es die Intimität des Ich nicht kenne, weniger verbale Selbstbeherrschung. Es spräche zwar unaufhörlich zu seinen Nachbarn, versetze sich aber selten in deren Lage. Stark vereinfachend könne man sagen, der Erwachsene denke, selbst wenn er allein ist, sozialisiert, und das Kind unter sieben Jahren denke und spreche, selbst wenn es in Gesellschaft ist, egozentrisch.

Worauf ist das zurückzuführen? PIAGET sah zwei Ursachen. Erstens bestehe zwischen Kindern unter sieben bis acht Jahren kein soziales Leben von einiger Konstanz, und zweitens sei die eigentlich soziale Sprache des Kindes eine Sprache, die neben Worten ebenso Gestik, Bewegungen und Mimik einsetze. Sie kristallisiere sich vor allem in der fundamentalen Aktivität des Kindes, dem Spiel, heraus. Nun läßt sich, wie PIAGET feststellte, nicht alles mit Gesten ausdrücken. Daher sei die intellektuelle Untersuchung von

Gegenständen oder Ereignissen vornehmlich egozentrisch, während die Kommunikation in Spielsituationen, die konkretes Handeln erfordern und den Einsatz von Gestik und Mimik beim Erteilen von Befehlen etc. gestatten, schon stärker sozialisiert sei.

PIAGETS Auffassung von Egozentrismus wurde von einigen Forschern (insbesondere von KATZ/KATZ 1928, CH. BÜHLER 1931 und GRÜNBAUM 1927) angegriffen, da ihre Beobachtungen der Kindersprache mit denen PIAGETS nicht in Einklang zu bringen waren. Nun sagen abweichende Beobachtungen im Bereich des Sprachverhaltens zunächst wenig gegen PIAGETS Auffassung vom Egozentrismus des Denkens, auf dessen Klärung es ihm hauptsächlich ankam. Der sprachliche Egozentrismus kann nur unter bestimmten Voraussetzungen – und dazu gehört anscheinend eine weitgehende Spontaneität in der Sozialisation – als verläßlicher Index für die Entwicklung des Denkens herangezogen werden. Folgerichtig replizierte PIAGET: Immer vorausgesetzt, daß überhaupt auf vergleichbare Weise beobachtet und ausgewertet wurde, überraschen abweichende Egozentrismus-Koeffizienten nicht im geringsten, da das Kindergarten- und Schulmilieu, vornehmlich aber die verbalen Beziehungen zwischen Kind und Erwachsenem, die Werte beeinflussen.

Um diesen wichtigen Gedanken besser verstehen zu können, müssen wir PIAGETS Auffassung vom kindlichen Sozialisationsprozeß betrachten. Das Kind sozialisiert sich nach PIAGET in zwei Grundsituationen, in der Begegnung mit dem anderen Kind und in der Begegnung mit dem Erwachsenen. In beiden Grundsituationen finden wir zwei entgegengesetzte Haltungen, ein, wie PIAGET sagte, Schwanken zwischen zwei Polen, die wir einmal Identität und Diversität nennen wollen.

Der Erwachsene ist dem Kind einerseits sehr nahe und andererseits sehr fern, sehr überlegen. Im ersten Fall reagiert das Kind, indem es mit dem Erwachsenen alles teilt und keine Grenze zwischen dem eigenen und diesem höheren Ich, diesem «vergrößerten, allgegenwärtigen ‹alter ego›» zieht. Da nun kein Gegenüber mehr existiert, da die andere Person in die eigene integriert wurde, muß der Prozentsatz egozentrischer Sprache relativ hoch liegen. Im zweiten Fall werden der allmächtige Wille und die überlegene Intelligenz des Erwachsenen angerufen.

«Dann unterscheidet das kindliche Denken zwischen seinem Ich und dem anderen und sozialisiert sich auf diese Weise: Die so hergestellten Beziehungen sind aber die eines Unterlegenen gegenüber einem Höherstehenden, und die geistige Autorität der Erwachsenen lastet mit ihrem ganzen Gewicht auf dem kindlichen Denken» (op. cit., S. 71 f.).

In diesen Situationen wird der Prozentsatz sozialisierter Sprache relativ hoch liegen.

Das Kind ist dem anderen Kind einerseits sehr ähnlich und andererseits von ihm sehr verschieden. Die Kinder sind sich ähnlich, weil ihr Können und Wissen ungefähr auf dem gleichen Niveau liegt. Doch aus dem gleichen

Grund müssen nach PIAGETS Meinung ihre Ichs voneinander getrennt bleiben, da kein Kind, wie der überlegene Erwachsene, in die Perspektive des anderen Denkens eindringen könne. So schwankt das Kind in seinem verbalen Verhalten auch hier zwischen zwei Polen: Im ersten Fall bevorzugt es den individuellen oder kollektiven Monolog, im zweiten Fall die Diskussion mit wirklichem Gedankenaustausch:

«Während die Überlegenheit des Erwachsenen die Diskussion und die Zusammenarbeit stört, gibt der Spielkamerad Gelegenheit zu jenen sozialen Verhaltensweisen, die eine echte Sozialisation der Intelligenz bewirken. Umgekehrt, wo die Gleichheit der Spielkameraden das Kind daran hindert, Fragen zu stellen, steht der Erwachsene zur Verfügung und gibt Antwort» (op. cit., S. 72).

Der Sozialisationsprozeß ist also abhängig von den jeweiligen Partnern, und damit wird nach PIAGET klar, daß insbesondere der Prozentsatz der sozialisierten Sprache nicht nur vom Kind, sondern in hohem Maße auch vom Verhalten des Erwachsenen abhängig ist.

3.3. Die Entwicklung des Gesprächs

Zur Kontrolle der ersten Ergebnisse führte PIAGET eine breitere Untersuchung mit 20 vier- bis siebenjährigen Kindern aus unterschiedlichem Milieu durch. Die Beobachtung fand wieder im «Maison des Petits» statt. Die Auswertung betraf diesmal nicht einzelne Sätze, sondern Gespräche innerhalb von Kindergruppen, d. h. es sollten nicht wie in der vorhergehenden Untersuchung einzelne Satzäußerungen den funktionalen Kategorien zugeordnet, sondern die jeweils erreichten Gesprächsstadien charakterisiert werden.

Als Gespräch definierte PIAGET die direkte Abfolge von mindestens drei Äußerungen zum selben Gegenstand unter der aktiven Beteiligung von mindestens zwei Personen, etwa nach einem der folgenden Schemata:

«I. 1.) Äußerung von A. – 2.) Äußerung von B, die sich auf die Äußerung von A bezieht. – 3.) Äußerung von A, die sich auf die Äußerung von B bezieht.
II. 1.) Äußerung von A. – 2.) Äußerung von B, die sich auf die Äußerung von A bezieht. – 3.) Äußerung von C, die sich auf die Äußerung von A oder auf die von B bezieht» (op. cit., S. 95).

Das besondere Interesse bei der Auswertung galt den verschiedenen Typen von Gesprächen, der Zuordnung dieser Gesprächstypen zu bestimmten Entwicklungsstadien, der zeitlichen Abfolge der Entwicklungsstadien und dem Verhältnis der Gesprächstypen zur egozentrischen Sprache.

Nach PIAGET entsteht das Gespräch aus dem kollektiven Monolog. Kindern, die sich dieser Ausdrucksform bedienen, würde manchmal von ande-

Stadium I	Stadium II Erster Typ		Stadium II Zweiter Typ		Stadium III
	A) Einbeziehung des Gesprächspartners in das eigene Handeln und Denken (ohne Zusammenarbeit)	⇄	A) Zusammenarbeit im Handeln oder im nichtabstrakten Denken	→	A) Zusammenarbeit im abstrakten Denken
Kollektiver Monolog	↑↓		↑↓		↑↓
	B) Auseinandersetzung (Aufeinandertreffen entgegengesetzter Handlungen)	⇄	B) Primitive Diskussion (Aufeinandertreffen von unbegründeten Behauptungen)	→	B) Wirkliche Diskussion (Aufeinandertreffen von begründeten Behauptungen)

Tab. 3.7: *Gesprächsstadien nach* Piaget (1972), S. 96

ren sofort «geantwortet» werden. So entständen Folgen von vier oder fünf Äußerungen, die, obwohl egozentrisch, als «keimhaftes Gespräch» verstanden werden könnten. Für die Entwicklung des eigentlichen Gesprächs postulierte PIAGET zwei genetisch parallel verlaufende Stadienfolgen (vgl. Tab. 3.7). Stadienfolge A entspringt der Übereinstimmung in Handlungen und Meinungen, Stadienfolge B entspringt gerade der fehlenden Übereinstimmung.

Stadium II, also das erste Gesprächsstadium, ist nach PIAGETS Beobachtungen zwischen dem 5. und 7. Lebensjahr anzusiedeln. In diesem Alter scheinen sich Kinder nicht «verpflichtet» zu fühlen, über einen Gegenstand oder ein Ereignis eine konstante Ansicht zu bewahren, so daß eine echte Diskussion und eine Zusammenarbeit im abstrakten Denken, die diese Konstanz voraussetzen, nicht zustandekommen können. Diese Voraussetzung ist erst mit sieben bis acht Jahren erfüllt und ermöglicht den Übergang zu Stadium III. Damit bestätigt die Untersuchung der Gesprächstypen die Berechnung und Deutung der Egozentrismuskoeffizienten: Das sozialisierte verbale Verhalten, das eng mit der Ausbildung gelenkter und mitteilbarer Intelligenz verbunden ist, dominiert ab dem 7. oder 8. Lebensjahr.

4. Sprachentwicklung als bedingender Faktor der kognitiven Entwicklung

4.1. Wygotskis Kritik an Piaget

Eine Kritik an PIAGETS Egozentrismus-Untersuchung, die nicht lediglich in der Sentenz gipfelte, PIAGETS Feststellungen hätten sich nicht bestätigen lassen (vgl. McCARTHY 1954, S. 564 ff.), sondern die Methoden und Hypothesen einer präzisen theoretischen Kritik und experimentellen Kontrolle unterzog, wurde von WYGOTSKI (1971) geleistet. PIAGET, meinte WYGOTSKI, habe in der Entwicklungspsychologie neue Maßstäbe gesetzt. Seine «klinische Methode» sei wegweisend, weil er nicht, wie dies früher üblich gewesen sei, vor allem erkunden wollte, was dem Kind im Vergleich zum Erwachsenen alles fehle. Er habe versucht, die spezifischen Eigenschaften des Kindes zu erfassen und dabei eine sehr anschauliche Darstellung der Phänomene kindlichen Denkens und Sprechens geliefert. Kurz, von ihm seien neue, gründlich analysierte und klassifizierte Tatsachen erschlossen worden.

Gegen PIAGETS Deutung der egozentrischen Sprache erhob WYGOTSKI jedoch Einspruch. Die schwerwiegendsten Punkte seiner Kritik sollen in drei Thesen zusammengefaßt und erläutert werden.

Weder phylo- noch ontogenetisch gesehen besteht eine Polarität zwischen autistischem und realistischem Denken, und das autistische Denken stellt weder genetisch noch strukturell noch funktionell jene primäre Stufe dar, auf der alle weiteren Denkformen fußen.

WYGOTSKI stellt PIAGETS Deutung von BLEULERS Autismus-Begriff in Frage. Seines Erachtens ist nach BLEULER der Autismus phylogenetisch eine sehr junge Funktion und ontogenetisch abhängig von der Sprachentwicklung, so daß er keineswegs als Anfangsstadium gesetzt werden könne. Dieser Auffassung schloß sich WYGOTSKI an. Würde man die Ursprünge des Denkens im Lustprinzip sehen, wären jene psychischen Funktionen, die als Intellekt oder Denken bezeichnet werden, biologisch unerklärliche Erscheinungen; denn Befriedigung träte z. B. erst nach wirklicher Nahrungsaufnahme ein, und kein Kind stelle einen eingebildeten Apfel über einen wirklichen. Um aber zu dem realen Apfel zu gelangen, müsse sich das Kind mit der wirklichen Umwelt auseinandersetzen, d. h. der Realität angepaßte Denkfunktionen nutzen. Erst wenn diese ein gewisses Maß von Ausgeprägtheit und sprachlicher Substanz erreicht hätten, könnten Wünsche und deren Erfüllung phantasiert und mit lebhaften Lustgefühlen verbunden werden.

Autistisches Denken könne ebenso bewußt wie unbewußt sein und sich ebenso auf die Realität wie auf die Irrealität ausrichten. WYGOTSKI zitierte BLEULER: «Der Autismus des wachen Normalen knüpft an die Wirklichkeit an und operiert fast nur mit normal gebildeten und feststehenden Begriffen» (op. cit., S. 32).

Weder strukturell noch funktionell ist die egozentrische Sprache eine direkte Manifestation der Egozentrizität des kindlichen Denkens.

Nach WYGOTSKIS Meinung interpretierte PIAGET die egozentrische Sprache als Nebenprodukt des egozentrischen Denkens. Danach übe sie im Verhalten des Kindes keine objektiv nützliche, notwendige Funktion aus und müsse, da Symptom eines unreifen Denkens, im Verlauf der Entwicklung absterben. WYGOTSKI variierte PIAGETS Untersuchung, indem er eine Reihe von Bedingungen einführte, die die Tätigkeit des Kindes erschwerten. Er stellte zunächst fest, daß in erschwerten Situationen der Egozentrismus-Koeffizient fast auf das Doppelte anstieg, und vermerkte, daß «das Kind in seinen egozentrischen Äußerungen das Endergebnis oder die Wendepunkte seiner praktischen Operationen widerspiegelt und fixiert» (op. cit., S. 39). Je mehr sich die Tätigkeit des Kindes entwickelt, desto mehr verschieben sich nach WYGOTSKI die egozentrischen Äußerungen zum Anfang der Operation hin; sie scheinen schließlich die Planung und Lenkung der künftigen Handlung zu übernehmen.

Treffen diese Beobachtungen zu, müssen wir davon ausgehen, daß die Struktur der egozentrischen Sprache vom Charakter der jeweils gestellten

Aufgabe abhängt und daß sie für die intellektuelle und praktische Lösung der Aufgaben eine Steuerungsfunktion übernimmt.

Die egozentrische Sprache stirbt nicht ab, sondern muß als Übergangsstufe von der äußeren zur inneren Sprache aufgefaßt werden.

Wie PIAGET stellte WYGOTSKI fest, daß bei ca. sieben- bis achtjährigen Kindern der Anteil egozentrischer Sprache stark sinkt. Wurde ein Kind dieser Altersstufe mit den erschwerten Aufgaben konfrontiert, blickte es «genau hin, überlegte (wie aus den längeren Pausen zu schließen war) und fand dann einen Ausweg» (op. cit., S. 38). Befragte man das Kind, worüber es nachgedacht habe, ähnelten seine Antworten stark den egozentrischen Äußerungen des jüngeren Kindes bei der gleichen Handlung. Bevor WYGOTSKI dieses Phänomen abschließend interpretierte, wies er darauf hin, daß zwischen der egozentrischen Sprache des jungen Kindes und der inneren Sprache des Erwachsenen eine enge Verwandtschaft bestehe, die sich in der Gemeinsamkeit der Funktion und der Gemeinsamkeit struktureller Besonderheiten ausdrücke. Demnach sind beide Erscheinungen als «ein Sprechen für sich selbst» zu werten, dem nicht die Aufgabe zukommt, den Verkehr zwischen den Menschen zu regulieren. Und beide werden, des konkreten Kontextes entkleidet, unverständlich, sind also stark situationsgebunden. Diese Verwandtschaft und die experimentellen Beobachtungen legen nahe, die egozentrische Sprache als Vorform der inneren Sprache zu verstehen.

Fassen wir abschließend WYGOTSKIS differenzierte Kritik zusammen. Für die Sprach- und Denkentwicklung lautet das Schema nicht: vom außersprachlichen autistischen Denken über die egozentrische Sprache und das egozentrische Denken zur sozialisierten Sprache und zum logischen Denken, sondern: von der sozialen Sprache über die egozentrische Sprache zur inneren Sprache. *Die Entwicklung des kindlichen Denkens verläuft vom Sozialen zum Individuellen, und nicht vom Individuellen zum Sozialisierten.*

4.2. Wygotskis Theorie der Begriffsbildung

Nach WYGOTSKI müssen der Sprache zwei Hauptfunktionen zugerechnet werden: Sie dient einerseits zur Kommunikation und damit zur Regelung des sozialen Verkehrs, und sie wird andererseits als Träger von Begriffen zur Lenkung und Beherrschung psychischer Prozesse eingesetzt. Eine wichtige Voraussetzung für die Erfüllung der zweiten Funktion ist die Bedeutungskonstantisierung der Wörter, die sich im Kommunikationsprozeß aus der Notwendigkeit des gegenseitigen Verstehens ergibt und ohne die keine echten Begriffe entstehen können.

Greifen wir etwas zurück. ACH (1905, 1910) hatte festgestellt, daß bei der

Lösung von Aufgaben die Vorstellung des Zieles eine «determinierende Tendenz» gewinnt. Man könnte daher Unterschiede in der Lösung gleicher Aufgaben auf abweichende Zielvorstellungen zurückführen. Doch sind damit nach WYGOTSKI Differenzen in den Aufgabenlösungen, wie sie sich zwischen Vorschulkindern und Erwachsenen oder Jugendlichen zeigen, nicht hinreichend erklärt. Der gesamte Lösungsprozeß sei bei Vorschulkindern abweichend strukturiert. Die Vorstellung vom Ziel führe zur Einleitung des Lösungsprozesses; seine Regulierung jedoch hänge von den verwendeten Begriffen ab, mit deren Hilfe der jeweilige Stand der Dinge analysiert und die folgenden Schritte geplant würden. Genau hierin unterscheidet sich nach WYGOTSKI das Vorschulkind vom Erwachsenen, und genau hier setzt unser Interesse an WYGOTSKIS bekanntgewordenem Experiment zur Begriffsbildung ein. Er klärte, welche Rolle dem «Wort, das als Mittel zur Bildung eines Begriffs auftritt und später dessen Symbol ist» (op. cit., S. 111), in den verschiedenen Entwicklungsstadien zukommt. Anders ausgedrückt, er beschrieb die Genese der zweiten Hauptfunktion der Sprache – der Lenkung und Beherrschung psychischer Prozesse.

Das Wygotskische Experiment basiert auf der *Methode der doppelten Darbietung*. Die Entwicklung und Tätigkeit der höheren psychischen Funktionen soll mit Hilfe zweier Reihen von Reizen untersucht werden. Eine Reizreihe übernimmt die Funktion von Objekten, eine andere die Funktion von Zeichen. Auf die erste Reizreihe richtet sich die Tätigkeit der Vp aus, mit Hilfe der zweiten soll diese Tätigkeit organisiert werden. Die erste Reizreihe liegt zu Beginn des Experimentes vollständig vor und wird im Verlauf des Experimentes nicht variiert. Ebenfalls vollständig bekannt und von Anfang an konstant ist die Aufgabenstellung, also das Ziel der Tätigkeit. Die zur Organisierung des Lösungsprozesses benötigten Zeichenreize hingegen werden erst nach und nach während des Versuches eingeführt.

Im konkreten Fall sah dies folgendermaßen aus: Die Vp hatte auf einem in Felder aufgeteilten Brett in gemischter Anordnung Figuren von unterschiedlicher Farbe, Form, Höhe und Dimension vor sich (vgl. Abb. 3.8). Auf der Rückseite der Figuren standen, für die Vp nicht sichtbar, sinnlose Silben. Der Vl drehte die Figur um, so daß die Beschriftung von der Vp gelesen werden konnte, und verlangte, daß alle vermutlich gleich beschrifteten Figuren der aufgedeckten zugeordnet werden sollten. Der Lösungsversuch wurde vom Vl protokolliert und eine neue Figur aufgedeckt, die zu einer der bereits berücksichtigten in einer definierbaren Beziehung stand. Sie unterschied sich in einigen Merkmalen, andere hingegen waren identisch, und sie trug entweder die gleiche oder eine abweichende Beschriftung. Da sich mit den Lösungsschritten die Zahl der aufgedeckten Figuren und die Zahl der sie benennenden Silben ständig vergrößerte, konnte der Vl nachvollziehen, wie sich bei gleichbleibendem Aufgabenziel der Charakter der Aufgabenlösung abhängig vom Informationsgehalt der jeweiligen Figurenkonstellation veränderte.

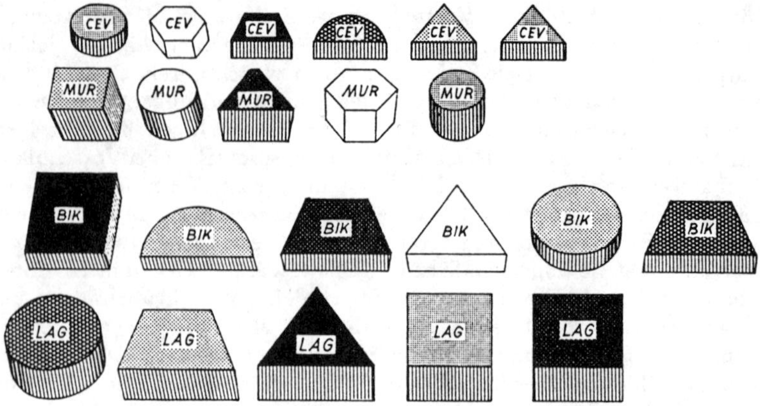

Abb. 3.8: *Das Versuchsmaterial aus* Wygotskis *Begriffsbildungsexperiment* (op. cit., S. 114)

In Wygotskis Ausführungen sind zwei wichtige Schritte jeder empirisch-theoretischen Arbeit nicht enthalten: die systematische Darstellung und die direkte Interpretation der Ergebnisse. Statt dessen folgt unmittelbar auf die Erläuterung der Methode die, allerdings sehr ausführlich gehaltene, Zusammenfassung der Interpretationen zu einer Theorie der Begriffsbildung. Mit diesem Mangel mag die wenig illustrative Wiedergabe von Wygotskis Theorie entschuldigt werden.

Nach Wygotski beruht die Bildung von Begriffen auf zwei Entwicklungsvorgängen, und zwar auf der Herausbildung bildhaft-konkreter, synthetischer Leistungen und auf der Herausbildung abstrakt-analytischer Leistungen bei der Aufgabenlösung. Erst wenn sich beide Leistungen vereinen, wird die Bildung echter Begriffe möglich.

Die synthetischen Leistungen entwickeln sich in zwei aufeinanderfolgenden Stufen, die wiederum in mehrere Einzeletappen zu untergliedern sind. Auf der Entwicklungsstufe des *Synkretismus* lösen Kinder die Experimentaufgabe durch Herstellung ungestalteter und ungeordneter Vielheiten. Die Wortbedeutung entspricht folglich einer ungestalteten und synkretischen Verkettung einzelner Gegenstände. Verbale Kommunikation zwischen Kindern und Erwachsenen ist möglich, weil mit gleichen Wörtern von beiden häufig gleiche Dinge bezeichnet werden. «Aber die Wege, auf denen das Denken des Erwachsenen und des Kindes zu dem Schnittpunkt gelangt, sind verschieden; selbst dort, wo die Bedeutung eines kindlichen Wortes sich teilweise mit der Bedeutung in der Sprache des Erwachsenen deckt, geht sie psychologisch aus verschiedenen Operationen hervor» (op. cit., S. 121). Diese Operationen sind vor allem das Versuch-Irrtum-Prinzip und das synkretische Bild, d. h. die Zusammenfassung von Gegenständen auf der Grundlage von räumlichen und zeitlichen Begegnungen einzelner Elemente.

Die zweite Entwicklungsstufe der synthetischen Leistungen bezeichnete WYGOTSKI als *Denken in Komplexen.* Dieses Denken ist im Gegensatz zum Synkretismus bereits zusammenhängend und objektiv; doch werden im Gegensatz zum echten begrifflichen Denken keinerlei abstrakte und logische, sondern ausschließlich konkrete und faktische Beziehungen zwischen den Gegenständen beachtet. Die Objektivität bedingt jetzt eine stärkere Überschneidung der Wortbedeutungen des Kindes und des Erwachsenen als auf der Stufe des Synkretismus. Die elementaren Operationen lauten: Komplexbildung durch Ähnlichkeits- oder Kontrastassoziationen zum Ausgangselement und Kettenbildung.

Die höchst entwickelte und interessanteste Form des komplexen Denkens ist der *Pseudobegriff*, von dem WYGOTSKI spricht, wenn das Kind im Experiment Lösungen findet, die ebenso auf der Grundlage abstrakter Betrachtungen hätten gewonnen werden können – wenn das Kind z. B. einem Dreieck sämtliche Dreiecke des Versuchsmaterials und nur diese zuordnet. Dieser Lösung könnte der Begriff oder das Konzept des Dreiecks zugrunde liegen. Aber in Wirklichkeit, meinte WYGOTSKI, beruhe sie nur auf konkreten und anschaulichen Verbindungen.

«Die Pseudobegriffe sind die verbreitetste und oft fast ausschließliche Form des komplexen Denkens im Leben des Vorschulkindes. Ihre Verbreitung und Vorherrschaft hat ihre Ursache darin, daß sich die der Wortbedeutung entsprechenden Komplexe nicht frei, nicht spontan in irgendwelchen vom Kind selbst umrissenen Bahnen entwickeln, sondern in Richtung der in der Sprache der Erwachsenen bereits festliegenden Bedeutungen der Wörter» (op. cit., S. 132).

Die Entwicklung der analytischen Leistungen geht nach WYGOTSKI in zwei Schritten vor sich. Zunächst muß es dem Kind gelingen, jene Merkmale eines Vergleichsgegenstandes, die mit der Vorlage eine maximale Ähnlichkeit haben, aus der Gesamtheit der Merkmale herauszulösen. Diesen Abstraktionsprozeß nannte WYGOTSKI die *Verallgemeinerung durch maximale Ähnlichkeit.* Er bildet die Voraussetzung für das Stadium der *potentiellen Begriffe*, die sich nur auf den Kreis gewohnter Dinge beziehen und denen nur isolierte, nicht systematisch geordnete Abstraktionen zugrunde liegen. «Diese Begriffe haben ihre Potentialität noch nicht realisiert. Es sind keine echten Begriffe, sondern etwas, was dazu werden kann» (op. cit., S. 154).

Analytische Leistungen lassen sich nach WYGOTSKI auch schon im komplexen Denken auffinden; denn der Aufbau von Komplexen verlangt die Herauslösung eines bestimmten Merkmals aus der Menge von Merkmalen, die jedem Gegenstand zukommen. Doch wird dieses Merkmal zunächst sehr unbeständig gehandhabt; es muß anderen im Verlauf des Komplexaufbaus

Platz machen, wird vielleicht wieder aufgegriffen etc. Beim potentiellen Begriff jedoch gewährleistet das Wort als Zeichen des abstrahierten Merkmals, daß die einmal eingeschlagene Analyse beibehalten wird.

Der potentielle Begriff und der Pseudobegriff sind die genetischen Vorstufen des eigentlichen Begriffs, der erst auftritt, wenn sich Analyse und Synthese zu einer geschlossenen Leistung vereinen. Eine Reihe abstrahierter Merkmale muß wieder synthetisiert und die so gewonnene abstrakte Synthese als Grundform des Denkens eingesetzt werden. Wygotski sagte, sein Experiment habe gezeigt, welch entscheidende Bedeutung dabei dem Wort zukomme. Mit dem Wort werde die Aufmerksamkeit auf bestimmte Merkmale der Situation konzentriert, die Synthese der abstrahierten Merkmale vorgenommen, der so gewonnene abstrakte Begriff symbolisiert, und mit dem Wort als Symbol des Begriffs werde fortan im Denken operiert.

Die Wortbedeutungen des Erwachsenen und des Kindes differieren stärker, als der äußere Anschein vermuten läßt. Zwar stellt sich relativ früh eine Konstantisierung des mit einem Wort bezeichneten Bereichs von Gegenständen und Sachverhalten ein, so daß eine reibungslose Kommunikation zwischen Erwachsenem und Vorschulkind durchaus möglich ist. Doch die Verbindung des Wortes mit dem begrifflichen Denken ist ein äußerst langwieriger Entwicklungsprozeß, der frühestens am Ende der Schulzeit zum Abschluß kommt. Noch bei Jugendlichen und Erwachsenen besteht eine Diskrepanz zwischen dem Vorhandensein eines Begriffes und dem Bewußtsein von diesem Begriff, d. h. Wörter werden als Begriffe verwendet, häufig jedoch als Komplexe definiert. Aber erst das Bewußtwerden eines Begriffes macht die Willkürlichkeit und Beherrschbarkeit des eigenen Denkens möglich.

Wygotski unterschied Alltagsbegriffe von wissenschaftlichen Begriffen. Die spontan erworbenen, aus der subjektiven Logik des Handelns entspringenden Alltagsbegriffe sind unreflektiert und unsystematisch. Sie entsprechen den Pseudobegriffen und den potentiellen Begriffen. Die wissenschaftlichen, an der Systematik der objektiven Logik orientierten Begriffe werden dem Individuum in einem gelenkten Lernprozeß vermittelt. Der gelenkte, systematische Lernprozeß fördert die Bewußtwerdung des Begriffes als Werkzeug intellektueller Erkenntnis. Und nur bewußtgewordene Begriffe sind nach Wygotski echte Begriffe.

4.3. Piagets Replik auf Wygotskis Kritik

Eine Eigentümlichkeit der Kontroverse zwischen Piaget und Wygotski liegt im zeitlich extrem verzögerten Ablauf von Rede und Gegenrede. Wygotskis «Denken und Sprechen» erschien elf Jahre nach Piagets «Sprechen und Denken des Kindes», und dessen «Comments» (1962) wurden 28 Jahre später und lange nach Wygotskis Tod publiziert. Im gleichen Zusammenhang ist zu bedenken, daß PIAGET seine Methoden und Hypothesen ständig fortentwickelte, so daß er sich verständlicherweise in der Erwiderung auf WYGOTSKIS Kritik nicht mehr auf den Standpunkt des Jahres 1923 begeben mochte. Vielmehr versuchte er, die Berechtigung der Kritik im Lichte seiner eigenen späteren Arbeit zu überprüfen. Da wir hier lediglich PIAGETS erstes Buch, eben weil in ihm von Sprachentwicklung die Rede ist, zur Kenntnis nahmen, müssen jene Argumente der «Comments», die nur auf der Grundlage neuerer Theorien verständlich sind, unberücksichtigt bleiben (für eine Zusammenfassung von PIAGETS Erkenntnistheorie vgl. FURTH 1972).

PIAGET meinte, er hätte sich mit WYGOTSKI verständigen können. «In bestimmten Punkten befinde ich mich heute in größerem Einverständnis mit WYGOTSKI, als dies 1934 der Fall gewesen wäre, während ich in anderen Punkten glaube, jetzt bessere Argumente zu besitzen, um ihm zu antworten» (1962, S. 1). Mit deutlichem Seitenhieb gegen andere Kritiker (vor allem gegen MCCARTHY 1954) lobte PIAGET an WYGOTSKI, daß dieser das inhaltliche Problem der Untersuchung gesehen und den Egozentrismus nicht einfach zu einer Frage von Statistiken herabgewürdigt habe. Allgemein hob PIAGET hervor, daß er in Einklang mit seinem Kritiker immer die adaptive (gleichgewichtsherstellende) und funktionale Natur der kindlichen Aktivität im Auge gehabt habe. Gleichzeitig wehrte er sich gegen einen bei WYGOTSKI durchschimmernden bio-sozialen Optimismus. Seines Erachtens ist Adaptation nicht immer erfolgreich, weil in manchen Fällen die Prozesse der Assimilation und der Akkomodation (Anwendung einer allgemeinen Struktur auf eine besondere Situation) situationsinadäquat seien und so zu systematischen Fehlern führten.

In bezug auf das Entwicklungsschema gab PIAGET zu, daß das Autismuskonzept in der von ihm dargestellten Form nicht haltbar sei, und schloß sich WYGOTSKIS Auffassung im großen und ganzen an. Ebenso räumte er ein, daß von der egozentrischen Sprache nicht in so direkter Form, wie er es tat, auf die Logik des Denkens geschlossen werden könne. Wenn nun PIAGET das Entwicklungsschema revidierte und ihm gleichzeitig die früher postulierte Beziehung zwischen egozentrischem Denken und egozentrischer Sprache fragwürdig wurde, mußte er folgerichtig eine neue Interpretation der Funktion der egozentrischen Sprache finden oder – was tatsächlich eintrat – sich WYGOTSKIS Interpretation anschließen.

«[. . .], er schlug eine neue Hypothese vor: daß das egozentrische Sprechen der Anfangspunkt für die Entwicklung des inneren Sprechens ist, welches in einem späteren Entwicklungsstadium zu finden ist, und daß diese interiorisierte Sprache ebenso autistischen Zwecken wie logischem Denken dienen kann. Ich befinde mich in vollständiger Übereinstimmung mit diesen Hypothesen» (op. cit., S. 7).

5. Zusammenfassende Wertung

Gerade für die schwierigsten Probleme im Umkreis der Sprachentwicklung brachten die Ergebnisse der europäischen Entwicklungspsychologie einen deutlichen Fortschritt. Kenntnisse über die Widerspiegelung der Persönlichkeitsentwicklung im Sprachverhalten, die Aneignung der Sprachfunktionen als Mittel zur Regulierung des sozialen Verkehrs, die besondere Verbindung von Sprache und Denken während der Entwicklung und die fortschreitende Nutzung von Wörtern als Begriffssymbole bei der Lösung von Aufgaben müssen als Grundlage für eine Bewertung der Sprachentwicklung im allgemeinen Sozialisationsprozeß verstanden werden.

Quantifizierende Erkundungen einzelner Aspekte der Sprachentwicklung, die als Indiz für den Charakter und die Ausprägung anderer Entwicklungsfaktoren gelten sollten, wurden von den Autoren, BUSEMANN ausgenommen, mit größten Vorbehalten wiedergegeben. Diese angemessene Zurückhaltung beruhte auf der Erkenntnis, daß auch die Grundzüge des Sprachverhaltens situationsabhängig variieren, daß man aber nur geringen Einblick in die Wirkungsweise der Situationsfaktoren hatte. Folgerichtig wurden, von BUSEMANN abgesehen, Untersuchungsstatistiken weniger hervorgehoben; statt dessen lag das Schwergewicht auf der Präzisierung der Fragestellungen, der Einrichtung neuer Explorationsverfahren und der Begründung von Entwicklungsmodellen mit hohem erklärenden Wert.

Bleibt zu kritisieren, daß die ausgiebige funktionale Betrachtung von Sprechen und Denken ihre Ergänzung in einer ebenso detaillierten strukturellen Analyse des Sprachverhaltens, also des eigentlich Beobachtbaren, hätte finden müssen – allein schon, weil funktionale Kategorien ohne eine systematische Berücksichtigung struktureller Merkmale kaum objektiv zu definieren sind. Dies wurde ansatzweise nur von K. BÜHLER geleistet. Unseres Erachtens liegt in diesem Mangel eine Ursache für die widersprüchlichen Ergebnisse zahlreicher Nachuntersuchungen.

IV. Aktuelle Kontroversen

Einleitung

Die Kindersprachforschung der ersten bis dritten Phase war primär an Methoden der Psychologie orientiert. Von phonetischen Transkriptionen einmal abgesehen, basierte die Beschreibungssprache auf den Kategorien der traditionellen Grammatik. Das hervorstechende Merkmal der 60er Jahre war die Konstituierung einer Entwicklungspsycholinguistik, die sich eng an theoretische Konzepte der modernen Linguistik anlehnt. Mit ihr wurden nicht nur strukturelle, z. T. äußerst komplexe Beschreibungstechniken in die Kindersprachforschung eingeführt, sondern neue Streitfragen über den grundsätzlichen Charakter des Gegenstandes aufgeworfen und latente, nicht ausdiskutierte Kontroversen aktualisiert.

Von entwicklungspsychologischer und lerntheoretischer Seite war Spracherwerb in der Hauptsache als stetige Zunahme und Perfektionierung eines Inventars sprachlicher Elemente beschrieben worden. Die linguistisch orientierte Seite hob den systematischen und regelhaften Charakter der Sprache hervor und forderte, die Entwicklung des Sprachverhaltens auf den Erwerb systembedingter Regeln zurückzuführen. Die Berechtigung dieser Forderung wurde durch Beobachtungen zur Entwicklung der phonologischen, morphologischen, syntaktischen und semantischen Komponente erhärtet.

Die moderne Linguistik wurde entscheidend von CHOMSKYS Kompetenztheorie geprägt, in der Sprache als mentales, in seinen Grundzügen endogen fixiertes System definiert wurde. Diese Position ist denkbar konträr gegenüber jener des Behaviorismus und des amerikanischen Strukturalismus. Da sie die Möglichkeit verneint, allein auf der Basis von Beobachtungsdaten zu einer angemessenen Explikation der Entwicklung gelangen zu können, zwingt sie zu komplexen linguistischen Voronnahmen über die Struktur des Gegenstandes. Der Schwerpunkt der Sprachentwicklung wird nicht in einer erfahrungsgeleiteten, stetigen Anpassung des Sprachverhaltens an die Sprache der Umgebung, sondern in einer schrittweisen Ausdifferenzierung der angelegten Kompetenz gesehen.

Die behavioristischen Sprachlern- und die linguistisch-nativistischen Sprachreifungsmodelle werden in ihren Grundzügen dargelegt. Eine Konkretisierung beider Positionen erfolgt durch die Gegenüberstellung einer distributionalistischen Pivot- und einer generativ-transformationellen Kompetenzgrammatik. Die methodisch problematischen Voraussetzungen der Korrespondenz-Hypothese werden einer Kritik unterzogen.

Bereits in den 70er Jahren wurde die linguistische Orientierung der Spracherwerbsforschung zunehmend kritisiert. Erörtert wurde, ob als angeboren behauptete Sprachfähigkeiten nicht auf perzeptuelle Strategien oder übergreifende kognitive Strukturen zurückzuführen seien. Im Rahmen der Mutter-Kind-Forschung und des sich hieraus entwickelnden interaktionalen Ansatzes wurde zudem der Einfluß sprachspezifischer Milieufaktoren neu erfaßt.

1. Reifen versus Lernen

Fortschritte in der Lern- oder in der Sprachtheorie hoben die Kontroverse über die Frage, ob Sprache vollständig erlernt oder in wichtigen Zügen angelegt sei, auf ein jeweils neues Niveau. Die Vorstellungen, was Sprache an und für sich sei und wie Lernen an und für sich ablaufe, wurden immer detaillierter. Nach einer Phase der Übereinstimmung zwischen Linguistik und Psychologie, in der vom amerikanischen Strukturalismus die methodischen Grundsätze des Behaviorismus weitgehend akzeptiert wurden, stehen seit ca. zweieinhalb Jahrzehnten die moderne Linguistik und die Lern- und Verhaltenspsychologie in einer deutlichen Frontstellung zueinander.

Häufig zeigte sich in der Auseinandersetzung folgendes: Lernpsychologen entwickelten ausreichend komplexe Modelle, um den Erwerb der Sprache unter Beachtung ihrer als gesichert geltenden Eigenschaften hinreichend erfassen zu können. Zur Kritik der Lernmodelle postulierten dann Linguisten neue, universelle Eigenschaften der Sprache, denen das Modell nicht gewachsen war, und gaben damit Anlaß zur Entwicklung adäquaterer Modelle. – Soweit mag die Kontroverse als fruchtbar eingeschätzt werden.

Darüber hinaus wurde von linguistischer Seite meist nicht nur argumentiert, das jeweilige Lernmodell sei zu wenig leistungsfähig, sondern ganz allgemein behauptet, daß das eigentlich Wichtige an der Sprache prinzipiell nicht erlernbar, sondern auf gattungsspezifische Anlagen zurückzuführen sei. Auch dieser Gegensatz ist fruchtbar, da er zu einer theoretischen Abklärung der Anlage- und Umwelteinflüsse auf die Sprachentwicklung führen kann. Dabei sollte bedacht werden, daß entsprechende Entscheidungen weder durch ein ethisch vertretbares experimentum crucis im Bereich der Verhaltensbeobachtung noch – in absehbarer Zukunft – durch neurophysiologisch oder genetisch fundierte Erkenntnisse zur Sprachfähigkeit zu erwarten sind.

Ein Kennzeichen der Auseinandersetzung ist die Frage nach den grundlegenden Lern- respektive Entwicklungseinheiten. Es fällt auf, daß in der Mehrheit der lernpsychologischen Ansätze der Erwerb intern unstrukturierter Einheiten, etwa der Wörter, modelliert wird. In linguistischen Modellen hingegen wird die Differenzierung von Systemen, etwa Grammatiken, als Sprachentwicklungsprozeß begriffen. Entscheidungen in Hinblick auf Entwicklungseinheiten legen offenbar die Theorie schon in ihren Grundzügen fest. Vorab sei daher erörtert, ob wir hier auf eine echte Alternative treffen.

1.1. Systembildung versus Elementenhäufung

Ist das Sprachverhalten des Kindes regelgelenkt, oder kann es ausschließlich als Identifikation und Reproduktion gespeicherter Elemente verstanden werden? – Eine Sprachentwicklungsforschung, die über die reine Deskription der Phänomene im Rahmen einmal akzeptierter Kategorien kaum zur Deutung der Daten, viel weniger aber zur Konfrontation der Deutungen mit übergeordneten Theorien vorstößt, wird zur Beantwortung dieser grundsätzlichen Frage nichts beizutragen haben. Der Versuch, Einzeldeutungen in umfassendere Theorien der Linguistik, Psychologie, Physiologie etc. einzugliedern, ist kein bloßes Anhängsel der eigentlichen, nämlich empirischen Arbeit, sondern die Voraussetzung für den nächsten Schritt, in dem adäquatere Beschreibungskategorien gesichertere Darstellungen und Deutungen der Entwicklungsverläufe ermöglichen sollen. Verzichtet man auf eine theoretische Wertung, besteht die Gefahr, daß die Forschung in der reinen Fixierung äußerlicher Phänomenveränderungen stagniert.

Trotz aller Verdienste trifft ein solcher Vorwurf manchen Forschungsansatz der Anfangsphase, vor allem aber die im zweiten Kapitel beschriebenen Arbeiten der amerikanischen Entwicklungspsychologie. Im Zentrum dieser Spracherwerbsforschung standen die Zuwachs- und Abnahmeraten mehr oder weniger komplexer Sprachelemente sowie die fortschreitende Perfektionierung in Hinblick auf aktive und passive Beherrschung dieser Elemente. Nach Funktion und Struktur des Erworbenen sowie nach dem Charakter des Erwerbsprozesses wurde selten gefragt. Gegenüber der europäischen Entwicklungspsychologie muß dieser Vorwurf eingeschränkt werden; sie interessierte sich – im engeren und weiteren Sinne – für Funktionen von Sprache und Sprechen. Doch wurde eine strukturelle Analyse der Kindersprache, trotz häufiger Postulierung ihrer Notwendigkeit, nicht oder nur sehr unvollkommen durchgeführt.

In der seit den fünfziger Jahren immer stärker hervortretenden Entwicklungspsycholinguistik steht gerade dieser Aspekt im Mittelpunkt der Betrachtungen. Daß Sprachentwicklung als fortschreitende Systemdifferenzierung, die sich in regelgelenktem Sprachverhalten niederschlägt, gesehen werden muß, wurde zunächst für den Aufbau der phonologischen, dann der morphologischen Komponente der Sprache behauptet. Die enge Anlehnung an die moderne strukturelle Linguistik bewirkte vor allem zweierlei: Die traditionellen grammatischen Klassifikationen wurden durch relativ explizit definierte, systematisch verknüpfte Kategorien abgelöst, und die Interpretation der Beobachtungen wurde in Hinblick auf linguistische Sprachtheorien vorgenommen. Doch gleichzeitig zog die immer stärkere Abhängigkeit von der Linguistik eine Einschränkung des Gegenstandsbereichs nach sich. Analog zum Diskussionsstand in der Linguistik schob sich die Betrachtung der Syntax in den Vordergrund. Sprachentwicklung wurde aus ihrem Beziehungsgefüge gelöst und mit einer Folge von Grammatiken als Aufbau eines immer komplexer werdenden kombinatorischen Systems beschrieben.

Einmal schlagwortartig ausgedrückt zeichnete sich die Sprachentwicklungsforschung entweder durch die Erfassung quantitativer oder durch die Berücksichtigung qualitativer Aspekte ihres Gegenstandes aus. Dem relativ kontinuierlichen Auf- und Abbau sprachlicher Elemente wurde die relativ diskontinuierliche, schrittweise Systemdifferenzierung gegenübergestellt. Wir müssen dies als Alternative betrachtet ablehnen. Ganz ohne Zweifel umfaßt Sprachentwicklung beides: Veränderungen des Inventars sprachlicher Elemente und die potentiell über das Inventar hinausreichende regelhafte Ordnung der nun als Einheiten des Systems zu klassifizierenden Elemente. Auf die Frage, ob einer der beiden Aspekte der wichtigere sei, da er den anderen erst bedinge, verbietet der Stand der Forschung eine generelle Antwort. Hingegen scheint ein spezifischeres Problem aus dem genannten Zusammenhang entscheidbar: Existiert eine zeitliche Zuordnung, eine altersspezifische Fixierung beider Aspekte?

Hierzu meinten Brown/Fraser (1964), daß sehr junge, höchstens zwei- bis zweieinhalbjährige Kinder die Fähigkeit zur Produktion kurzer Mehrwortsätze möglicherweise auf der Basis direkter oder selektiver Imitation erwürben. Mit zunehmendem Alter werde die Imitation durch selektive, systematische Reduktion der Erwachsenenäußerungen verdrängt. Mit anderen Worten, der Erwerb der Syntax zerfalle in eine allgemeine *Imitations-* und eine allgemeine *Konstruktionsphase.*

«Es ist möglich, daß für die ersten linguistischen Fertigkeiten eine Sorte von Lerntheorie ausreichen wird – eine Theorie, die hauptsächlich aus dem Studium des Tierverhaltens entwickelt wurde –, während für spätere Fertigkeiten eine vollständig andere Theorie notwendig sein wird – eine Theorie, die die induktive Formierung syntaktischer Klassen gestattet und die weit über die erhaltene Information hinaus generalisiert» (op. cit., S. 78).

Daß mit der Unterscheidung zwischen Imitation und Konstruktion nicht zwei zeitlich einander folgende, sauber trennbare Entwicklungsphasen erfaßt werden, ergibt sich aus der Analyse zahlreicher Beispiele nachgesprochener Äußerungen. Besonders aufschlußreich ist der von McNeill (1970a) protokollierte Dialog:

Kind: Nobody don't like me.
Mutter: No, say «nobody likes me.»
Kind: Nobody don't like me.

.
.
(acht Wiederholungen dieses Dialogs)
.
.
.

Mutter: No, now listen carefully; say «*nobody likes me.*»
Kind: Oh! Nobody don't likes me.

Das Beispiel lehrt uns eine differenziertere Sicht des Spracherwerbs unter den Gesichtspunkten Imitation und Konstruktion. Das sich anscheinend ungeliebt fühlende Kind produzierte eine Äußerung, die nicht auf Imitation, sondern auf Beachtung einer auch für die Erwachsenensprache gültigen, vom Kind aber übergeneralisierten Regel zurückzuführen ist. Folglich mußte es sich nach Brown/Frasers Vorstellungen zum Zeitpunkt seiner Äußerung in der Konstruktionsphase befinden. Doch gleichzeitig imitierte es – wenn auch erst nach acht Wiederholungen – mechanisch ein Element des Korrekturmusters. Unseres Erachtens bedeuten solche Imitationen eine Störung des erreichten Gleichgewichts des Regelsystems. Sie werden zum Anlaß einer Modifizierung und Differenzierung einzelner Regeln und führen letztlich zu einem neuen Systemgleichgewicht auf höherem, d. h. der Erwachsenensprache angepaßterem und leistungsfähigerem Niveau. – Diese Auffassung wird mit Abbildung 4.1 veranschaulicht. Um nicht mißverstanden zu werden: das Modell soll einen sehr grundsätzlichen Zug der Sprachentwicklung, nicht aber die Sprachentwicklung selbst charakterisieren, d. h. es wird kein genereller, alternierender Phasenwechsel von Ungleichgewicht und Gleichgewicht in der Sprachentwicklung behauptet. Diese Betrachtungsweise mag lediglich bei der isolierenden Untersuchung einer Komponente der Sprachentwicklung (z. B. Phonologie, Morphologie, Syntax, Semantik) angebracht sein. Werden hingegen die Komponenten zur Deckung gebracht, soll also die Sprachentwicklung in größtmöglicher Komplexität erfaßt werden, muß für jede Altersstufe die Gleichzeitigkeit von Imitation und Rekonstruktion wie von gleich- und ungleichgewichtigem Zustand angenommen werden.

Was vordringlich dem Modell entnommen werden sollte, ist die Forderung, den quantitativen und den qualitativen Aspekt der Entwicklung nicht über das in der Forschung notwendige Maß hinaus zu isolieren. Dies mag für sehr spezielle Zwecke angehen, einerseits vielleicht um einen Test aufzubauen, andererseits vielleicht um eine linguistische Theorie zu kritisieren. Prinzipiell jedoch sollten beide Aspekte in einer adäquaten Erforschung der Sprachentwicklung nicht getrennt berücksichtigt werden. Was hingegen das Modell und die vorangegangenen Erörterungen weitgehend offenlassen, sind der Charakter jener Faktoren, die die Reproduktions- und Systembildungsprozesse bedingen, sowie die Strukturierung der jeweiligen Systeme.

1.2. Der lerntheoretische Ansatz

Die im weiteren interessierenden Lerntheorien behandeln die Beziehungen zwischen zwei beobachtbaren Klassen von Ereignissen – zwischen Reizen, die auf einen Organismus einwirken (*Stimuli*), und Verhalten, mit dem der Organismus auf den Reiz reagiert (*Responses*). Insbesondere befassen sich diese Theorien mit der Möglichkeit, eine bestehende

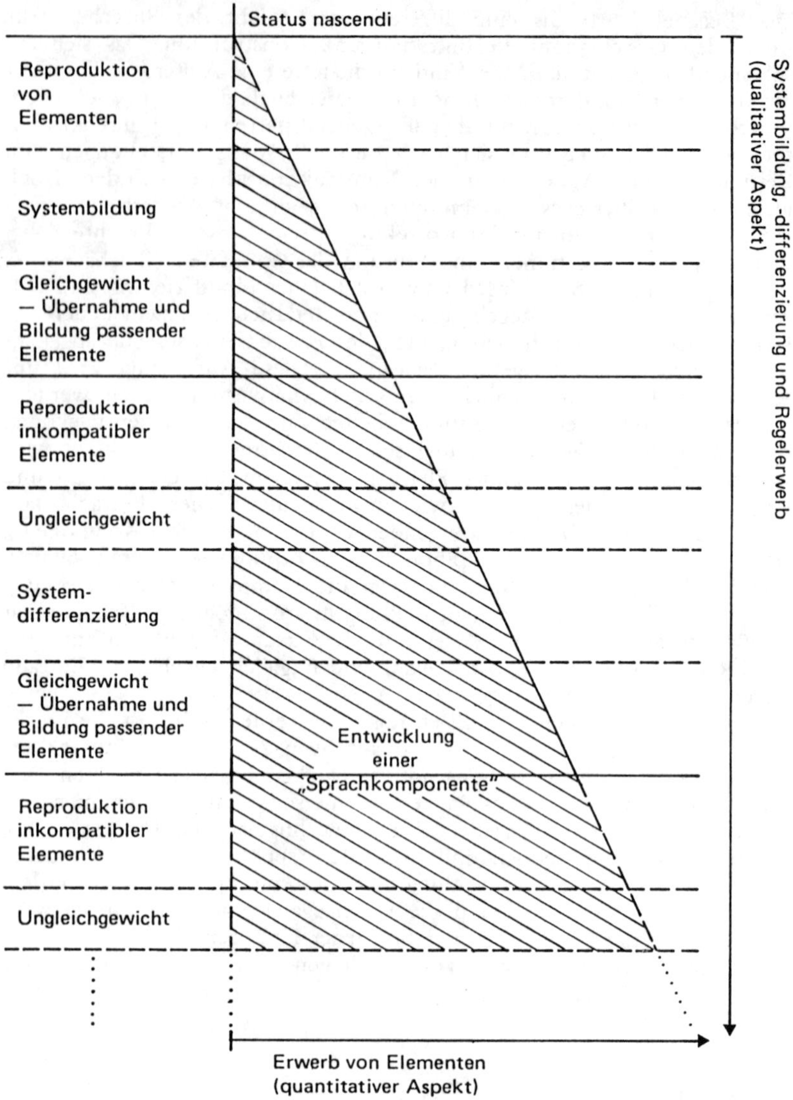

Abb. 4.1: *Grundsätzliche Periodik der Sprachentwicklung*

Stimulus-Response-Verbindung zu verändern, oder eine solche Verbindung überhaupt erst einzurichten (*Konditionierung*). Einerseits wird die Wahrscheinlichkeit, mit der eine Response auf einen Stimulus folgt, verstärkt oder verringert (*Reinforcement – Extinction*), andererseits wird entweder der Stimulus einer bestehenden Verbindung durch ein abweichendes Element ersetzt oder eine Response über Reinforcement aus einer Menge spontaner Verhaltensweisen ausgewählt und mit einem Stimulus verbunden (*klassische – instrumentale Konditionierung*).

Mit der letzten Gegenüberstellung ist eine Trennung der Stimulus-Response-Verbindungen in zwei wohlunterscheidbare Typen verbunden. Die physiologisch fundierte klassische Konditionierung nach PAWLOW basiert auf der Analyse elementarer Reiz-Reflex-Bögen. Der Organismus lernt, mit einem Reflex auf einen neuen, neutralen Reiz zu reagieren. Die verhaltenspsychologisch fundierte instrumentale Konditionierung hingegen behandelt beliebige, nicht reflexhafte Stimulus-Response-Verbindungen.

In beiden Ansätzen wurden die grundlegenden Lerngesetze aus den Ergebnissen einer Unzahl von Tierexperimenten abgeleitet. Die Einzelheiten der klassischen Konditionierung wurden zunächst am Speichelreflex von Hunden, die der instrumentellen Konditionierung am Verhalten von Ratten in eigens konstruierten Labyrinthen und Käfigen erforscht. Daß die Ergebnisse für das Verständnis physiologischer Prozesse einerseits und tierischen Verhaltens andererseits äußerst wertvoll sind, wird kaum bestritten. Der kritische Punkt liegt in der Übertragung dieser Ergebnisse auf die Gesetzlichkeit menschlichen Verhaltens im allgemeinen und der Sprache im besonderen.

1.2.1. Sprache als zweites Signalsystem

Die Bildung bedingter Reflexe ist eine Voraussetzung für die Existenz höherer Organismen, die zur Selbst- und Arterhaltung gewisse gerichtete Aktivitäten an den Tag legen müssen (vgl. A. N. LEONTJEV 1967). Solche Organismen können über ihre sensiblen Organe und ihr zentrales Nervensystem Merkmale der Umgebung wahrnehmen und klassifizieren, die typisch sind für Träger der in Stoffwechselprozessen notwendigen Substanzen, aber auch für potentielle Paarungspartner, für Angreifer etc. Diese Merkmale haben häufig mit dem eigentlichen Stoffwechsel, der Fortpflanzung und der Verteidigung selbst nichts zu tun, sondern fungieren als Signale zur Auslösung von Aktivität, die das Gleichgewicht biologischer Prozesse sichern kann. Der Aufbau nichtangelegter Signal-Reaktions-Verbindungen unterliegt dem Prinzip des bedingten Reflexes. Anders gesprochen, die Interaktion von Organismus und Umwelt wird über ein organismus-spezifisches Signalsystem gesteuert.

Dieses 1. Signalsystem haben Mensch und Tier gemeinsam; hingegen zeichnen sich nur Menschen durch die Beherrschung von Sprache, und

d. h. nach PAWLOW durch die Kontrolle des Verhaltens über ein 2. Signalsystem, aus. Die sprachlichen Signale leisten als bedingende Reize höherer Ordnung die Abstraktion und damit Generalisation der Signale des 1. Systems. Das 2. Signalsystem ermöglicht dem Menschen als «neues Prinzip der Nerventätigkeit» sein Verhalten *bewußt*, d. h. relativ unabhängig von augenblicklichen biologischen Bedürfnissen, vom augenblicklich wahrgenommenen Zustand der Umgebung und selbst von der eigenen unmittelbaren Erfahrung, zu regulieren und zu planen.

Experimentelle Untersuchungen zum Aufbau des 2. Signalsystems und die Beobachtung pathologischer Fälle (vgl. u. a. LURIJA 1961 und LURIJA/JUDOWITSCH 1970) bestätigten WYGOTSKIS Auffassung, daß sich die selbstregulierende Funktion der Sprache vornehmlich im inneren Sprechen manifestiert. Nach LURIJA (1961) sind in Hinblick auf die Verhaltenssteuerung vier Funktionsstufen in der Sprachentwicklung festzustellen:

(1) Die *Initialfunktion*: Das ca. 18monatige Kind reagiert prompt auf eine Reihe einfacher Befehle wie «Mach patschpatsch!» o. ä.

(2) Die *Inhibitionsfunktion*: Erst das ca. zwei- bis dreijährige Kind ist in der Lage, auf sprachliche Aufforderung hin eine begonnene Handlung zu unterbrechen oder gar rückgängig zu machen. Das jüngere Kind wird trotz aller Einwände mit dem Öffnen der Tür, dem Herausziehen der Schublade oder dem Zerreißen der Zeitung fortfahren, d. h. beenden, was es einmal begonnen hat.

(3) Die *Regulationsfunktion*: Das ca. dreijährige Kind befolgt komplexe Aufforderungen, zu deren Erfüllung erst eine Veränderung der augenblicklichen Situation abzuwarten ist, wie «Versteck dich, wenn Papa kommt!» o. ä.

(4) Die *Selbstregulationsfunktion*: Die ersten Formen der Selbstregulation haben den Charakter einer Impulsgabe und sind daher nicht als eigentlich sprachliche zu verstehen. Das ca. drei- bis vierjährige Kind scheitert mit der Selbstaufforderung «Zweimal klingeln!». Spricht es sich hingegen den Impuls «Bimm! – Bimm!» o. ä. vor, wird es die geplante Handlung erfolgreich absolvieren können. Allmählich wird dann die sprachliche, aber noch laut geäußerte Regulation komplexer Handlungen möglich, die mit ca. sieben bis acht Jahren in die Form des inneren Sprechens übergeht.

1.2.2. Sprachentwicklung in behavioristischer Sicht

«Ein abstrakter und vielleicht philosophischer Wert einer Theorie der S-R-Konditionierung liegt darin, daß sie in der Tat eine integrierte Theorie des menschlichen Verhaltens und damit das höchste Ziel jeder Gesellschaftswissenschaft verkörpert» (HOUSTON 1972, S. 46).

Integriert soll eine solche Theorie sein, weil ihr Basisschema gestatte, alle Formen beobachtbaren Verhaltens insofern als strukturell ähnlich zu behandeln, als sie alle denselben Lerneinheiten, den S-R-Verbindungen, zugeordnet werden können. Der hier offenbar involvierte, nicht unübliche Gedanke, das einfachste Beschreibungssystem ermögliche die globalsten Deutungen, wurde von SKINNER, dem wohl bekanntesten Vertreter des orthodoxen Behaviorismus, in seinen literarischen Arbeiten zur Gestaltung der Gesellschaft (1962, 1972) konsequent zu Ende geführt; er durchzieht ebenso SKINNERS funktionale Analyse der menschlichen Sprache (1957).

Die Beschreibung jeglichen Verhaltens soll mit drei Grundkategorien auskommen. Im Hinblick auf einen betroffenen Organismus können Ereignisse entweder als Stimuli, als Responses oder als Reinforcements klassifiziert werden. Bestimmte Stimulus-Response-Verbindungen sind von vornherein angelegt; andere erwirbt der Organismus, wenn eine Response auf einen Stimulus durch ein zeitlich benachbartes Ereignis bekräftigt wird. Je häufiger auf eine Stimulus-Response-Verbindung ein Reinforcement folgt, desto wahrscheinlicher wird, daß der Organismus mit der bekräftigten Response auf den entsprechenden Stimulus reagiert. Gleichzeitig wird immer unwahrscheinlicher, daß der Organismus die bekräftigte Response spontan, d. h. ohne Vorliegen des Stimulus, produziert. Dieser Vorgang wird *Stimulus-Diskrimination* genannt. Reinforcement und Stimulus-Diskrimination bewirken, daß das Verhalten des Organismus stetig differenzierter wird.

Nach dieser Auffassung unterliegt tierisches und menschliches Verhalten den gleichen Prinzipien. Anders gesagt, die im Tierexperiment erkundeten Verhaltensgesetze sind «überraschend frei von gattungsspezifischen Restriktionen» (SKINNER 1957, S. 3) und können daher zur Beschreibung des menschlichen Verhaltens herangezogen werden. Selbst eine so spezifisch menschliche Eigenschaft wie die Sprache – «*verbal behavior*» in SKINNERS Terminologie – soll nach den gleichen Lernprinzipien erworben werden wie jedes andere Verhalten auch. Verbales Verhalten nimmt nur insofern eine Sonderstellung ein, als es prinzipiell vermitteltes, d. h. über andere Personen bekräftigtes Verhalten darstellt. Die vom Sprecher produzierte verbale Response fungiert für den Hörer als Stimulus, auf den er mit einer verbalen oder nichtverbalen Response reagiert. Diese Hörer-Response bekräftigt die Sprecher-Response. Ein Beispiel: Auf störenden Straßenlärm kann mit dem Schließen eines Fensters reagiert werden. Eine Abnahme des Lärms bekräftigt diese Response. Ebensogut kann irgend jemand gebeten werden, das Fenster zu schließen. In diesem Fall bekräftigt eine Befolgung der Aufforderung die verbale Response.

Das Beispiel illustriert gleichzeitig die Verhaltenseinheit, welche SKINNERS Beschreibung des verbalen Verhaltens zugrundeliegt: die mindestens zwei Personen und neben verbalen meist auch nichtverbale Variablen umfassende Sprechepisode («*speech episode*»). In der funktionalen Analyse von Sprechepisoden wird die verbale Response als abhängige Variable gesetzt, weil «die Wahrscheinlichkeit, daß eine verbale Response bestimmter Form zu einer bestimmten Zeit erscheint, das Basisdatum ist, welches vorausgesagt und kontrolliert werden soll» (op. cit., S. 28).

Will man wissen, wie das Kind verbales Verhalten erwirbt, wird man die Sprechereignisse zwischen Kind und Eltern nach Skinners Methode zu untersuchen haben und dabei feststellen, daß die Eltern durch ihr Verhalten ein Repertoire verbaler Responses des Kindes bekräftigen, indem sie näherungsweise korrekte Äußerungen belohnen. Fragt sich, woher die zu bekräftigtenden Responses kommen. Wenigstens einmal müssen sie ja im nichtbekräftigten Status produziert worden sein. Nach Skinner entspringen sie dem spontanen, unkonditionierten verbalen Verhalten des Kindes und weisen nur geringe Ähnlichkeit zu den Äußerungen des Erwachsenen auf. Ein Gestaltungsprozeß (*«shaping process»*) sorgt dafür, daß sie dem verbalen Verhalten des Erwachsenen allmählich ähnlicher werden. Zunächst sind die Formkriterien, nach denen der Erwachsene die verbalen Responses des Kindes bekräftigt, äußerst liberal: «Jede Response, die verschwommen dem Standardverhalten der Gemeinschaft ähnelt, wird bekräftigt. Wenn diese häufiger auftreten, wird auf einer stärkeren Annäherung bestanden. Auf diese Weise mögen sehr komplexe verbale Formen erreicht werden» (op. cit., S. 29–30).

So gesehen bewirkt der «shaping process» zunächst nur, daß die Äußerungen nach den Kriterien der Gemeinschaft ständig wohlgeformter werden. Da Äußerungen nicht nur wohlgeformt, sondern ebenfalls passend, d. h. der Situation angemessen, zu sein haben, findet gleichzeitig die sogenannte *«stimulus control»* statt. Der Erwachsene bekräftigt auch relativ wohlgeformte Äußerungen nur, wenn die Verbindung von Stimulus und Response den Konventionen der Gemeinschaft entspricht.

Unter Beachtung verschiedener Typen von Stimuli und Reinforcements (vor allem verbalen gegenüber nichtverbalen Ereignissen) definierte Skinner operational Klassen von verbalen Ereignissen, die üblicherweise als Aufforderungen (bei Skinner: *«mands»*), Feststellungen (*«tacts»*), Erwiderungen (*«intraverbal behaviour»*) und Regelbeachtung (*«autoclitics»*) bezeichnet werden. Da wir uns hier nur mit den Grundsätzen einer orthodoxen behavioristischen Analyse der Sprache und des Spracherwerbs befassen wollen, soll eine Erläuterung dieser Details unterbleiben.

Im sogenannten Neobehaviorismus wurde das einfache S-R-Modell um eine organismusinterne Komponente erweitert (vgl. Abb. 4.2). Die Ver-

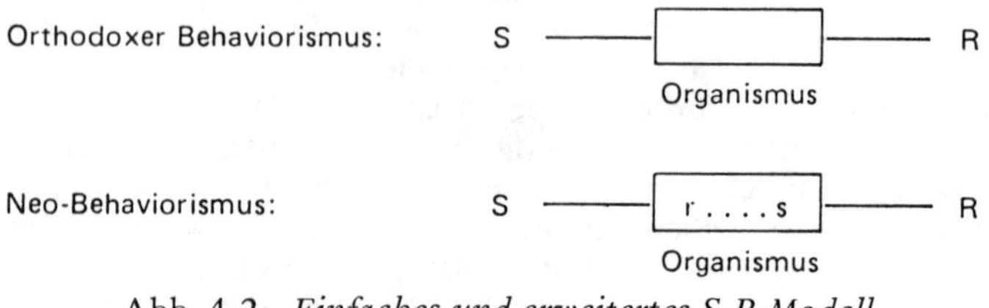

Abb. 4.2: *Einfaches und erweitertes S-R-Modell*

bindung der gut beobachtbaren externen Variablen S und R sollte unter Berücksichtigung der internen, *intervenierenden Variablen* r und s beschrieben werden. Danach führt ein externer Stimulus S zu einer internen Response r, die eine Selbststimulation s bedingt. Erst s löst die externe Response R aus.

Über den Status der intervenierenden Variablen bestehen recht unterschiedliche Auffassungen. Sie werden entweder als rein theoretische Postulate, als prinzipiell beobachtbare rudimentäre Muskelkontraktionen und Drüsensekretionen oder als kognitive Ereignisse behandelt. Für die letzte Sicht sprechen Lernexperimente wie das von KENDLER/KENDLER (1962), mit denen gleichzeitig die Notwendigkeit intervenierender Variabler im S-R-Modell vor Augen geführt wird. In solchen Experimenten wird das Umlernen innerhalb einer Eigenschaftsdimension («*reversal shift*») dem Umlernen auf neue Eigenschaftsdimensionen («*nonreversal shift*») gegenübergestellt.

In KENDLER/KENDLERS Versuch sieht sich die Vp mit vier Objekten konfrontiert: einem großen und einem kleinen Objekt von dunkler sowie einem großen und einem kleinen Objekt von heller Farbtönung. Beim Manipulieren mit dem Material wird zunächst eine Klasse von Objekten (z. B. die großen) bekräftigt. Anschließend muß die Vp umlernen – entweder innerhalb der gleichen Reizdimension, in diesem Fall werden die kleinen Objekte bekräftigt, oder übergehend zur zweiten Reizdimension durch Bekräftigung der hellen oder der dunklen Objekte.

Erklärtermaßen mißt sich die Qualität einer behavioristischen Verhaltensdeskription an der Zuverlässigkeit ihrer Voraussagen über künftiges Verhalten. Folglich ist zu fragen, welche Art des Umlernens leichter vonstatten gehen, d. h. weniger Reinforcement benötigen wird. Nach dem orthodoxen Modell müßte das Umlernen auf neue Dimensionen besser funktionieren, weil beim geschilderten Versuchsaufbau ein Objekt der neuen Dimension schon bekräftigt worden ist. Tatsächlich trifft diese Voraussage auf das Verhalten von Ratten zu. Doch zeigt sich bei Erwachsenen (vgl. HARROW/FRIEDMAN 1958 und KENDLER/D'AMATO 1955) ein entgegengesetztes und bei Kindern (vgl. KENDLER/KENDLER 1959) ein diffuses Bild.

Dieses Ergebnis ist nach KENDLER/KENDLERS Ansicht im Rahmen eines S-R-Modells nur befriedigend zu erklären, wenn der Analyse menschlichen Lernens ein erweitertes Modell zugrundegelegt wird. Im beschriebenen Fall fungieren die intervenierenden Variablen als Dimensionsbegriffe (Größe versus Helligkeit). Beim Umlernen in einer Dimension bleiben die intervenierenden Variablen konstant, beim Umlernen auf eine neue Dimension müssen sie wechseln (vgl. Abb. 4.3). Die diffusen Ergebnisse der jungen Kinder lassen vermuten, daß bei ihnen das Repertoire intervenierender Variablen erst noch aufgebaut werden muß.

Die Interpretation der intervenierenden Variablen als allgemeine – nicht notwendig sprachliche – Begriffsäquivalente legt nahe, ihnen in neobehavioristischen Sprachanalysen eine Schlüsselposition zuzuordnen. Ob-

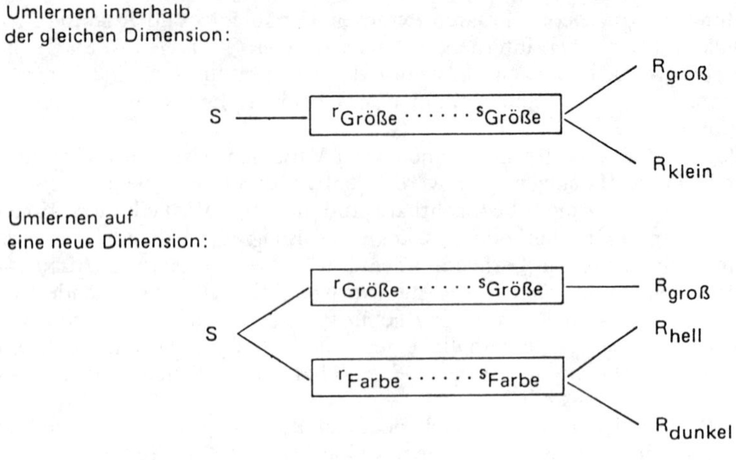

Abb. 4.3: *«Reversal» und «nonreversal shift» nach* KENDLER/KENDLER (1962), S. 6

wohl OSGOOD die Frage nach der Natur der intervenierenden Variablen explizit unbeantwortet ließ, zeigt sein Modell der Wortbedeutung dies am deutlichsten (vgl. OSGOOD/SUCI/TANNENBAUM 1967, S. 5 ff.). Abbildung 4.4 symbolisiert die unmittelbare Form des Erwerbs von Wortbedeutungen. Das Lautgebilde oder Schriftzeichen [S] tritt häufig gleichzeitig mit dem Stimulus $\dot{S}$, einem Gegenstand oder Ereignis auf, der das Verhaltensmuster R_T auslöst. Wäre $\dot{S}$-R_T ein Reiz-Reflex-Bogen, müßte nach dem Prinzip der klassischen Konditionierung [S] als bedingender Reiz den nun bedingten Reflex R_T auslösen. Bei komplexem, nichtreflexhaftem Reaktionsverhalten wird [S] nicht mit dem Gesamtverhalten R_T, sondern mit dem repräsentierenden, vermittelnden Prozeß (*«mediation process»*) r_m ‐‐→ s_m verbunden, der die am leichtesten konditionierbaren und konstantesten Merkmale des Gesamtverhaltens umfaßt. Damit wird [S] zum Zeichen («sign») für $\dot{S}$. Durch s_m kann eine Vielzahl instrumenteller Akte R_x, die auf $\dot{S}$ Bezug nehmen, ausgelöst werden.

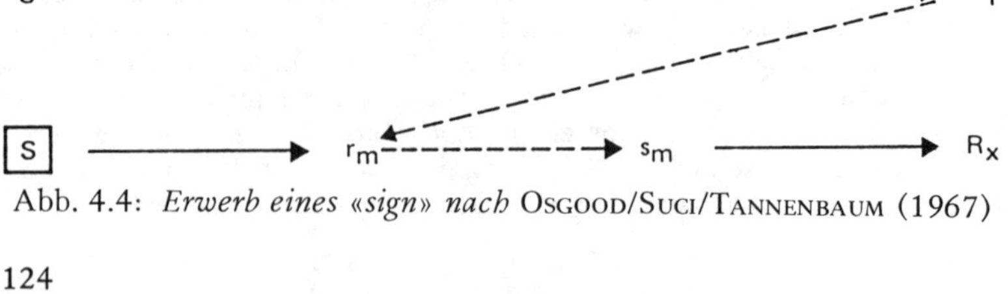

Abb. 4.4: *Erwerb eines «sign» nach* OSGOOD/SUCI/TANNENBAUM (1967)

Um die Möglichkeit der Unterscheidung zwischen Wortverständnis und Wortproduktion in seinem Modell hervorzuheben, bediente sich OSGOOD der gebräuchlichen informationstheoretischen Terminologie:

«Was diese Konzeption tatsächlich leistet, ist die Trennung des üblichen S-R-Paradigmas in zwei Stadien. Das erste Stadium, welches wir *Dekodierung* nennen wollen, ist die Assoziierung von Zeichen mit repräsentativen Vermittlern [$\boxed{S} \rightarrow r_m$; d. Verf.], d. h. ‹Interpretation›. Das zweite Stadium, welches wir *Enkodierung* nennen wollen, ist die Assoziierung der vermittelten Selbst-Stimulation mit offenliegenden instrumentellen Sequenzen [$s_m \rightarrow R_x$; d. Verf.], d. h. ‹Ausdruck von Gedanken›» (op. cit., S. 8).

Zeichen, die nicht durch Assoziation mit Objekten, sondern mit anderen Zeichen entstehen, nannte OSGOOD *«assigns»*. Ihr Aufbau wird in Abbildung 4.5 dargestellt. In linguistische Terminologie gefaßt, stellt sich der Unterschied zwischen «sign» und «assign» folgendermaßen dar: Die Bedeutungen der «signs» unterliegen, zumindest während ihres Erwerbs, referenzsemantischen Bedingungen, die der «assigns» hingegen sinnsemantischen Regeln.

OSGOODS Modell erlaubt noch eine weitere bisher unerwähnt gebliebene Differenzierung des Bedeutungsbegriffs (vgl. OSGOOD 1963a). Die *denotative* Bedeutung eines Wortes spiegelt die Konventionen der Gemeinschaft wider. Sie umfaßt die prinzipiell beliebige Verbindung des nichtsprachlichen Objektes oder Ereignisses $\dot{S}$ mit der sprachlichen Einheit $\boxed{S}$ und wird von allen Mitgliedern der Gemeinschaft geteilt. Der *konnotative* Aspekt hingegen umfaßt die interindividuell variierenden, z. B. affektiv getönten Merkmale einer Wortbedeutung. Er wird im Schema durch den vermittelnden Prozeß $r_m \rightarrow s_m$ berücksichtigt.

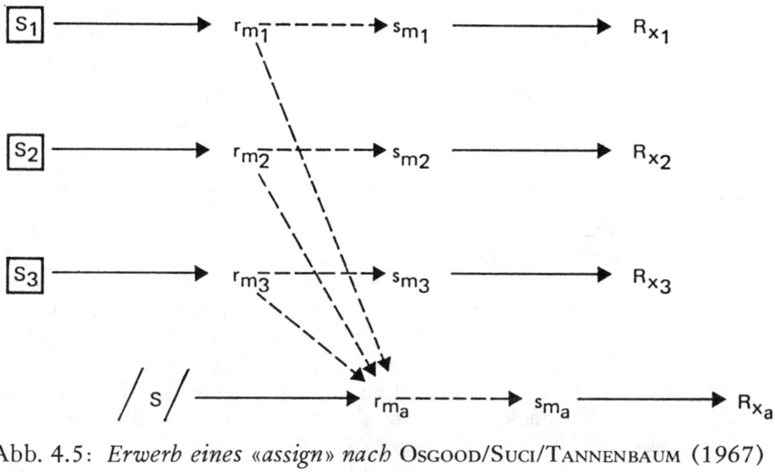

Abb. 4.5: *Erwerb eines «assign» nach* OSGOOD/SUCI/TANNENBAUM (1967)

Osgoods hier in der einfachsten Fassung vorgestelltes Modell gestattet eine differenzierte Beschreibung des Erwerbs von Wortbedeutungen. Es wurde später unter Berücksichtigung linguistischer Einwände in Hinblick auf die Syntax erweitert (vgl. Osgood 1963 b).

1.3. Der nativistische Ansatz

Eine scharfe und detaillierte Kritik an Skinners Ansatz zur Beschreibung des Sprachverhaltens formulierte Noam Chomsky (1959). Seine Rezension von Skinners «Verbal behavior» wurde über lange Zeit nicht nur als Versuch zur Widerlegung der behavioristischen, sondern darüber hinaus aller empiristischen Ansätze zur Sprachverhaltensanalyse gewertet. Chomsky selbst äußerte in einer später konzipierten Einleitung zu seiner Kritik, diese sei als exemplarische Diskussion «einer unnützen Tendenz in der modernen Spekulation über Sprache und Geist» zu werten (s. Jakobovits/Miron 1967, S. 142 f.). Ob es legitim ist, eine extrem rigide behavioristische Position als Exempel für den Behaviorismus in seinen vielfältigen Schattierungen oder gar für die Sprachanalysen des wissenschaftlichen Empirismus in ihrer Gesamtheit zu betrachten, bleibt allerdings fraglich (vgl. hierzu auch Kap. IV, 5.3.).

Chomsky begann seine Ausführungen mit der Überlegung, warum gerade nur Menschen und nicht Tiere Sprache erlernten, wenn, wie Skinner behauptete, die grundlegenden Lern- und Verhaltensgesetze tatsächlich frei von gattungsspezifischen Restriktionen seien. Er verwies in diesem Zusammenhang u. a. auf Harlow (1953) und Tinbergen (1951), deren Studium tierischen Verhaltens zu entgegengesetzten Ergebnissen geführt hatte.

Neben dem allzu direkten Schluß vom tierischen auf das menschliche Verhalten bestritt Chomsky den Wert der von Skinner vorgenommenen Übertragung der Laborergebnisse auf natürliches («real-life») Verhalten. Skinners operationale Definitionen von Stimulus, Response und Reinforcement seien im Labor gewonnen und nur hier zulässig. – Sehr detailliert illustrierte Chomsky mit einer Reihe hypothetischer Beispiele die Schwäche von Skinners Basis-Konzepten. Er gelangte zu dem Schluß, daß Skinners Vorschlag zur Analyse des Sprachverhaltens, wörtlich genommen, nichts über linguistisches Verhalten aussage. Interpretiere man Skinners Termini hingegen metaphorisch, sei das Ergebnis um nichts wissenschaftlicher, nur eben unverständlicher als die traditionellen Ansätze.

Wir können den Einzelheiten dieser Kontroverse hier nicht nachgehen. Zwei Fragen bleiben offen: Erstens, ob Chomskys Attacke in jedem Detail berechtigt ist. Jensen (1967, S. 110) und Houston (1972, S. 68 ff.) scheinen zu bezweifeln, daß Chomsky Skinners Reinforcement-Konzept korrekt gedeutet hat. Zweitens, ob der Behaviorismus nicht eine Verarbeitung der Kritik hätte leisten können. Die Differenzierung des Mediationsmodells von Osgood (1963b) wies in diese Richtung.

Worauf es im Rahmen dieses Buches ankommt, ist die Begründung und Präzisierung von CHOMSKYS Forderung, für die Prädiktion sprachlichen Verhaltens seien neben Informationen über externe Stimulation ebenso detaillierte Hypothesen über die *interne Struktur* des Menschen notwendig. Nach CHOMSKYS Auffassung muß das von der Linguistik anzuvisierende Ziel, die Entwicklung einer der menschlichen Sprachfähigkeit angemessenen Grammatik, notwendig verfehlt werden, wenn als Verfahren eine «empiristische» Deskription der Sprachprodukte gewählt wird. Damit würden nur externe Daten, nämlich Stimuli und Responses, erfaßt. Aber gerade die externen Daten des Sprachverhaltens sind linguistisch gesehen verworren, oder, um DE SAUSSURE anzuführen, die «parole» ist «chaotisch». Jede Sprachproduktion wird nach CHOMSKYS Meinung von Faktoren beeinflußt, die als «grammatisch irrelevant» eingeschätzt werden müssen. Das Gedächtnis des Sprechers ist begrenzt; er mag zerstreut, verwirrt oder abgelenkt sein, d. h. nichtlinguistische Einflüsse verursachen zufällige oder typische Fehler in den Äußerungen. Wie eine an den Sprachprodukten orientierte Deskription von diesen Faktoren abstrahieren könnte, um das eigentlich Linguistische der Äußerungen herauszuheben, sei nicht absehbar.

CHOMSKY schlug daher vor, in etwa analog zu DE SAUSSURES Trennung von «langue» und «parole» zwischen Sprachkenntnis (*«competence»*) und Sprachverwendung (*«performance»*) zu unterscheiden. Gegenstand seiner linguistischen Theorie ist «ein idealer Sprecher-Hörer, der in einer völlig homogenen Sprachgemeinschaft lebt, seine Sprache ausgezeichnet kennt» (CHOMSKY 1969, S. 13) und der vor allem von den obengenannten Faktoren nicht betroffen ist. CHOMSKYS Theorie beschreibt die Sprachkenntnis ihres Sprecher-Hörers mit einem expliziten *Regelsystem*, das jedem grammatisch korrekten Satz eine *Strukturbeschreibung* zuordnet (zur Charakterisierung des Regelsystems vgl. Kap. V, 1.2.1.). Die Kompetenztheorie hat es also mit der Kenntnis von Sätzen und deren Strukturierung zu tun. Nur in der Idealisierung spiegelt die Performanz die Kompetenz direkt wider und kann daher unberücksichtigt bleiben. Ansonsten soll die Kompetenz- der Performanztheorie, die die Äußerung von Sätzen, also die mehr oder weniger gestörte Anwendung einer Kenntnis behandelt, vorgeordnet werden. Mit anderen Worten: Die Kompetenztheorie erfaßt die internen, linguistisch relevanten Bedingungen, nach denen sich Sprachproduktion und -perzeption ausrichten.

Innerhalb der Kompetenztheorie sind zwei Bereiche zu unterscheiden. Die *Universalien*, d. h. die in jeder Sprache gültigen Merkmale, werden den *Grammatiken der Einzelsprachen* vorgeordnet. Beide Bereiche sind nicht von vornherein sauber zu trennen. Man kann sich gezwungen sehen, die Einschätzung eines Merkmales als universal aufzugeben, wenn die grammatische Beschreibung einer Einzelsprache ohne dessen Berücksichtigung auskommt. Taucht hingegen ein strukturelles Merkmal in jeder Einzelsprachgrammatik auf, wird man es zumindest vorläufig den Universalien zuordnen.

Es ist notwendig, sich über die denkbaren Ursprünge der Universalien Klarheit zu verschaffen. Für de Saussure, der das Sprachsystem als ein gesellschaftlich bedingtes, tradiertes Konventionengefüge sah, mögen die universalen Eigenschaften der Sprache aus den universalen Bedingungen des sozialen Verkehrs erwachsen sein. Jakobson nahm an, daß die ersten phonologischen Distinktionen auf grundsätzlichen Perzeptionsmöglichkeiten des Menschen beruhen. Kurz, für de Saussure waren Universalien durch externe Vermittlung, für Jakobson (vgl. Kap. IV, 4.1.) durch interne Anlagen zu erklärende Erscheinungen; beide führten sie nicht auf eigentlich Sprachliches zurück.

Nach Chomsky hingegen repräsentieren Universalien die sprachspezifischen Anlagen des Menschen, die primär die Sprachentwicklung bestimmen.

«Die Spracherlernung beruht offenbar darauf, daß das Kind das erwirbt, was unter formalen Gesichtspunkten eine tiefe und abstrakte Theorie ist – eine generative Grammatik seiner Sprache – deren Begriffe und Prinzipien zum großen Teil nur entfernt und über lange und komplizierte Ketten unbewußter, quasi schlußfolgender Schritte mit der Erfahrung verbunden sind» (op. cit., S. 81).

Wenn man, meinte Chomsky, den komplizierten Charakter der zu erlernenden Grammatik mit dem geringen Umfang und der schlechten Beschaffenheit der Erfahrungsdaten vergleiche und zusätzlich registriere, daß in einem breiten Variationsbereich die erlernten Grammatiken relativ unabhängig von Intelligenz, Motivation und emotionaler Verfassung seien, müsse man die Hoffnung aufgeben, daß von einem Organismus ohne allgemeine sprachstrukturelle Anfangsinformationen viel über die Struktur der Sprache gelernt werden könne. Statt dessen sei anzunehmen, das Kind verfüge über eine «*angeborene Theorie potentieller struktureller Beschreibungen*» und über Mittel, in konkreten Sprechsituationen einem auftretenden Zeichen eine Strukturbeschreibung zuzuordnen. Mit anderen Worten: Ein «*language acquisition device*» (LAD) determiniert die Verarbeitung externer sprachlicher Stimulation während der Sprachentwicklung.

Nach Chomsky umfaßt der LAD die folgenden Faktoren:

«(i) eine Technik zur Repräsentation von Eingabesignalen
(ii) ein Mittel zur Repräsentation struktureller Informationen über diese Signale
(iii) einige Anfangseingrenzungen für eine Klasse von möglichen Hypothesen über die Sprachstruktur
(iv) eine Methode zur Bestimmung, was jede solche Hypothese für einen jeden Satz impliziert
(v) eine Methode zur Selektion einer der (vermutlich infinit vielen) Hypothesen, die nach (iii) erlaubt sind und den gegebenen primären sprachlichen Daten gerecht werden» (op. cit., S. 47).

Punkt (iii) bis (v) bedürfen der Erläuterung. Die in (iii) angeführten «Hypothesen über die Sprachstruktur» sind Grammatiken. Die Klasse möglicher Grammatiken wird durch die Bedingung, daß jede Grammatik die universalen Eigenschaften widerzuspiegeln habe, eingeschränkt. Mit (iv) ist ein Verfahren gemeint, das jeden beliebigen Satz nach den Anforderungen jeder der möglichen Grammatiken analysiert, d. h. ihm eine Strukturbeschreibung zuordnet. Die Konfrontation der Klasse möglicher Grammatiken mit primären sprachlichen Daten verringert die Menge alternativer Grammatiken, bedeutet aber noch keine endgültige Entscheidung, welche der Grammatiken nun zu bevorzugen ist. Mit der «Methode zur Selektion» aus (v) ist ein von den primären sprachlichen Daten unabhängiges Bewertungsverfahren gemeint, das genau eine Grammatik aus der alternativen Restmenge auszusondern vermag. Hier kommen vor allem Kriterien wie «Einfachheit» ins Spiel.

Nach Chomskys Auffassung konstruiert der LAD eine Theorie der jeweiligen Sprache, in der die primären sprachlichen Daten nur einen Ausschnitt darstellen:

«Diese Theorie, die der Mechanismus nun ausgewählt und intern repräsentiert hat, spezifiziert die sprachliche Kompetenz, d. h. die intuitive Sprachkenntnis. Ein Kind, das auf diese Weise eine Sprache erwirbt, weiß natürlich eine Menge mehr, als es ‹gelernt› hat. Seine Kenntnis der Sprache, wie sie durch seine interne Grammatik determiniert wird, geht weit über die offerierten sprachlichen Daten hinaus und ist auf keinen Fall eine ‹induktive Generalisierung› aus diesen Daten» (op. cit., S. 50).

Chomskys Einfluß auf die Entwicklung der modernen Linguistik ist hinlänglich bekannt. Da er sein Konzept nicht nur als Grammatiktheorie, sondern als «*Hypothese über die Natur psychischer Strukturen und Prozesse*» (op. cit., S. 75) verstand, verwundert es nicht, daß sein generelles Modell und der vorgeschlagene Regelformalismus von der Psycholinguistik aufgegriffen wurden. Dabei ist zu unterscheiden zwischen einer Richtung, in der Chomskys generative Grammatik inklusive LAD praktisch unverändert zur Beschreibung und Deutung psycholinguistischer Prozesse herangezogen wurde, und einer Richtung, in welcher der kategoriale Rahmen der generativen Grammatik als günstige Beobachtungssprache akzeptiert, aber auf eine Übernahme von Chomskys Nativismus und Mentalismus verzichtet wurde.

Chomsky hatte zur Stützung seiner Theorie mit evidenten Universalien und relativ gesicherten linguistischen Erkenntnissen zur Sprachstruktur argumentiert. Seine Hoffnung ging dahin, daß die mentalistischen Hypothesen von biologischer und neurophysiologischer Seite gestützt werden könnten.

Einige Belege für den endogenen Charakter struktureller und funktionaler Merkmale der Sprache wurden u. a. von Lenneberg und Lieberman geliefert. Letzterer stellte fest, daß kurze Aussagesätze der verschiedensten Sprachen mit einem ähnlichen Intonationsmuster enden, und vermutete, daß dieses Phänomen auf die beim Sprechen jeder Sprache notwendige Atmungsökonomie («*normal breath-group*») zurückzuführen sei. Die durch die Atmungsökonomie bedingten Intonationsmerkmale beobachtete Lieberman schon bei Säuglingen:

«Das erste ‹bedeutungshaltige› Element des Sprechverhaltens, das im Verhalten von Kindern registriert werden kann, erscheint tatsächlich viel eher als zwischen dem ersten und zweiten Lebensjahr. In den allerersten Lebensmonaten, während des Babbelstadiums und in der Tat während der ersten Minuten des Lebens benutzen Kinder ‹bedeutungshaltige› Intonationssignale. Die Schreie sind zunächst nur in ihrer physiologischen Referenz bedeutungshaltig. Wir glauben, daß diese Signale, die durch Anlage bestimmt zu sein scheinen, die Basis für die linguistische Funktion der Intonation im Sprechen des Erwachsenen bereitstellen» (1966, S. 73).

Aus dieser «innate referential breath group» differenzieren sich nach LIEBERMANS Ansicht die unterschiedlichen Intonationsmuster der Aussage-, Frage-, Aufforderungssätze etc. heraus.

LIEBERMANS Hypothese zur Atmungsökonomie ist allerdings alles andere als mentalistisch. Mit ihr wird CHOMSKYS Auffassung nur insoweit gestützt, als sie ein grundlegendes Merkmal des Sprachverhaltens, nämlich die Satzintonationsmuster, auch auf organische Bedingungen und nicht allein auf das Lernen von Konventionen zurückführt.

Umfassender in Hinblick auf Anlagebedingungen und enger an CHOMSKY orientiert waren LENNEBERGS Untersuchungen zu den biologischen Grundlagen der Sprache. Nach LENNEBERGS Auffassung sind die Universalien spezifisch sprachliche, der endogenen Ausstattung des Menschen zuzurechnende Merkmale, die nur über evolutionäre Prozesse (genetische Diversifikation und natürliche Selektion) verändert werden können (vgl. Tab. 4.6). Im Mittelpunkt seiner Sprachtheorie steht die Ansicht, daß Sprache die Manifestation der artspezifischen *kognitiven Funktion* und Sprachentwicklung weitgehend auf eine spontane Differenzierung der kognitiven Funktion im Reifungsprozeß zurückzuführen sei. Unter der kognitiven Funktion verstand er Hirnfunktionen, die zwischen «sensorischem Input und motorischem Output» vermitteln und die folgenden Verhaltenskorrelate aufweisen:

«[...] die Tendenz, in spezifischen Weisen zu kategorisieren (Extrahieren von Ähnlichkeiten), die Fähigkeit zur Problemlösung, die Ausbildung von Lernbereitschaften, die Tendenz, in bestimmte Richtungen zu generalisieren, oder die Tendenz, bestimmte Bedingungen im Gedächtnis zu behalten, andere hingegen nicht» (1972, S. 453).

Zwar bestehen zwischen den Individuen einer Art Differenzen in Hinblick auf die spezifischen Eigenschaften der kognitiven Funktion; doch sind diese Unterschiede innerhalb einer Art geringer als zwischen den Arten. Sie fallen überhaupt wenig ins Gewicht, da in jedem Individuum «ein in hohem Grade invariabler *Typus* sowohl der Form wie der Funktion» dieser Eigenschaften repliziert wird. Hierbei ist zu unterscheiden zwischen Verhalten, das ein Individuum an den Tag legt, und Verhalten, zu dem es prinzipiell in der Lage ist. Mit der Feststellung hoher Invarianz bezog sich LENNEBERG auf das letztere.

Aufgrund dieser Sicht der kognitiven Funktion unterschied LENNEBERG in der Sprachanalyse zwischen einer latenten Tiefen- und einer aktualisier-

Ebene	Aspekt der Sprache	Geschwindigkeit der Veränderung ist meßbar in bezug auf	Natur der Beschränkungen und Grenzen der Veränderung	Mechanismen der Veränderung	Natur der Freiheiten innerhalb der Beschränkungen	Folgen von Überschreitungen der beschränkenden Grenzen
Zugrundeliegende Struktur	Alle Universalien: formale, allgemeine Eigenschaften der Syntax, Semantik, Phonologie und der zeitlichen Dimensionen	evolutionäre Veränderungen	Funktion und möglicherweise Molekularstruktur des Gehirns	Genetische Diversifikation und natürliche Selektion	Mannigfaltigkeit der spezifischen Modi der Kategorisierung und des Aufeinander-Beziehens von Kategorien	Entweder Unfähigkeit, Sprache zu erwerben, oder Erwerb einer Quasi-Sprache, die von anderen nicht erlernt werden kann
Oberflächenstruktur	Alles, was eine natürliche Sprache von einer anderen unterscheidet	Generationen (wenn die Geschwindigkeit des Auftretens von Abweichungen konstant ist, so ist auch die Geschwindigkeit der Sprachveränderung relativ konstant)	Die Prozesse der sozialen Interaktion und ihr normales Funktionieren	Zufällige Variationen in der Fertigkeit; im Phänomen der Resonanz begründete Toleranz für Idiosynkrasien in der Performanz des Sprechens und der Sprache	Individuelle Freiheit im Hinblick auf Stil, Inhalt und phonetische Wiedergabe	Soziale Isolation

Tab. 4.6: *Variationen und Konstanzen natürlicher Sprachen nach* LENNEBERG (1972), S. 474

ten Oberflächenstruktur. Tabelle 4.6 zeigt die Variationen und Konstanzen natürlicher Sprachen unter Beachtung dieser Dichotomie. Die nur evolutionär modifizierbaren Universalien bedingen die zugrundeliegende Tiefenstruktur. Die Gesamtheit der Merkmale, in denen sich eine natürliche Sprache von andern unterscheidet, kennzeichnet die im Rahmen sozialer Interaktion veränderbare Oberflächenstruktur.

Um dem möglichen Mißverständnis vorzubeugen, hiermit sei schon eine gewichtige neurophysiologische oder biologische Stützung der Universalientheorie geleistet, müssen wir darauf hinweisen, daß LENNEBERG trotz ausführlicher Erörterung sprachbezogener organischer Faktoren sein Konzept der kognitiven Funktion vornehmlich über Verhaltensbeobachtungen präzisiert hat. Daß z. B. der von ihm festgestellte Zusammenhang zwischen motorischer und sprachlicher Entwicklung auch bei Kindern mit allgemeinen Entwicklungsverzögerungen bestehen blieb, bekräftigte ihn in der Annahme, Spracherwerb als reifungsgesteuert zu sehen. Der neurophysiologische Status der kognitiven Funktion blieb weitgehend ungeklärt.

Wir wollen hier auf LENNEBERGS Darstellungen struktureller, chemischer und elektrophysischer Veränderungen des Gehirns während der Entwicklung nicht eingehen, da sie unseres Erachtens nur eine äußerst indirekte Verbindung zum Spracherwerb aufweisen. Wichtiger scheint die von LENNEBERG vertretene Auffassung, für den Erwerb primärer Sprachfähigkeiten existiere eine kritische Phase. Diese sei zeitlich eingegrenzt durch die bis Ende des. 2. Lebensjahres zu konstatierende physische Unreife und den im 13. Lebensjahr eintretenden Verlust der Flexibilität für zerebrale Reorganisationen. Danach findet Sprachentwicklung zwischen dem 3. und 12. Lebensjahr statt. Diese Auffassung steht zum bisher Gehörten in deutlichem Widerspruch. Begriffsbildungsexperimente nach WYGOTSKI u. a. zeigten, daß mit 13 Jahren die Funktion des Wortes als Träger von Begriffen wahrscheinlich noch nicht endgültig ausgebildet ist – womit kein Problem des Lexikonumfanges, sondern der Verbindung von Wort und Kognition angesprochen wäre. Ebenso fraglich scheint LENNEBERGS Aussage über den altersmäßigen Beginn der Sprachentwicklung. WUNDT, STERN/STERN und die amerikanischen Entwicklungspsychologen hatten, obwohl sie Sprachentwicklung unter den verschiedensten Gesichtspunkten betrachteten, die Zäsur ein Jahr früher gesetzt. LENNEBERG hatte offenbar eine von den Genannten abweichende Auffassung über das, was Sprache und damit Sprachentwicklung eigentlich sei. Sprache war für ihn in Anlehnung an CHOMSKY im Kern ein syntaktisches System, Spracherwerb folglich eine Ausdifferenzierung vor allem dieses Systems. Den Erwerb der Syntax (und ebenfalls der Morphologie) in die Altersspanne zwischen zwei und zwölf Jahren zu setzen hat eine gewisse Plausibilität. Wird zusätzlich die phonologische und die semantische Komponente beachtet, muß LENNEBERGS Versuch, eine zeitliche Übereinstimmung zwischen Sprachentwicklung und Plastizitätsphase des menschlichen Gehirns als Beweis für die Reifungsgesteuertheit der Sprachentwicklung zu werten, jedenfalls in der von ihm vorgenommenen Schärfe fragwürdig erscheinen.

2. Generativ-transformationelle versus distributionalistische Grammatikanalyse

Von Chomskys Kritik an Sprachanalysen, die allein auf externen Daten basieren, sind nicht nur orthodox-behavioristische Verfahren, sondern auch die methodisch verwandten Positionen des amerikanischen Strukturalismus betroffen. So mußte eine an der Distributionsanalyse orientierte Spracherwerbsforschung notwendig auf Kritik von seiten einer an Chomsky orientierten Psycholinguistik stoßen. Eine für die prinzipiellen Meinungsunterschiede exemplarische Kontroverse spielte sich zwischen Braine auf der einen und Bever/Fodor/Weksel auf der anderen Seite ab (vgl. Braine 1963a, b, Bever/Fodor/Weksel 1965a, Braine 1965, Bever/Fodor/Weksel 1965b und Braine 1971a, b). Wir werden uns hier auf die Gegenüberstellung der Grundsätze einer distributionalistischen und einer generativ-transformationellen Grammatikanalyse der Kindersprache beschränken. Abgesehen von den oft beträchtlichen Unterschieden in der Strukturbeschreibung kindlicher Äußerungen spitzte sich die Kontroverse auf die Frage zu, ob ein spezifischer «language acquisition device» die *Kompetenzdifferenzierung* des Kindes bedinge oder ob das Kind über eine allgemeine Entdeckungsprozedur zu kontinuierlich *angepaßterem Sprachverhalten* gelange (vgl. Abb. 4.7).

2.1. Spracherwerb als Kontextgeneralisierung

2.1.1. Die Distributionsanalyse

Der auf Bloomfield zurückgehende amerikanische Strukturalismus wandte sich strikt gegen eine Setzung von Universalien in der Sprachforschung. Konkrete sprachliche Ereignisse sollten unter Kategorien subsumiert werden, die für die empirische Arbeit nichts präjudizieren. Diese Forderung leitete sich aus der praktischen und der wissenschaftstheoretischen Motivation des amerikanischen Strukturalismus ab. Man konzentrierte sich

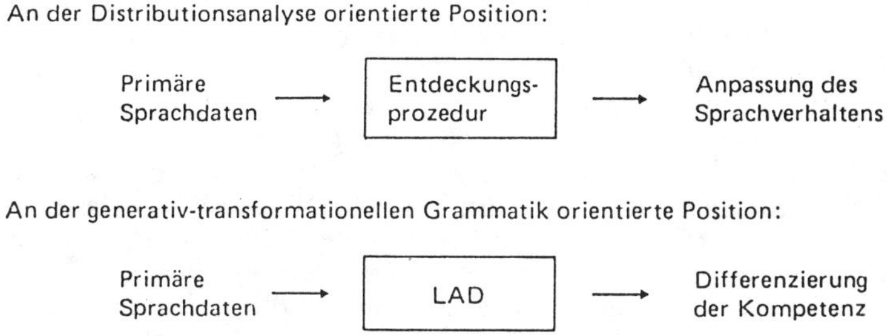

Abb. 4.7: *Distributionalistische versus generativ-transformationelle Position zum Spracherwerb*

nicht nur wie im europäischen Strukturalismus auf die Muttersprache oder bekannte Fremdsprachen, sondern versuchte, größtenteils unbekannte, jedenfalls wissenschaftlich unerforschte Indianersprachen zu beschreiben. Da man folglich nicht mit einem Fundus von Kenntnissen an den jeweiligen Gegenstand herantreten konnte, lag es nahe, eine quasi mechanisch anwendbare, nach den Gesetzen der Logik strukturierte *Entdekkungsprozedur* entwickeln zu wollen. Jede Beschreibungskategorie der Prozedur sollte auf beobachtbare Ereignisse rückführbar sein. Diese stark am Modell naturwissenschaftlicher Erkenntnisgewinnung orientierte Position entspricht dem logischen Positivismus des Wiener Kreises und deckt sich mit grundsätzlichen methodischen Forderungen des Behaviorismus.

Nach Auffassung des amerikanischen Strukturalismus soll die Untersuchung einer Sprache in zwei Schritten erfolgen. Zunächst wird ein ausreichend umfangreiches *Korpus* von Äußerungen gesammelt, sagen wir in Gestalt phonetischer Transkriptionen. Dann setzen im sogenannten *Substitutionsverfahren* Operationen ein, mit denen eine Liste aller linguistischen Einheiten des Korpus aufgestellt und die Einheiten zu Klassen zusammengefaßt werden. Ein phonetisch transkribiertes Korpus ist eine Menge von Ketten elementarer Segmente. Die Segmente werden – im Prinzip beliebig – gegeneinander ausgetauscht. Ergibt das Resultat eines Austauschs eine korrekte Äußerung, dann haben das herausgenommene und das eingesetzte Segment mindestens in diesem Fall die gleiche Umgebung respektive *Distribution*. Stellt man fest, daß beide Segmente in jedem Fall gegeneinander austauschbar sind, gehören sie der gleichen Distributionsklasse an. Sie stehen zueinander im Verhältnis der *freien Variation* – wie z. B. das Zungen- und Rachen-R in einigen deutschen Mundarten. Auch Segmente, die nie die gleiche Umgebung aufweisen und daher prinzipiell nicht austauschbar sind, gehören zur gleichen Distributionsklasse. Sie stehen zueinander im Verhältnis der *komplementären Distribution* – wie z. B. das im Deutschen nur am Wortanfang vor betontem Vokal erscheinende aspirierte [t^h] und das eben nie an dieser Stelle zu findende nichtaspirierte [t].

Die in den Beispielen angesprochenen phonetischen Segmente werden zu phonemischen Distributionsklassen (hier: /r/ und /t/) zusammengefaßt. Ist dies durchgängig geschehen, kann die phonetische Transkription des Korpus in eine phonemische Repräsentation überführt werden. Die Distributionsanalyse beginnt von neuem, indem morphemische Segmente (wiederkehrende Phonemfolgen) zu morphologischen Distributionsklassen zusammengefaßt werden und so fort. Schließlich gelangt man zu Morphemfolgeklassen, auf deren Basis eine syntaktische Analyse der Äußerungen möglich wird. Jede Äußerung kann in solche Morphemfolgeklassen, d. h. in ihre *Konstituenten*, zerlegt werden. Wird die Zerlegung schrittweise vorgenommen, indem z. B. die Äußerung «Der Mann fängt den Ball» in ihre unmittelbaren Konstituenten «Der Mann» und «fängt den Ball», die Konstituente «fängt den Ball» wiederum in ihre unmittelbaren Subkonstituenten «fängt» und «den Ball» und so fort, aufgespalten werden, erhält man den hierarchischen Aufbau der Äußerung. Dieses Verfahren wird «*immediate constituent analysis*» genannt.

2.1.2. Die Pivot-Grammatik

Nach der Methode des amerikanischen Strukturalismus analysiert der Linguist eine fremde Sprache, indem er die Distribution sprachlicher Segmente festlegt, d. h. die potentiellen Positionen von Segmenten in Äußerungen definiert. Will man Kindersprache unvoreingenommen betrachten, also nicht von vornherein eine Untersuchung mit Kategorien der Erwachsenengrammatik belasten, bietet sich dieses Verfahren an.

Braine (1963a) analysierte die Äußerungskorpora von drei knapp zweijährigen Kindern. In zwei Fällen wurden die Äußerungen von den Eltern schriftalphabetisch notiert, im dritten Fall wurden wegen undeutlicher Artikulation des Kindes Tonbandaufnahmen vorgezogen. Braine konnte sich diese Unterschiedlichkeit der Protokollverfahren gestatten, da es ihm nur auf die Regeln, nach denen Wörter kombiniert werden, also auf die Syntax der Äußerungen, ankam.

Wenn man die Distributionsanalyse nicht von der phonetischen Transkription her aufrollt, sondern von vornherein auf einem höheren Niveau Segmente klassifizieren will, wird man nicht gänzlich voraussetzungsfrei arbeiten können. So mußte Braine bei der Abklärung der von ihm anvisierten Segmentkategorie, dem Wort, den Morphembegriff voraussetzen. Er definierte Wörter als die längsten Segmente, die nicht mehr weiter in unabhängig auftretende Morpheme zu zerlegen sind. Z. B. müssen für das Korpus eines der drei Kinder «ice cream» und «all gone» als jeweils ein Wort klassifiziert werden, da weder «ice» noch «cream» noch «all» noch «gone» einzeln in anderen Äußerungen auftreten. Hingegen erscheint im hier aufgeführten Korpus (vgl. Tab. 4.8) «all» häufig unabhängig von «gone», so daß beide Segmente als Wörter klassifiziert wurden.

Pivot-Konstruktionen:

all broke	no bed	more car[d]	other bib	airplane by[f]
all buttoned	no down[a]	more cereal	other bread	siren by
all clean	no fix	more cookie	other milk	
all done	no home	more fish	other pants	mail come
all dressed	no mama[b]	more high[e]	other part	mama come
all dry	no more	more hot	other piece	
all fix	no pee	more juice	other pocket	clock on there
all gone	no plug	more read	other shirt	up on there
all messy	no water	more sing	other shoe	hot in there
all shut	no wet[c]	more toast	other side	milk in there
all through		more walk		light up there
all wet	see baby		boot off	fall down there
	see pretty	hi Calico	light off	kitty down there
I see	see train	hi mama	pants off	more down there
I shut		hi papa	shirt off	sit down there
I sit			shoe off	cover down there
			water off	other cover down there

Tab. 4.8: *Ein Äußerungskorpus nach* Braine (1963a), S. 5

Andere Äußerungen:

airplane all gone	byebye back	what's that	look at this
Calico all gone	byebye Calico	what's this	outside more
Calico all done[g]	byebye car	mail man	pants change
salt all shut	byebye papa	mail car	dry pants
all done milk	Calico byebye	our car	off bib
all done now	papa byebye	our door	down there
all gone juice		papa away	up on there some more
all gone outside[h]			
all gone pacifier			

a 'Don't put me down.'
b 'I don't want to go to mama.'
c 'I'm not wet.'
d 'Drive around some more.'
e 'There's more up there.'
f 'A plane is flying past.'
g Said after the death of Calico the cat.
h Said when the door is shut: 'The outside is all gone.'

BRAINES Analyse gab Anlaß, jedes Korpus in zwei Äußerungsgruppen, in *Pivot-Konstruktionen* und andere Äußerungen zu zerlegen. Die ersteren sollen nach BRAINE typisch für den Charakter der im Augenblick beherrschten Syntax sein, die letzteren mögen als Vorläufer einer komplizierteren Grammatik gewertet werden. Insgesamt treten in den Pivot-Konstruktionen drei Distributionsklassen auf: Pivot-Wörter in Anfangspositionen (P_1), Pivot-Wörter in Endposition (P_2) und Wörter der offenen Klasse (X). Jede Pivot-Konstruktion setzt sich aus einem Pivot-Wort und einem Wort der offenen Klasse zusammen. Folglich sind nur die Konstruktionsmuster P_1X und XP_2 möglich.

Die Pivot-Grammatik des Beispielkorpus wird in Tabelle 4.9 wiedergegeben. Mit ihr kann jeder Pivot-Konstruktion des Korpus eine Strukturbe-

Regeln:

$$\text{Äußerung} = \begin{Bmatrix} P_1 X \\ X\ P_2 \end{Bmatrix}$$

Lexikon:

$$P_1 = \begin{Bmatrix} \text{all} \\ \text{hi} \\ \text{I} \\ \text{no} \\ \text{more} \\ \text{other} \\ \text{see} \end{Bmatrix} \quad P_2 = \begin{Bmatrix} \text{by} \\ \text{come} \\ \text{down there} \\ \text{in there} \\ \text{off} \\ \text{on there} \\ \text{up there} \end{Bmatrix} \quad X = \begin{Bmatrix} \text{airplane} \\ \text{baby} \\ \text{bed} \\ \text{bib} \\ \text{boat} \\ \text{bread} \\ \text{broke} \\ \text{buttoned} \\ \vdots \end{Bmatrix}$$

Tab. 4.9: *Die Grammatik der Pivot-Konstruktionen*

schreibung zugeordnet werden. Soll die Grammatik nicht als interpretatives, sondern als generatives System verstanden werden, würde man sagen, mit ihr seien alle Pivot-Konstruktionen des Korpus zu erzeugen. Nicht abzuleiten sind Äußerungen wie «*all by», «*by all», «*airplaine all», «*by airplaine» etc. Es spricht für die Angemessenheit der Grammatik, daß diese Äußerungen auch tatsächlich nicht im Korpus auftreten. Nun könnte der – als generativ gesetzten – Grammatik angelastet werden, sie erzeuge ebenfalls sehr fremd klingende, nicht im Korpus enthaltene Äußerungen wie «see read», «other fix» oder «I shirt»; sie sei folglich noch zu allgemein formuliert, und es müßten Restriktionen gefunden werden, die ihre Kapazität einschränken. Dem hielt BRAINE entgegen, daß die drei Korpora eine große Anzahl ähnlich fremd wirkender Äußerungen aufwiesen, z. B. «see cold», «byebye dirty», «allgone lettuce», «no down», «more high», «there high» etc., so daß ihm die Annahme berechtigt schien, die kritisch erörterten Konstruktionen seien potentielle Äußerungen des Kindes.

Für den Erwerb der P- und der X-Wörter zeigte sich ein unterschiedliches Bild. Die wesentlich umfangreichere Klasse der X-Wörter nahm stetig zu. Sporadisch, oft mit mehrwöchigen Abständen wurde aus der offenen Klasse ein Wort ausgegliedert und als P-Wort eingesetzt, d. h. mit vielen X-Wörtern kombiniert.

BRAINES Auffassung, daß den P-Wörtern ein besonderer Status zukomme, wurde zusätzlich durch die Beobachtung erhärtet, daß sämtliche Wörter der offenen Klasse im Gegensatz zu den P-Wörtern auch als Einwortäußerungen auftraten. Seines Erachtens sind die P-Wörter als *Funktionswörter* der kindlichen Sprache zu werten. Sie sollen in etwa den Pronomen, Präpositionen, Hilfsverben etc. der Erwachsenensprache entsprechen, die X-Wörter hingegen den Substantiven, Verben, Adjektiven etc. Die P-Wörter können ihre Funktion – die syntaktisch-semantische Strukturierung von Äußerungen – selbstverständlich erst im verbalen Kontext ausüben. Im Vergleich zu den X-Wörtern sind sie als isolierte Äußerungen selten eindeutig interpretierbar. Die Wortschatzzunahme betrifft nach BRAINES Meinung vor allem die offene Klasse; hingegen ist die Strukturentwicklung auf die Auffächerung der P-Wörter zurückzuführen.

Mit der Pivot-Grammatik in Tabelle 4.9 ist das früheste eigentlich syntaktische Sprachentwicklungsniveau exemplifiziert. Das nächstfolgende Niveau zeigt nach BRAINES Beobachtungen Äußerungsmuster, die nicht als Pivot-Konstruktionen, sondern als X-X-Muster analysiert werden müssen, z. B. «man car», «car bridge», «coffee daddy». BRAINE meinte, hier läge eine primitive Satzform vor, in der beide Komponenten durch die Substitutionsregel PX = X expandiert werden könnten, so daß z. B. «man car» in «other man car» oder «man other car» erweitert werden könnte.

Die Anzahl möglicher unterschiedlicher Äußerungen in Pivot-Konstruktionen wird durch den geringen Umfang der P-Klasse relativ niedrig gehalten. X-X-Konstruktionen unterliegen dieser Restriktion nicht, so daß nach ihrem Auftreten ein starker Zuwachs des Äußerungsumfanges erwartet werden muß. Diese aus der Grammatikanalyse abgeleitete Vermutung wird in der Tat durch die Entwicklung während der ersten Hälfte des zweiten Lebensjahres bestätigt.

BRAINE fragte sich, was das Kind nun zu lernen habe, wenn es sich die englische Sprache aneigne. Nach seiner Meinung liegt ein wesentliches strukturelles Moment der englischen Syntax in der regelhaften Anordnung der Wörter im Satz. Das Kind muß folglich lernen, welche Position für ein Wort korrekt ist. Es wird dann die Tendenz entwickeln, dieses Wort in allen Kontexten an die gleiche Position zu setzen. BRAINE nannte diesen Lernprozeß «*contextual generalization*» und präzisierte ihn in einer späteren Untersuchung (1963b) folgendermaßen:

«(a) ‹Das, was gelernt wird›, sind die Positionen von Einheiten und die Assoziationen von Morphempaaren.

(b) Die gelernte Position ist die Position einer Einheit innerhalb einer Hierarchie von Einheiten. Es gibt Hierarchien auf zwei Ebenen: innerhalb von Sätzen sind die Einheiten Primärphrasen und Sequenzen von Primärphrasen; innerhalb von Primärphrasen sind die kleinsten Einheiten Morpheme.

(c) Das Erlernen von Positionen ist ein Fall von Wahrnehmungslernen – ein Prozeß zunehmenden Vertrautwerdens mit dem Klangbild von Einheiten in der zeitlichen Position ihres Auftretens» (zit. nach BÜHLER/MÜHLE 1974, S. 244 f.).

BRAINES Lerntheorie wurde von linguistisch orientierten Kindersprachforschern nicht akzeptiert, seine Daten hingegen, wie das Phänomen der Zweiwortsätze überhaupt, beschäftigte sie um so heftiger. Den Daten wurde ein neuer Interpretationshintergrund gegeben, der zunächst von generativ-syntaktischer, dann semantischer, schließlich kognitiver Natur war. In einer Revision seiner Analyse und der ihr folgenden Spekulationen weist BRAINE (1976) darauf hin, daß ein der Zweiwortphase unterliegendes generelles grammatisches Prinzip den Daten nicht zu entnehmen ist und möglicherweise auch gar nicht existiert. Wahrscheinlich sind die Wortkombinationen auf drei semantisch bedingte Muster zurückzuführen. Im ersten Muster nehmen Elemente einer kleinen Wortklasse und Elemente einer offenen Wortklasse feste Positionen ein – das geht konform mit BRAINES ursprünglicher Analyse. Das zweite Muster entspricht dem ersten, nur sind hier beide Wortklassen restringiert. Im dritten Muster schließlich existiert keine Wortordnung. Der Einsatz der Muster zum Ausdruck semantischer Beziehungen variiert von Kind zu Kind. Diese Revision demonstriert im Besonderen die Künstlichkeit einer rein syntaktisch ausgerichteten Analyse von Zweiwortäußerungen und im Allgemeinen die Problematik der Suche nach eindeutigen Strukturprinzipien, die Phasen der Sprachentwicklung dominieren sollen.

2.2. Sprachentwicklung als Differenzierung der Kompetenz

2.2.1. Die generativ-transformationelle Grammatik

Eine Linguistik im CHOMSKYschen Sinne beschreibt die Kompetenz eines idealen Sprecher-Hörers. Ihre Argumentationsgrundlagen sind einerseits evidente Universalien, andererseits Urteile über die Grammatikalität von Sätzen. Die Entscheidungen in beiden Bereichen setzen Bedingungen für die Form des Regelsystems, das allen grammatisch korrekten Sätzen eine Strukturbeschreibung zuordnen soll. Wenn das Regelsystem die von CHOMSKY postulierte sprachliche Kreativität des Menschen widerspiegeln soll, wird es prinzipiell unendlich viele Strukturbeschreibungen zur Verfügung stellen müssen; formal muß es als *rekursives* System konzipiert sein. Wenn das Regelsystem der Tatsache gerecht werden soll, daß von ihrer äußeren Gestalt her identische Sätze unterschiedliche Bedeutungen transportieren, verschieden strukturierte Sätze hingegen die gleiche Bedeutung aufweisen können, dann muß ein Niveau der Strukturbeschreibung eingerichtet werden, das die erstgenannten Sätze unterscheidet, die zweitgenannten hingegen zusammenführt, d. h. es muß neben der *Oberflächen-* eine *Tiefenstruktur* berücksichtigt werden. Weitere Bedingungen für die Form des Regelsystems werden durch wissenschaftstheoretische Forderungen wie Explizitheit, Einfachheit, Widerspruchsfreiheit und einiges andere mehr gesetzt.

Ausgangspunkt in CHOMSKYS Regelsystem ist eine *Phrasen-Struktur-Grammatik* (PSG), die im Prinzip eine Formalisierung der «immediate constituent analysis» darstellt. Die PSG faßt die Satz- und Konstituentenzerlegung in Regeln, deren schrittweise Anwendung einen Satz *generiert*. Die Sequenz der verwendeten Regeln, *Derivation* genannt, kann zur illustrativen Darstellung der hierarchischen Gliederung des Satzes in einen sogenannten *Baumgraphen* oder «*phrase marker*» überführt werden (vgl. Abb. 4.10).

Die einfache PSG ist weder rekursiv, noch unterscheidet sie zwischen einem oberflächen- und einem tiefenstrukturellen Beschreibungsniveau. In der ursprünglichen Version der generativ-transformationellen Grammatik wurden die von der PSG erzeugten Vorformen einfacher, deklarativ-affirmativer und aktivischer *Kernsätze* als Tiefenstruktur gewertet. Zusätzliche Transformationsregeln überführten die Endketten der PSG in Oberflächenstrukturen. Da die Transformationskomponente nach dieser Konzeption prinzipiell beliebig viele Einbettungs- und Verbindungsoperationen mit den Endketten vornehmen konnte, erfüllte die Grammatik die Forderung, potentiell unendlich viele Sätze erzeugen zu können.

In späteren Versionen wurden PSG und Transformationskomponente modifiziert. Die Transformationsregeln sollten jetzt lediglich die Form,

Phrasen-Struktur-Grammatik:

(i)	S → NP + VP
(ii)	NP → Art + N
(iii)	VP → V + NP
(iv)	Art → der, den etc.
(v)	N → Mann, Ball etc.
(vi)	V → fängt etc.

Erläuterung der Symbole:

S = Satz
NP = Nominalphrase
VP = Verbalphrase
Art = Artikel
N = Nomen
V = Verb

Ableitungssequenz mit verwendeten Regeln:

S	
NP + VP	(i)
Art + N + VP	(ii)
Art + N + V + NP	(iii)
der + N + V + NP	(iv)
der + Mann + V + NP	(v)
der + Mann + fängt + NP	(vi)
der + Mann + fängt + Art + N	(ii)
der + Mann + fängt + den + N	(iv)
der + Mann + fängt + den + Ball	(v)

Baumgraph:

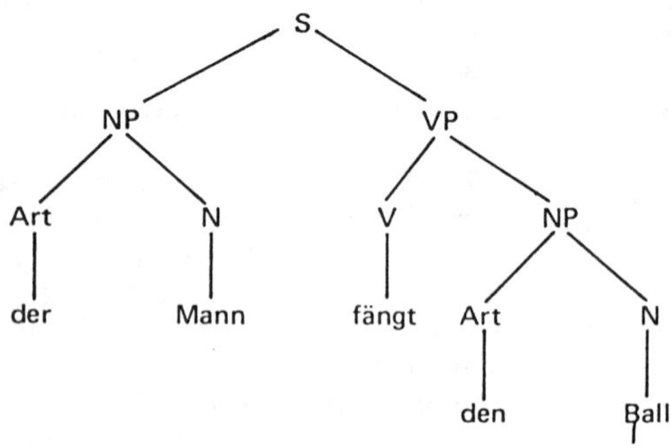

Abb. 4.10: *Einfache PSG mit Ableitungssequenz und Baumpraph nach* Chomsky (1957), S. 26 f.

nicht aber den semantischen Gehalt der Ausdrücke verändern. Die PSG wurde rekursiv aufgebaut, indem Regeln wie

(ii) NP → Art + N
(iii) VP → V + NP

durch Regeln wie

(ii') NP → . . . + (S)
(iii') VP → . . . + (S)

ersetzt wurden. Danach kann das Initialsymbol S als Subkonstituente der Konstituenten NP und VP auftreten. Die Einklammerung von S symbolisiert dessen optionale Wahl bei der Regelanwendung. Die Einsetzung von S auf der rechten Seite einer untergeordneten Regel gestattet im Prinzip, mit einer Derivation unendlich viele Satzeinbettungen vorzunehmen oder unendlich viele tiefenstrukturelle Ausdrücke zu generieren.

Eine weitere wichtige Modifikation der ursprünglichen Version war die Einführung eines *Subkategorisierungsteiles*. Regeln wie (iv), (v) und (vi) in Abbildung 4.10 sollten die Ersetzung von elementaren syntaktischen Kategorien wie N, V und Art in Wörter gewährleisten, d. h. die Umwandlung von kategorialen Endketten in Morphemketten regulieren. Ein Mangel dieser sehr einfachen Konzeption bestand in der Schwierigkeit, Sätze wie «*Der Mann trinkt den Ball» als ungrammatisch zu kennzeichnen, also vom Regelsystem nicht erzeugen zu lassen. CHOMSKY schlug vor, die elementaren Kategorien statt in Wörter in *komplexe Symbole* (CS) zu überführen. Die CS sind Merkmalbündel, die zum einen inhärente Merkmale der einsetzbaren Lexikoneinheiten enthalten, z. B. [+ menschlich] für Mann, und zum anderen Merkmale aufweisen, die sich selektiv auf den satzinternen Kontext auswirken. Z. B. hätte ein für «trinken» adäquates CS in bestimmten Fällen zu garantieren, daß ein nachfolgendes CS etwa das Merkmal [+ flüssig] enthält. Da «Ball» dieses Merkmal mit Sicherheit nicht zuzuschreiben ist, ist der obige Satz im modifizierten System nicht erzeugbar, also ungrammatisch.

2.2.2. Die Korrespondenz-Hypothese

Die auf CHOMSKYS Kompetenztheorie basierenden Arbeiten zur Kindersprache sind zu zahlreich, als daß auf knappem Raum ein angemessener Überblick geleistet werden könnte. Statt dessen werden wir eine uns exemplarisch erscheinende Arbeit dieses Bereichs ausführlicher erörtern.

BROWN/CAZDEN/BELLUGI-KLIMA (1969) gingen in ihrer Untersuchung der Kindersprache von der Frage aus: «Was weiß das Kind in aufeinanderfolgenden Entwicklungsstadien von der Struktur des Englischen?» (op. cit., S. 29). Die Frage wie die Methode, nach der sie beantwortet werden sollte, illustrieren das Prinzip der sogenannten *Korrespondenz-Hypothese*:

> «Die expliziteste, umfassendste und systematischste Form, in der die Erwachsenenkenntnis der Grammatik repräsentiert wurde, ist die generativ-transformationelle Grammatik (...). Die anspruchsvollste Form, in der die Frage nach dem Wissen des Kindes von der Struktur zu irgendeinem Alter aufgeworfen werden kann, ist die Frage nach einer generativen Grammatik, die sein Wissen repräsentiert» (op. cit., S. 30).

Kurz, die Korrespondenz-Hypothese setzt voraus, daß zwischen der linguistischen Kompetenzgrammatik und den sprachlichen Aspekten der psychischen Organisation des Menschen eine direkte Entsprechung bestehe.

Die empirischen Daten aus BROWN/CAZDEN/BELLUGI-KLIMAS Längsschnittuntersuchung zur Grammatikentwicklung von drei Kindern sind

Protokolle von spontaner Mutter-Kind-Konversation. Die Auswertungsspanne war von vornherein weder im Hinblick auf Alter noch Zeit festgelegt, sondern orientierte sich an der Äußerungslänge (vgl. Abb. 4.11). Die im weiteren referierten Ergebnisse behandeln die Entwicklung zwischen den relativ willkürlich gesetzten Stadien I und III (Äußerungslänge 1,75 bis 2,75 Morpheme). Die Verwendung dieses als zuverlässig anerkannten

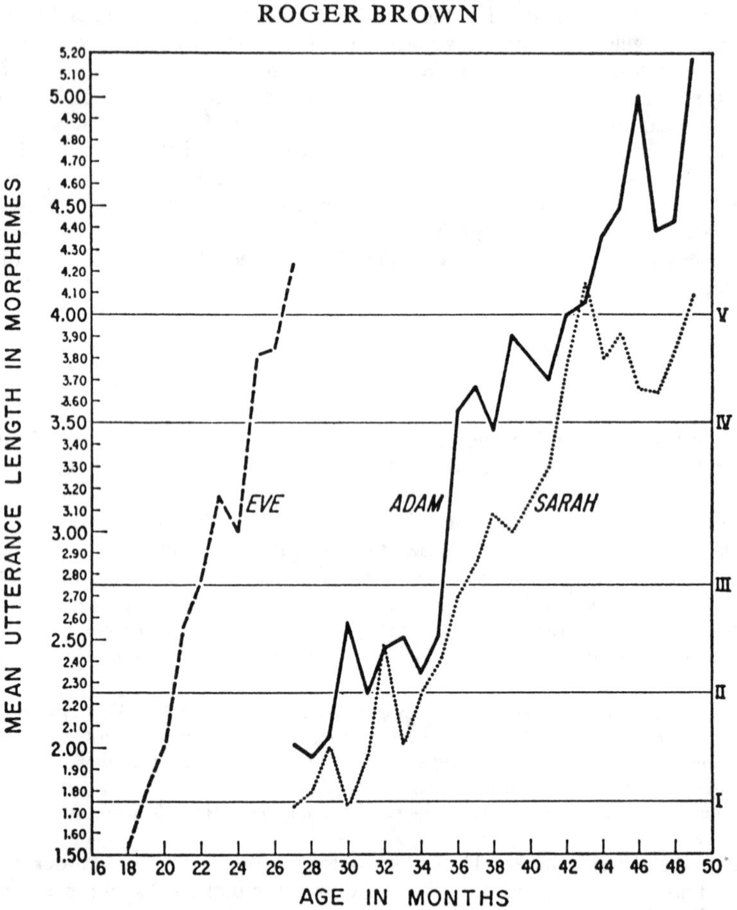

Abb. 4.11: *Die Entwicklung der mittleren Äußerungslänge bei drei Kindern nach* Brown *et al.* (1969), S. 29

Sprachentwicklungsmaßes (vgl. Kap. II, 3.2) sollte die Vergleichbarkeit der Sprache verschiedener Kinder sichern. Die von Adam und Sarah altersmäßig stark abweichende Entwicklung von Eve belegt die Notwendigkeit eines solchen Vorgehens.

Beschreibt man Sprachentwicklung auf dem Hintergrund einer Grammatik, von der postuliert wurde, sie sei das endgültige Resultat der Entwicklung, wird man notwendig zu der Frage veranlaßt, was alles aus der elaborierten Grammatik beim Kind schon vorhanden ist. Gemäß den Normen der generativ-transformationellen Grammatik kontrollierten die Autoren die vorhandenen Satztypen, syntaktischen Relationen, Konstituenten, Subkategorisierungen und Transformationen. Wir werden uns zur Verdeutlichung des Vorgehens mit den drei erstgenannten Punkten befassen.

Zwischen I und III waren auch die komplexesten Äußerungen der Kinder meist nur einfache Sätze. Erst mit III beobachteten BROWN et al. einige wenige Satzeinbettungen und -verbindungen. Noch nicht vorhanden waren Passivsätze, Fragen nach Bezeichnungen und die sogenannten Ja-Nein-Fragen. Die einfachen Sätze waren im Stadium I und II vornehmlich deklarativ-affirmative Konstruktionen. Schon im Stadium II, deutlicher aber im Stadium III traten Verneinungs-, Aufforderungs- und Fragesätze auf. Die Abweichung dieser Satztypen vom deklarativ-affirmativen Grundtyp wird in der Grammatik durch die Morpheme «neg», «imp» respektive «wh» markiert. Die Autoren äußerten die Ansicht, die Kinder hätten schon von I an die Bedeutung dieser Morpheme verstanden.

«Was ihnen fehlte, waren Transformationsregeln, welche Oberflächenstrukturen entwickeln, die diese Morpheme ausdrücken. Die Regeln werden in I völlig vermißt. In III gab es acht bis zwölf Transformationsregeln, die diesen Zweck erfüllten, das ist nur ein Teil der Erwachsenenregeln, und einige von ihnen waren letztlich keine echten Erwachsenenregeln» (op. cit., S. 40).

Die syntaktischen Basisrelationen der generativ-transformationellen Grammatik werden in traditioneller Terminologie «Subjekt des Satzes», «Prädikat des Satzes» und «Objekt des Verbs» genannt. Die Autoren glaubten feststellen zu können, daß die Basisrelationen schon in I der Kompetenz der Kinder zuzurechnen waren. Wahrscheinlich, meinten sie, handele es sich bei diesen Basisrelationen um sprachliche Universalien, um vorgeformte Organisationen des Gehirns.

In CHOMSKYS Grammatik werden Faktoren wie Tempus und Modus eines Satzes durch eine dem Verb vorgegliederte Auxiliarkategorie erfaßt. Diese Konstituente war nach BROWN et al. in I noch nicht ausdifferenziert. Alle Verben wurden in der unmarkierten generischen Form produziert. Im Stadium II und III stellten sich der Reihe nach die Verlaufsform, das Präteritum und eine Reihe von Quasi-Hilfsverben ein, die von den Autoren «catenatives» genannt wurden (z. B. «gonna», «wanna», «hafta»).

Die NP-Konstituente weist in einfachen Sätzen der Erwachsenensprache vier Funktionen auf: Subjekt und Gleichsetzungsnominativ in Vergleichssätzen, Subjekt und direktes Objekt in Hauptverbsätzen. Nach den Beobachtungen der Autoren besitzt die NP-Konstituente auch für Kinder von Anfang an diese Funktionen. Im Unterschied zur Erwachsenensprache setzten die Kinder nicht jeden NP-Ausdruck in jeder Funktion ein, sondern hatten in Stadium I für jede Funktion eine gesonderte Gruppe von NP-Ausdrücken zur Verfügung. Brown et al. folgerten, daß eine Grammatik für I vier diverse NP-Konstituenten zu berücksichtigen hätte. Zwischen I und III würde dann deren Verschmelzung zu einer einheitlichen Konstituente stattfinden.

Betrachten wir abschließend das eigentliche Ergebnis der Arbeit – die Beschreibung eines Ausschnitts von Adams Kompetenz mit einer generativ-transformationellen Grammatik. Tabelle 4.12 enthält die PSG; auf die Wiedergabe der schwer lesbaren Subkategorisierungs- und Transformationsregeln verzichten wir. Die Funktion der Regeln wird mit der Ableitung des Satzes «Where those dogs goed?» exemplifiziert. Wie man allein an den PS-Regeln sieht, ist der Aufwand beträchtlich. Keine der ausschließlich an den Sprachprodukten orientierten Entwicklungsanalysen gelangt zu einem annähernd komplexen Ergebnis. Dies ist insofern erstaunlich, als man nach Chomskys Gegenüberstellung der empiristischen Deskription und der mentalistischen Explikation wegen der postulierten Verworrenheit und höheren Komplexität externer Daten eigentlich das Gegenteil hätte erwarten müssen.

Die in weiten Bereichen der Entwicklungspsycholinguistik üblich gewordene Korrespondenz-Hypothese ist in zwei methodisch derart fragwürdige Schritte zerlegbar, daß der Verdacht, die so gewonnenen Kompetenzgrammatiken seien methodenabhängige Artefakte, nur schwer auszuräumen ist.

Erstens wird angenommen, die hypothetisch gesetzte Übereinstimmung zwischen der linguistischen Explikation der Sprachkompetenz und dem zuzuordnenden psychischen Äquivalent sei unmittelbar durch Beobachtung und Experiment zu überprüfen. Dabei wird die Notwendigkeit einer Theorie der Sprachverwendung, über die mittelbar eine solche Prüfung in der notwendigen Exaktheit erst möglich wäre, außer acht gelassen. Diese Kritik richtet sich vor allem gegen die Antizipation des gesamten Grammatiksystems; denn jeder Sprecher einer natürlichen Sprache wird mühelos die Diskrepanz zwischen Endketten bisher entwickelter Kompetenzgrammatiken und tatsächlicher Sprachverwendung mit Beispielen belegen können. Das kritisierte Verfahren ist unseres Erachtens höchstens dann zulässig, wenn Korrespondenz-Hypothesen zu einzelnen Aussagen der Kompetenztheorie gebildet werden, da ja immerhin die Möglichkeit besteht, daß für diesen Teil Performanz- und Kompetenzbeschreibung weitgehend übereinstimmen.

Zweitens wird angenommen, aus Theorien zur Erwachsenensprache seien Hypothesen zur Kindersprache ableitbar, obwohl keineswegs klar ist, ob und wie Kategorien der Erwachsenengrammatik auf Kindersprache anzuwenden sind.

Phrasen-Struktur-Regeln	Derivation von „Where those dogs goed?"
1. S → ([imp/wh]) (neg) Nominal-Predicate.	wh-Nominal-Predicate
2. Predicate → [MV/Cop]	wh-Nominal-MV
3. MV → Vb (Comp)	wh-Nominal-Vb-Comp
4. Vb → (Aux) V (Prt)	wh-Nominal-Aux-V-Comp
5. Aux → [V^c/B+ing/Past]	wh-Nominal-Past-V-Comp
6. Comp → [Adverb/Nominal (Adverb)] . .	wh-Nominal-Past-V-Adverb
7. Cop → B-Pred	
8. B → [be/ß]	
9. Pred → [Det/Nominal/Adverb]	
10. Adverb → [Loc/Adv/Prep Phr]	wh-Nominal-Past-V-Loc
11. Loc → [somewhere/Adv/Prep Phr]	wh-Nominal-Past-V-somewhere
12. Prep Phe → Prp [Nominal/Adv]	
13. Nominal → [something/NP]	wh-NP-Past-V-somewhere
14. NP → (Det) N	wh-Det-N-Past-V-somewhere

Erläuterungen der Symbole

Nicht alle Symbole stimmen exakt mit den Kategorien der traditionellen Grammatik überein, so daß die Übertragungen nur illustrativ zu verstehen sind. Die exakte Bedeutung eines jeden Symbols ist durch die Grammatik selbst gegeben.

( ): optionality
[x/y]: mutual exclusivity of x and y
Adv: adverb
Adverb: adverbial
Aux: auxiliary
B: *be* or *ß*
B+ing: progressive aspect
ß: should contain *be* form but does not
Comp: complement
Cop: copula
Det: determiner or descriptive adjective
imp: imperative
Loc: locative adverbial
MV: main verb
N: noun
neg: negative
NP: noun phrase
Past: past tense
Pred: predicate adjectival, nominal, or adverbial
Prp: preposition
Prep Phr: prepositional phrase
Prt: particle
S: sentence
V^c: catenative verb
V: verb
Vb: verbal
wh: interrogative

Tab. 4.12: *PSG und Ableitung eines Beispielsatzes nach* Brown *et al.* (1969), S. 32

Genau betrachtet haben wir es bei dieser Auffassung mit Forschungen zu vier linguistischen Gegenstandsbereichen zu tun: (1) Kompetenz des typischen Erwachsenen, (2) Performanz desselben, (3) Kompetenz des typischen Kindes in den verschiedenen Entwicklungsphasen, (4) Performanz desselben. Außerdem mit vier psychologischen Gegenstandsbereichen: den psychischen Äquivalenten der Kompetenzen und den psychischen Bedingungen ihrer Transformation in Performanz (s. Abb. 4.13). Über Beobachtungen im 4. linguistischen Bereich (Kinder-Performanz) soll kontrolliert werden, ob berechtigterweise aus der Theorie zum 1. linguistischen Bereich (Erwachsenen-Kompetenz) Hypothesen zum 3. psychologischen Bereich (psychisches Äquivalent der Kinder-Kompetenz) entnommen werden können. Da sich die genannten Bereiche in mehreren Dimensionen unterscheiden, muß zur Rechtfertigung des Vorgehens irgendeine Verwandtschaft zwischen ihnen postuliert werden. Solange der Charakter dieser Verwandtschaft nicht spezifiziert wird, bleibt die Umwandlung der Kompetenztheorie in eine komplexe Arbeitshypothese zur Sprachentwicklung unbefriedigend.

Der 3. und 4. linguistische und psychologische Gegenstandsbereich (Kinder-Kompetenz und Performanz, psychisches Äquivalent und Bedingungen) werden durch das Filter der theoretischen Sätze zur Erwachsenen-Kompetenz gesehen. Besonders fragwürdig wird dieses Vorgehen, wenn man die hohe Situationsgebundenheit und den hohen Anteil nichtverbaler kommunikativer Akte beim kindlichen Kommunizieren bedenkt. Die bisher entwickelten Kompetenztheorien bieten für diese Phänomene keine spezifischen Kategorien an.

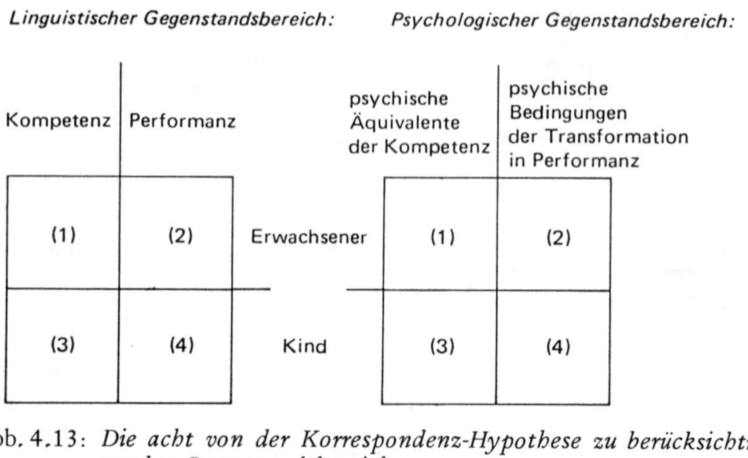

Abb. 4.13: *Die acht von der Korrespondenz-Hypothese zu berücksichtigenden Gegenstandsbereiche*

Ein weiterer Nachteil des kritisierten Verfahrens liegt in der Tendenz, die Beobachtungsergebnisse zu idealisieren. Ausgehend von der Kompetenztheorie besteht per definitionem keine Notwendigkeit, das Sprachverhalten des Kindes in seiner Gesamtheit zu erklären, da dieses durch die verschiedensten, für die Kompetenz irrelevanten Performanzbedingungen beeinflußt sei. Folglich wird man geneigt sein, aus den sprachlichen Leistungen des Kindes nur jene Merkmale herauszugreifen, mit denen in Hinblick auf eine Kompetenzdifferenzierung argumentiert werden kann. Individuelle und gruppenspezifische Abweichungen von den Normen des Sprachverhaltens können unberücksichtigt bleiben, da sie jederzeit allein dem Performanzbereich zugeschrieben werden können. Wir meinen aber, daß für eine Rückführung der in Kap. II, 4 diskutierten gruppenspezifischen Differenzen auf Erscheinungen der Performanz nicht pauschal, sondern sehr differenziert argumentiert werden müßte.

Die moderne Soziolinguistik hat versucht, die Sprachabweichungen zwischen Unter- und Mittelschicht durch eine Unterscheidung zwischen *restringiertem* und *elaboriertem* Kode zu erklären (vgl. zum Kodebegriff Bernstein 1967 und als allgemeinen Überblick Dittmar 1973). Wir können uns diesen Konzepten nicht im einzelnen zuwenden, sondern halten nur fest, daß mit ihnen fraglich wird, ob die Kompetenz des idealen Sprecher-Hörers tatsächlich als angemessener Gegenstand der linguistischen Theorie und als Ausgangspunkt psycholinguistischer Forschung akzeptiert werden sollte. Die Kritik an der Korrespondenzhypothese sei daher bei den im folgenden Abschnitt referierten, größtenteils an der Entwicklung der Linguistik orientierten Arbeiten nicht vergessen.

3. Die Entwicklung der linguistischen Ebenen

Sprachwissenschaft befaßt sich traditionell mit Gesetzen der Laut-, Wort- und Satzbildung. Auch die moderne Linguistik hat ursprünglich mit Phonologie, Morphologie und Syntax drei Beschreibungsebenen für das von ihr zum Forschungsgegenstand erklärte Sprachsystem angenommen. Ihre erste, die Sprachtheorie umwälzende Leistung bestand in der Differenzierung von Lauten und Phonemen. Laute gehören danach zur «parole», Phoneme hingegen, die Lautgruppen repräsentieren, sind Bestandteil der «langue». In den 60er Jahren wurde der damals syntaxzentrierten Linguistik eine semantische Ebene zugegliedert, deren formaler Status abhängig von der gesetzten Beziehung zur Syntax sehr unterschiedlich ausfiel. So wurde zunächst die Semantik als interpretative Komponente der generativen Syntax angepaßt, dieser aber später, im Zuge der Suche nach plausiblen Sprecher-Hörer-Modellen, als generative Semantik vorausgeschickt. Die Erfassung von Kontext- und Situationsbezügen sprachlicher Einheiten machte die Einrichtung einer linguistischen Pragmatik notwendig. Schließlich führte die zunehmend psychologische Interpretation linguistischer Theorien zu einer häufig undurchsichtigen Verbindung semantischer, pragmatischer, wahrnehmungspsychologischer und kognitionstheoretischer Konstrukte.

Wenn schon fraglich ist, ob eine Linguistik im engeren Sinne eine eigenständige Semantikkomponente in ihre Sprachtheorie integrieren kann (vgl. HEESCHEN/KEGEL 1972), so ist jedenfalls mit der Erfassung situativer und psychischer Bedingungen ein folgenreicher Schritt zur Öffnung der Linguistik in Richtung Psychologie und weiterer Nachbarwissenschaften getan. Alle Aussagen gewinnen einen neuen Status in einer übergreifenden Theorie, deren Grundzüge z. Zt. allerdings kaum sichtbar sind. Wir werden uns daher in diesem Abschnitt zunächst den noch eigentlich linguistisch fundierten phonologischen, morphologischen, syntaktischen und semantischen Untersuchungen der Kindersprache zuwenden.

3.1. Die phonologische Entwicklung

Im 1. Kapitel wurde auf eine gewisse Übereinstimmung von PREYERS und JAKOBSONS Ansichten hingewiesen. Beide verstanden den natürlichen Sprachaufbau und den pathologischen Sprachabbau als prinzipiell gleichwertige, nur eben in der Verlaufsrichtung diametral entgegengesetzte Prozesse. Folgerichtig gingen beide von der Voraussetzung aus, daß mit einer befriedigenden Erforschung des Spracherwerbs gleichzeitig eine theoretische Vorklärung der Sprachstörungen geleistet sei. Mit dieser reichlich spekulativen, hier nicht weiter zu diskutierenden Hypothese ist die Übereinstimmung zwischen beiden Forschern jedoch hinlänglich beschrieben.

Wichtiger sind die grundsätzlichen Differenzen zwischen beiden Ansätzen zur Sprachentwicklungsforschung. Ihre Nennung verdeutlicht jene Fortschritte in der Erkundung der Kindersprache, auf denen die moderne Entwicklungspsycholinguistik fußt. PREYER beschrieb die Entwicklung des Sprechens als stetige Vervollkommnung der Artikulationsprozesse. JAKOBSON hingegen unterschied auf der Basis genuin linguistischer Konzepte sehr genau zwischen den phonetischen Aspekten der Artikulationsentwicklung und den phonologischen Aspekten des Spracherwerbs. Die Artikulationsvervollkommnung wird nach PREYER von einer ständigen Anhäufung der Laut-, Silben- und Wortbilder begleitet, d. h. den präziser funktionierenden Artikulationsorganen stehen mehr und mehr Elemente zur Verfügung, die artikuliert werden können. IRWINS Beschreibung der Artikulationsentwicklung ist dem nicht unähnlich. Auch er sah die Entwicklung als Vergrößerung des Artikulationsrepertoires, ohne dabei zwischen sinnlosen und sinnvollen Artikulationsprodukten eine Grenze zu ziehen. JAKOBSON hingegen verstand den Erwerb der Sprech- und Sprachfähigkeit nicht einfach als Koordinationsfortschritte im Vokaltrakt und Anhäufung von Sprachelementen im Gedächtnis. Die ohne Zweifel registrierbare quantitative Seite des Spracherwerbs kann seines Erachtens nur als Folge eines komplexen Entwicklungsprozesses interpretiert werden, den wir grob als schrittweisen Übergang zu immer differenzierteren Systemen charakterisieren wollen.

Ehe wir diesen Gedanken konkretisieren, seien kurz die Überlegungen nachvollzogen, aus denen sich JAKOBSONS hier interessierende Fragestellung ergab. Im Hinblick auf die Analyse von Spracherwerbsvorgängen stützte sich JAKOBSON weniger auf eigene Beobachtungen; er verwertete vielmehr die in der Fachliteratur publizierten Daten und Interpretationen, wobei er insbesondere GRÉGOIRES Untersuchung (1937) als erschöpfende Beschreibung der Phänomene und exakte Interpretation der Äußerungsfunktionen einschätzte. Diese Arbeit schien ihm insgesamt so streng systematisch, daß in ihrem Rahmen die zwar inhaltsreichen, doch überaus zersplitterten älteren Angaben geordnet werden könnten. – Was blieb zu tun, wenn so viel schon getan war?

«Die strukturelle Analyse des Spracherwerbs steht von nun an auf der Tagesordnung: es müssen seine allgemeinen Gesetze gefunden werden oder, wenn man eine weniger anspruchsvolle Bezeichnung vorzieht, die nach allgemeiner Gültigkeit strebenden Gesetze» (1969, S. 19).

Schon K. BÜHLER hatte betont, daß Sprachentwicklung als Internalisierung eines Systems zu sehen sei, und vor allem Gesichtspunkte zur Sprachkombinatorik ins Feld geführt. Ebenso hatte er zwischen vorsprachlicher und sprachlicher Artikulation wohl unterschieden und die zeitliche Grenze zwischen dem Überwiegen der einen oder der anderen Erscheinung am Auftreten der Darstellungsfunktion festgemacht.

JAKOBSON wollte die eigene Forderung auf der phonologischen Ebene der Sprachanalyse erfüllen helfen. Angelpunkt seiner Überlegungen war der Übergang vom Lallen zum Sprechen. Während der Lallperiode produziert das Kind wesentlich mehr unterschiedliche Laute, als in der später zu erwerbenden Sprache benötigt werden. Offensichtlich ist das Kind «imstande, alle denkbaren Laute zu erzeugen» (GRÉGOIRE 1937, S. 101). Verblüffend ist nun, daß das Kind mit den ersten Wörtern, also den ersten sinnbezogenen Artikulationen, diese Fähigkeit anscheinend verliert – sein früherer Reichtum verarmt. JAKOBSON nannte diesen Vorgang die «Auslese der Laute» und erklärte ihn mit einem Wechsel der Lautfunktionen.

Ungefähr bis zum Ende des 1. Lebensjahres finden, durch die verschiedensten psychophysischen Bedingungen gesteuert, nach JAKOBSONS Meinung nur Artikulationsübungen statt. Mit der Feststellung zweier phonetisch wohl unterscheidbarer, zyklisch verlaufender Entwicklungsstadien der vorsprachlichen Artikulationsentwicklung, nämlich der Periode der Gurr- und der Periode der Babbellaute (vgl. BEVER 1961 und LENNEBERG 1967), wird diese Sicht zwar differenziert; doch ändert sich damit nichts an JAKOBSONS Auffassung, daß erst mit dem Auftreten von Wörtern der reine Artikulationslaut zum Sprachlaut wird, d. h. seinen *phonematischen*

Wert erhält. Von da ab besteht die Funktion der Laute darin, Wörter, und d. h. gleichzeitig die mit den Wörtern verbundenen Bedeutungen, voneinander zu unterscheiden.

Mit der Notwendigkeit, Laute in bedeutungsdifferenzierender Funktion zu produzieren, beginnt, wenn man so will, die Artikulationsentwicklung noch einmal von vorn, nur diesmal im Sinne der Artikulierung von Sprachlauten. Der Entwicklungsprozeß schreitet fort vom Einfachen und Ungegliederten zum Abgestuften und Differenzierten. Endstatus ist die Beherrschung des phonologischen Systems der Zielsprache, das die Grenzen für die «Auslese der Laute» setzt. Der Beginn dieses Entwicklungsprozesses unterliegt dem *Prinzip des maximalen Kontrastes*, d. h. zunächst wird das Bestunterscheidbare beachtet. Die letzte Behauptung erhält schon Jakobsons Grundmeinung: Das Kind lernt nicht einfach der Reihe nach die Beherrschung von Phonemen, z. B. erst /a/, dann /p/, dann /m/ etc., sondern es lernt, Unterscheidungen zu treffen, oder, um den Fachausdruck zu verwenden, es beachtet mehr und mehr *Distinktionen*.

Die erste in der Entwicklung auftretende Differenzierung betrifft die *a*- und *p*-Laute, die unter phonetischen Gesichtspunkten denkbar gegensätzlich sind. Die *a*-Laute sind Vokale, werden hinten im Mund gebildet, erfordern eine totale Öffnung des Mundes und ein Maximum an akustischer Energie. Die *p*-Laute hingegen sind Konsonanten, werden vorn im Mund gebildet, sind Stops und benötigen fast keine akustische Energie. Mit beiden Lauten werden gewöhnlich nur Äußerungen wie *pa* oder *papa* produziert. Da keine Alternativen vorliegen, also für *p* oder für *a* kein abweichender Laut eingesetzt werden kann, kommt beiden Lauten in diesem Stadium noch kein phonematischer Wert zu. Mit anderen Worten, sie tragen noch keine *bedeutungsunterscheidende Funktion*.

Sehr vereinfachend mag der Aufbau des phonologischen Systems als schrittweise Schließung der Lücke zwischen den Extremen *p* und *a* verstanden werden. Der erste Schritt konkretisiert sich nach Jakobsons Ansicht in der Unterscheidung zwischen labialem *oralem* /p/ und labialem *nasalem* /m/. Die nun möglichen neuen Äußerungen lauten *ma* oder *mama*. Da z. B. *papa* und *mama* Verschiedenes bezeichnen können, haben /p/ und /m/ phonematischen Wert gewonnen. Im zweiten Schritt werden orale Konsonanten in eine *labiale* und eine *dentale* Kategorie ausdifferenziert (/p/ versus /t/). Im dritten Schritt erfolgt die Differenzierung der Vokale in *enge* und *weite* (/i/ versus /a/), der vierte Schritt schließlich zeigt die Unterscheidung zwischen engen *palatalen* und engen *velaren* Vokalen (/i/ versus /u/).

Die vier Schritte wurden unter Zuhilfenahme von Kategorien der artikulatorischen Phonetik definiert; ebenso können sie im Rahmen der akustischen Phonetik beschrieben werden. Wir wollen die Darstellung auf die oralen Vokale und Konsonanten beschränken. In Abbildung 4.14 wird die Position der Phoneme im Vokal- und Konsonantendreieck in bezug auf zwei Achsen, die Horizontale *Grave-Acute* («Dunkel-Hell») und die Vertikale *Compact-Diffuse* («Farbig-Farblos»), gewertet. Beide Distinktionen

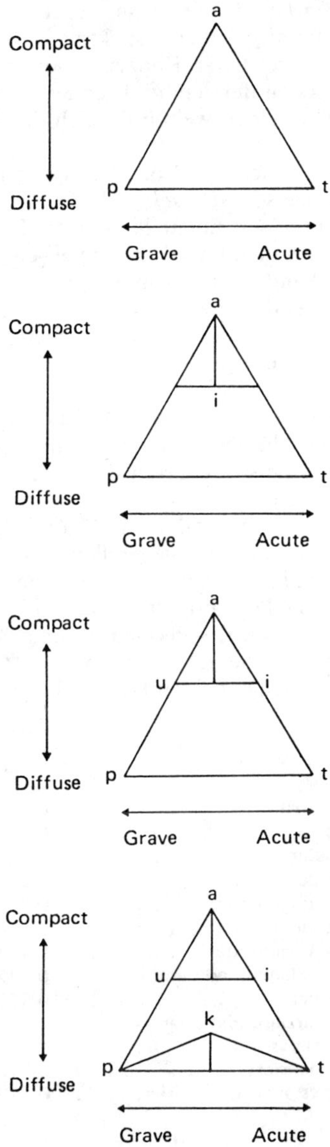

Primärdreieck: Unterscheidung /a/ versus /p/ und /t/ sowie /p/ versus /t/

1. Differenzierung: Unterscheidung /i/ versus /a/

2. Differenzierung: Unterscheidung /u/ versus /i/

3. Differenzierung: Unterscheidung /k/ versus /p/ und /t/

Abb. 4.14: *Die Differenzierung des Vokal- und Konsonantendreiecks nach* JAKOBSON/HALLE (1956), S. 39 f.

gehören zu den phoneminhärenten Merkmalen: Die erste betrifft den *Klangcharakter*, die zweite die *Klangstärke*. ‹Grave versus Acute› heißt Konzentration der akustischen Energie im niedrigeren respektive im höheren Frequenzband. ‹Compact versus Diffuse› heißt Konzentration hoher akustischer Energie in einem engen zentralen Bereich des Frequenzbandes respektive Streuung niedriger Energie über einen weiten Bereich des Frequenzbandes.

JAKOBSON/HALLE (1956) vertraten die Ansicht, daß die Abfolge der ersten phonologischen Differenzierungsprozesse *universal*, d. h. für den Erwerb einer jeden natürlichen Sprache gültig, sei. Ebenfalls ist ihres Erachtens «offensichtlich, daß nur jene Distinktionen vom Kind erworben werden, die in der zu lernenden Sprache vorhanden sind» (op. cit., S. 41), was nichts anderes heißt, als daß mit zunehmender Spezifik der Distinktionen diese für immer weniger Sprachen gültig sind. Die Entwicklungskette der oralen Merkmale ist in Tabelle 4.15 erfaßt. Die Dezimalbrüche kennzeichnen die Voraussetzungen für den Erwerb der Distinktionen. Ein Beispiel: Die Distinktion ‹ungerundet versus gerundet› der velaren Vokale ist mit 0.1113 gekennzeichnet. Ihr Erwerb setzt die Distinktion ‹palatal versus velar› der engen Vokale voraus (0.111), diese wiederum die Distinktion ‹eng versus weit› der Vokale (0.11) und so fort.

Trotz abweichender Darstellungen (vgl. u. a. VELTEN 1943 und WEIR 1966) kann JAKOBSONS Theorie bisher weder in ihrem generellen Anspruch noch in ihren Detailbehauptungen als widerlegt betrachtet werden. Die Problematik einer empirischen Überprüfung liegt auf der Hand. Der Wechsel zwischen Artikulationsübungen und Aufbau des Phonemsystems ist in seinem Erscheinungsbild nicht so drastisch, wie JAKOBSON meinte. Zwar soll es Fälle gegeben haben, bei denen zwischen beiden Entwicklungspha-

Konsonanten	dental vs. labial	0.1
Vokale	eng vs. weit	0.11
Enge Vokale	palatal vs. velar	0.111
Weite Vokale	palatal vs. velar	0.1111
Enge palatale Vokale	gerundet vs. ungerundet	0.1112
Weite palatale Vokale	gerundet vs. ungerundet	0.11121
Velare Vokale	gerundet vs. ungerundet	0.1113
Konsonanten	velopalatal vs. labial und dental	0.112
Konsonanten	palatal vs. velar	0.1121
Konsonanten	gerundet vs. ungerundet oder pharyngalisiert vs. nichtpharyngalisiert	0.1122
Konsonanten	palatalisiert vs. nichtpalatalisiert	0.1123

Tab. 4.15: *Reihenfolge und Verkettung der Distinktionen beim Aufbau des phonologischen Systems nach* JAKOBSON/HALLE (1956), S. 41

sen eine mehrwöchige Pause in der Artikulationsproduktion beobachtet wurde; doch ist hierüber zu wenig bekannt. Die Einstellung oder Reduktion der Artikulation mag von anderen Entwicklungsfaktoren abhängen. Wir wissen, daß bedeutende Fortschritte in der Motorik, z. B. das am Ende des 1., Anfang des 2. Lebensjahres einsetzende Gehenlernen, die Sprachentwicklung beeinflussen, sozusagen zeitweise zurückdrängen können. Abgesehen davon sind die erwähnten Pausen nicht der Normalfall; üblicherweise scheinen sich Lallartikulation, Echolalie und die Produktion sinnvoller Wörter eine gewisse Zeit zu überschneiden. Hier zu entscheiden, welcher Artikulationslaut schon phonematischen Wert aufweist, ist schwierig, wenn nicht unmöglich.

Eine außerordentlich detaillierte Darstellung der Theorie distinktiver Merkmale und ihres Erwerbs nach JAKOBSON liefert BLACHE (1978). Die Stärke der Theorie, meint der Autor, läge in ihrer abstrakten und umfassenden Natur, doch ergäbe sich daraus gleichfalls ihre größte Schwäche, nämlich der Mangel an Aussagegenauigkeit für experimentelle Untersuchungen. BLACHE revidiert und erweitert daher JAKOBSONS Theorie, um sie experimentellen Untersuchungen zugänglich zu machen. Offen bleibt trotzdem, ob auf der Grundidee distinktiver Merkmale eine Theorie entwickelt werden kann, die im Sinne des von JAKOBSON und BLACHE vertretenen Standpunktes Erwerbsprozesse erklärt oder abweichend von dieser Auffassung nur Erwerbsstadien beschreibt. Eine Frage, die insbesondere immer dann zu klären ist, wenn, wie häufig geschehen, JAKOBSONS Ansatz für die Diagnose und Therapie von Sprachstörungen fruchtbar gemacht werden soll.

Die von BLACHE vermittelte Zuversicht hinsichtlich der Weiterentwicklung von JAKOBSONS Theorie wird keineswegs allgemein geteilt (vgl. die unterschiedlichen Positionen in YENI-KOMSHIAN et al. 1980a, b). FERGUSON/FARWELL (1975) behaupten für frühe phonologische Entwicklungen ein Primat des Lexikons. Erst im späteren Stadium sollen eigentlich phonologische Prozesse zunehmend wichtiger werden. SHIBAMOTO/OLMSTED (1978) modifizieren diese Auffassung dahingehend, daß zumindest bei nicht-initialen Konsonanten bereits mit den ersten Produktionen des Kindes phonologisch orientierte Erwerbsprozesse auftreten. Der Streit über den Zusammenhang phonologischer und lexikalischer Entwicklung ist bis heute nicht ausgeräumt. Nach VIHMAN (1981) entwickelten einige Kinder im frühesten Entwicklungsstadium eine «Homonym-Strategie» zur Vereinfachung ihrer Sprachproduktion. Auch STOEL-GAMMON/COOPER (1984) entdecken in ihrer Untersuchung dreier Kinder eine Verwicklung lexikalischer und phonologischer Komponenten (vgl. zur Veranschaulichung Tab. 4.16), ohne aber für alle drei Kinder gleichlautende Gesetzmäßigkeiten feststellen zu können.

MENN (1983) kommt in einer sorgfältigen kritischen Analyse des Forschungsstandes zu dem Ergebnis, daß mit keinem der vorgeschlagenen Modelle die phonologische Entwicklung des Kindes angemessen darzustellen ist. Frau MENN faßt den aktuellen Stand der Erkenntnis in 13

Daniel	Sarah	Will
Viele Phone in finaler Position.	Wenige Phone in finaler Position.	Wenige Phone in finaler Position.
Am häufigsten velare Stops in allen Positionen.	Kein einzelnes Phon mit herausragender Häufigkeit.	Kein einzelnes Phon mit herausragender Häufigkeit.
Velare CVC(V)-Muster in vielen Wortproduktionen.	Keine häufig benutzten Artikulationsmuster.	Reduplizierte CVCV-Muster in vielen Wortproduktionen.
Viele Erwachsenenwörter mit medialen oder finalen velaren Stops im Lexikon.	Keine klaren Wortmuster im Lexikon.	Viele Erwachsenenwörter (Reduplikationen und/oder onomatopoetische Formen) im Lexikon.
Viele homophone Produktionen.	Wenige homophone Produktionen.	Wenige homophone Produktionen.
Starker Anstieg des lexikalischen Erwerbs.	Mittlerer Anstieg des lexikalischen Erwerbs.	Geringer Anstieg des lexikalischen Erwerbs.
Geringe Aussprechgenauigkeit.	Hohe Aussprechgenauigkeit.	Mittlere Aussprechgenauigkeit.
Ein Quasi-Wort.	Ein Quasi-Wort.	Viele Quasi-Wörter.

Tab. 4.16: *Überblick zum frühen lexikalischen und phonologischen Erwerb nach* Stoel-Gammon/Cooper (1984), S. 286

Punkten zusammen, die wir hier ebenfalls, orientiert an ihrem Text (vgl. op. cit., S. 43–45), wiedergeben wollen:

(1) In intersubjektiv variierendem Ausmaß treten beim Erwerb der Phonologie holistische Äußerungen auf, die kaum zu transkribieren und also auch nicht theoretisch zu werten sind (vgl. Peters 1977).

(2) Der Erwerb der Phonologie zeigt zwei Aspekte, nämlich Erwerb phonetischer Kontrolle und Erwerb phonemischen Kontrastes.

(3) Für die meisten, aber keineswegs sämtliche Kinder teilt sich der Erwerb in eine frühe Phase sehr langsamen und eine spätere Phase rascheren Anwachsens.

(4) Die meisten Wörter der frühen Phase haben alternierende Vokale und Konsonanten. Einige Wörter sind phonetisch gut kontrolliert und phonologisch komplexer, andere werden extrem vage und variabel produziert.

(5) Während der ersten Phase und ihr folgend fallen die meisten Wörter in Gruppen kanonischer Formen, die sich durch Silbenstruktur und phonetischen Gehalt unterscheiden (vgl. Waterson 1971, 1972, Ingram 1974).

(6) Der Erwerb phonemischer Opposition kann nur im Rahmen silbischer Strukturen erfaßt werden. Typischerweise treten Merkmalkontraste zunächst in einer Position auf (z. B. initial, intervokalisch, final).

(7) Differenzen zwischen den Zielwörtern und den Artikulationen des Kindes erklären sich aus der Versuch-Irrtum-Strategie des Kindes. Das Kind muß die Korrespondenz zwischen gehörten Lauten und Betätigungen seines Vokaltraktes beim Versuch der Produktion dieser Laute entdecken.

(8) Artikulatorischer Erfolg bei einem einzelnen Laut oder einem einzelnen Lautmuster wird nicht unbedingt generalisiert, sondern kann über lange Zeit als isolierte Leistung bestehen bleiben.

(9) Reguläre Abbildungsmuster werden generalisiert, häufig in einem Ausmaß so übergeneralisiert, daß sich die Qualität einiger produzierter Wörter verschlechtert.

(10) Strategien zur Abbildung ganzer Wörter werden in unterschiedlichem Ausmaß eingesetzt und bilden einen Haupttyp irregulärer Abbildungen.

(11) Die Modifikation schwieriger Zielwörter wird häufig durch selektive Strategien umgangen, wobei problematische Laute und Lautfolgen vermieden werden.

(12) Die interindividuelle Variation läßt keine deterministische Theorie des phonologischen Erwerbs zu. Zu konstatieren ist lediglich das Auftreten typischer Muster und besonderer Schwierigkeiten.

(13) Als Faktoren des Erwerbs von Produktionsmechanismen lassen sich festhalten (a) die Kontrolle der Genauigkeit von Artikulationsbewegungen, (b) die Zunahme konstrastiver Artikulationsziele in einer gegebenen sequentiellen Position, (c) die Zunahme unterschiedlicher Sequenztypen und (d) die Verknüpfungen von Sequenztypen.

Der Stand der Erkenntnisse, das machen diese 13 Punkte mehr als deutlich, verbietet einseitige theoretische Festlegungen. So wendet sich Frau Menn von linguistischen Erklärungsansätzen ab.

«Wir haben immer gefragt: Welche linguistische Theorie erklärt die Ordnung, in der sich das unterschiedliche Sprachverhalten entwickelt? Diese Frage setzt voraus, daß es eine solche Ordnung gibt und daß sie durch eine linguistische Theorie erklärbar sein sollte. Die neue Frage ist grob gesprochen: Welche Verhaltensdispositionen und -fähigkeiten bringt das Kind in die Aufgabe ein, mit Sprache kommunizieren zu lernen, und wie geht es die Lösung der artikulatorischen und phonologischen Probleme an, die durch die zu lernende Sprache aufgeworfen werden?

Die Präsuppositionen der zweiten Frage unterscheiden sich deutlich von jenen der ersten. Wir setzen jetzt voraus, daß eine Varietät von «Dispositionen und Fähigkeiten» des Gedächtnisses, der motorischen Kontrolle, der Wahrnehmung etc. existiert – eingeschlossen vielleicht einige «rein linguistische» Dispositionen, herausgebildet gerade für den Umgang mit den speziellen schnellen Informationsprozessen und komplexen Lernmustern, die beim Erwerb und Gebrauch der Sprache involviert sind. Wir setzen ebenfalls voraus, daß der Ansatz der Problemlösung die beste Heuristik hergibt, um die Art sehr grober Übereinstimmung der Entwicklungsordnung zu erklären, die wir in den Daten finden.» (op. cit., S. 45).

3.2. Die morphologische Entwicklung

Nach JAKOBSON steht dem Kind in jedem Stadium des eigentlichen Spracherwerbs ein mehr oder weniger differenziertes phonologisches System zur Verfügung, das zusammen mit einer Reihe weiterer Faktoren sein Sprachverhalten bestimmt. Mit anderen Worten, die Lautproduktion und -perzeption sollen prinzipiell *regelgelenkt* sein. Doch hat MENN alle Hoffnungen auf ein einheitliches Regelsystem, in dessen Rahmen sich artikulatorische und phonologische Entwicklung befriedigend beschreiben oder gar erklären läßt, drastisch gemindert. Ein Bereich, in dem Regelprinzipien der Sprache schon früh erkannt, aber nur ungenügend präzisiert wurden, ist die Ebene der Wortbildungsprozesse – die morphologische Komponente der Sprache. STERN/STERN, K. BÜHLER u. a. hatten beobachtet, daß Kinder relativ konsistent bestimmte inadäquate Flexionen produzierten und dieses «Fehlverhalten» als Übertragung bereits gelernter Wortveränderungen auf neue Wörter interpretiert. Offenbar richtet das junge Kind sein Sprachverhalten nach Regeln aus, die gemessen am morphologischen System des Erwachsenen zumindest partiell falsch erscheinen. Ihre Erkundung kann Aufschluß über das jeweilige morphologische System des Kindes geben.

Die Wortschatzforschung war dem Problem nicht weiter nachgegangen, sondern behandelte den morphologisch-lexikalischen Sektor des Spracherwerbs unter rein quantifizierenden Gesichtspunkten. Erst von BERKO (1958) wurden für die Klärung des Erwerbs morphologischer Regeln mit einem einfachen Experiment neue Maßstäbe gesetzt. Die Untersuchung stand unter der Fragestellung: Verfügen Kinder über morphologische Regeln, und, wenn ja, wie unterscheiden sich diese vom morphologischen System des Erwachsenen? Die Frage ist nur sinnvoll, wenn das kindliche Vokabular überhaupt Wortformen aufweist, die als Repräsentation morphologischer Prozesse gedeutet werden können. Eine Überprüfung des in der RINSLAND-Liste (1945) erfaßten Basis-Wortschatzes von Grundschulkindern ergab, daß in den 1000 häufigsten Wörtern alle Flexionsmorpheme des Englischen vorhanden waren. Nach diesem Material erschien es am sinnvollsten, die Untersuchung auf Plural und Possessiv des Substantivs, auf Präteritum, Verlaufsform und dritte Person Singular Präsens des Verbs sowie auf Komparativ und Superlativ des Adjektivs zu konzentrieren. Wir werden uns auf die Darstellung der Pluraluntersuchung beschränken, da hier nicht Einzelheiten der englischen Morphologie, sondern prinzipielle Ergebnisse interessieren.

BERKO wählte als Versuchsmaterial sinnlose Wörter, die in ihrem phonologischen Status möglichen Lautkombinationen des Englischen entsprachen. Die Testwörter wurden in eine Folge kurzer Sätze eingegliedert und mit Bildkarten illustriert. Der letzte Satz enthielt eine Leerstelle, die die Einsetzung einer flektierten Form des Testwortes verlangte (vgl. Abb. 4.17). Es liegt auf der Hand, daß der Einsatz von sinnlosen im Gegensatz zu sinnvollen Wörtern zu aussagekräftigen Ergebnissen führt. Sollten Kinder diese niemals zuvor gehörten Bildungen einigermaßen systematisch

Abb. 4.17: *Testkarte zur Pluralbildung nach* Berko (1958), S. 154

flektieren, ist bewiesen, daß solchen Leistungen kein anhäufendes Lernen von Wortformen, sondern die Anwendung von Regeln zugrunde liegen muß.

Die Vpn-Gruppe bestand aus vier- bis fünfjährigen Vorschulkindern und fünf- bis sechseinhalbjährigen Erstkläßlern. Die Antworten einer Stichprobe von Erwachsenen wurden als korrekt gesetzt und dienten als Bewertungsgrundlage für die Antworten der Kinder. Als generelles Ergebnis ist festzuhalten, daß Kinder tatsächlich über klar eingrenzbare morphologische Regeln verfügen. Neben der häufigen Aufgabenlösung, also der Flexion sinnloser Wörter, zeigte dies auch die Art der Aufgabenlösung. Oft antworten die Kinder prompt und entschieden, manchmal korrigierten sie sich; wenn sie hingegen über eine passende morphologische Regel nicht zu verfügen schienen, reagierten sie statt mit alternativen oder gänzlich unmöglichen Formen mit Schweigen oder der Wiederholung des Testwortes.

Die in Kapitel II, 4.2 vertretene Einschätzung von Geschlechtsdifferenzen in der Sprachentwicklung wurde durch Berkos Untersuchung bestätigt. Die Auswertung der Lösungen zeigte eine sehr schwache Tendenz zugunsten der Mädchen, ergab aber für kein einziges Item statistisch signifikante Differenzen zwischen den Geschlechtern.

Das generelle Ergebnis ist dahin zu präzisieren, daß zwischen dem 5./6. und dem 6./7. Lebensjahr ein deutlicher Fortschritt im Erwerb morphologischer Regeln zu verzeichnen ist, daß aber mit dem letztgenannten Alter die Enwicklung der Morphologie noch keineswegs als abgeschlossen gelten kann (vgl. Tab. 4.18). Nun ist der Erwerb der Syntax bei vornehmlich nichtisolierenden, also agglutinierend, polysynthetisch oder flektierend zu klassifizierenden Sprachen (z. B. dem Englischen, dem Deutschen oder dem Arabischen) eng mit dem Erwerb der Morphologie verknüpft (vgl. auch K. Bühlers in Kap. III, 1.2 referierte, recht allgemeine Bemerkung). Da wir keinen Grund für die Annahme sehen, die jeweils notwendigen morphologischen Regeln würden von deutschsprachigen Kindern eher als von englischsprachigen erworben, müssen wir auf der Grundlage von Berkos Ergebnissen z. B. Stern/Sterns letzte Sprachentwicklungsepoche kritisch prüfen. Mit vier bis fünf Jahren soll die Umgangssyntax in den Hauptzügen vorhanden sein, da die Verwendung der Hauptarten des Satzgefüges zu beobachten sei (vgl. Kap. I, 4.3). Die Entwicklung scheint einen gewissen Abschluß gefunden zu haben. Was jetzt noch kommt, müßte als Perfektion und quantitativer Ausbau des Erreichten eingeschätzt werden. So legt Stern/Sterns Epocheneinteilung die Ansicht nahe, das Kind im Schuleintrittsalter sei mit einer fertigen Syntax und Morphologie der Umgangssprache ausgerüstet; Berkos Ergebnisse stehen dem entgegen.

Die Diskrepanz beider Auffassungen erklärt sich aus grundsätzlichen Unterschieden in der Methode. Stern/Stern beobachteten, ohne auf das Kind einzuwirken; Berko hingegen manipulierte experimentell bestimmte Merkmale des Sprachverhaltens. Nun fördert die reine Beobachtung im Gegensatz zum günstig angelegten Experiment selten die Entscheidung, ob ein Sprachereignis einfach als Wiedergabe einer gelernten Einheit oder als Produkt regelgelenkten Sprachverhaltens zu deuten ist, ob z. B. die Verwendung eines flektierten Wortes auf die Beherrschung einer Wortform oder einer morphologischen Regel zurückgeführt werden soll. Zudem mußten die allzu grobmaschigen Kategorien der traditionellen Grammatik Stern/Stern den Blick auf den systematischen Zusammenhang von Phonologie, Morphologie und Syntax verstellen. Erst die Verbindung moderner linguistischer Konzepte mit experimentellen Beobachtungsverfahren führte in der strukturellen Analyse der Kindersprache zu Ergebnissen, die gleichzeitig als einigermaßen gesichert und über die Feststellung des mehr oder weniger Offensichtlichen in der Sprachentwicklung hinausgehend eingeschätzt werden können.

Berkos Untersuchung der Pluralbildung verdeutlicht unsere positive Wertung des experimentellen Verfahrens. Mit den in Tabelle 4.18 angeführten Items wurde die Verwendung der englischen Pluralmorpheme /-z/, /-s/ und /-ez/ überprüft. Das sinnvolle Wort «glass» wurde in das Experiment einbezogen, weil die Ergebnisse einer Voruntersuchung erwarten ließen, daß die für «glass» zu fordernde Pluralendung /-ez/ zwar vorhanden sei, aber selten auf neue Formen angewendet wurde. Berko wollte erkunden, ob Unterschiede in der Behandlung von sinnvollen gegenüber sinn-

Item	Allomorph	Prozentualer Anteil der korrekten Antworten			Signifikanzniveau der Differenzen zwischen Vorschülern und Erstkläßlern
		Insgesamt	Vorschüler	Erstkläßler	
glass – glasses	/-ez/	91	75	99	.01
wug – wugs	/-z/	91	76	97	.02
lun – luns	/-z/	86	68	92	.05
tor – tors	/-z/	85	73	90	–
heaf – heafs, -ves	/-s/ /-z/	82	79	80	–
cra – cras	/-s/	79	58	86	.05
tass – tasses	/-ez/	36	28	39	–
gutch – gutches	/-ez/	36	28	38	–
kazh – kazhes	/-ez/	31	25	36	–
niz – nizzes	/-ez/	28	14	33	–

Tab. 4.18: *Die Verwendung von Pluralmorphemen nach* BERKO (1958), S.159 u.161

losen, jedoch in Hinblick auf die Pluralbildung phonologisch gleichwertigen Wörtern bestehen. Tatsächlich wurde «glass» größtenteils korrekt flektiert. Da demgegenüber die richtigen Antworten für die sinnlosen Wörter «niz, kazh, gutch» und selbst für «tass», welches «glass» phonologisch äußerst ähnlich ist, nur ca. ein Drittel ausmachten, muß die Verwendung von «glasses» als Beherrschung einer Wortform, nicht aber einer morphologischen Regel gedeutet werden.

Die bisher nicht genannten Items «wug, lun, tor, cra» fordern das im Englischen gebräuchlichste Pluralmorphem /-z/. Für «heaf» hatten die Erwachsenen «heafs» oder «heaves» gesetzt – die zweite Bildung wohl analog zu einer gebräuchlichen irregulären Form –, so daß /-s/ und /-z/ als richtig betrachtet werden mußten. Die korrekte Behandlung dieser sinnlosen Wörter lag so hoch, daß das Vorhandensein einer morphologischen Regel für den Einsatz der Pluralmorpheme /-z/ und /-s/ angenommen wurde.

Nach den Ergebnissen der Voruntersuchung und des eigentlichen Experiments hätte Berko folgern können: «[. . .] die Regel des Kindes lautet: ‹Ein stimmloser Zischlaut nach einem stimmlosen Konsonanten und ein stimmhafter Zischlaut nach allen anderen Lauten macht ein Wort zum Plural›» (op. cit., S. 173). Doch wäre damit noch keine morphologische Regel aufgestellt, sondern nur beschrieben, was das Kind tatsächlich tut. Die Analyse eines morphologischen Prozesses muß die ihm vorgeordneten phonologischen Bedingungen der jeweiligen Sprache berücksichtigen. So ist es nach dem phonologischen System des Englischen z. B. nicht möglich, stimmhafte Zischlaute auf stimmlose Konsonanten folgen zu lassen. Wird bei der Beschreibung von Pluralbildungen vier- bis sechseinhalbjähriger Kinder diese phonologische Restriktion beachtet, lautet die jetzt äußerst einfache morphologische Regel: «Ein Zischlaut in Endposition macht ein Wort zum Plural» (ebenda).

Zusammenfassend charakterisierte Berko das bei der Entwicklung morphologischer Regeln entdeckte Bild als «konsistent, regelhaft und einfach». Am erfolgreichsten seien die Kinder bei Formen, die am häufigsten auftreten und die geringsten Varianten aufweisen.

Berkos Untersuchungsergebnisse weisen zwar regelgeleitetes Sprachverhalten nach, doch bleibt offen, welche sprachlichen Einheiten im Gedächtnis gespeichert werden. Eine interne lexikalische Repräsentation könnte ebenso auf Einheiten plus morphologischen Regeln begrenzt sein oder daneben abgeleitete Formen enthalten. Butterworth (1983a) fragt, ob sich Menschen wie Linguisten verhalten:

«Tatsächlich scheinen Kinder dies zu tun. Im Falle von Tempusformen beginnen die Kinder allein mit Gegenwartsformen, z. B. «go», «goes» – vielleicht, weil diese Formen die häufigsten in der elterlichen Sprache gegenüber den Kindern sind. Dann gibt es ein Stadium, in welchem sie individuelle Vergangenheitsformen zu sammeln scheinen, welche allgemein in angemessenen Kontexten zur Indizierung vergangener Ereignisse verwendet werden – z. B. «went». Dem folgt ein Stadium, in dem sie eine Vergangenheitsregel entdeckt zu haben scheinen, und sie wenden diese ohne Unterscheidung auf alle Verben an – z. B. «goed». Schließlich sind sie fähig, reguläre und irreguläre Vergangenheitsformen zu diskriminieren – «went» tritt wieder auf (BERKO 1958).

Diese Daten demonstrieren klar die Ableitungsstärke von Regeln in Hinblick auf Vergangenheitsformen: Da das Kind «goed» nicht gehört hat, wird es Regeln zu seiner Konstruktion anwenden. BERKO (1958) zeigte, daß Kinder diese Art morphologischer Regeln auf neue Wörter anwenden können. Aber die wichtige Frage lautet: Wenn das Kind einmal die Vergangenheit von «spank» konstruiert hat, wird es diese bei Gebrauch jeweils von Neuem konstruieren oder wird es einfach das Resultat der ersten Ableitung nutzen?» (op. cit., S. 274).

Die Anmerkung von BUTTERWORTH sollte in Zusammenhang mit den Überlegungen hinsichtlich Systembildung versus Elementenhäufung (vgl. Kap. IV, 1.1) bedacht werden. Die BERKOS Arbeit folgende Forschung weist zwei Zweige auf, die eigentlich nicht isoliert werden dürften. In verschiedenen Sprachen wurde zum einen der Erwerb morphologischer Regeln, zum anderen der Aufbau des internen Lexikons untersucht. Beide Forschungszweige berühren sich eng, wie wir bereits aus BUTTERWORTHS Kommentar entnehmen konnten. Ihr Hauptstreitpunkt liegt im Charakter des Lexikoneintrags und der hiervon abhängigen Regeln.

PARK (1978) hat den Erwerb von Pluralbildungen bei deutschsprachigen Kindern untersucht. Im Gegensatz zur experimentellen Arbeit von BERKO führte PARK Fallstudien im häuslichen Milieu durch. Von den Kindern, die zu Beginn der Beobachtungen etwa 2 Jahre alt waren, wurden in Abständen Videoaufzeichnungen durchgeführt und die Äußerungen transkribiert. Gemäß BROWN et al. (1969) ordnet PARK die Entwicklung der Kinder nach MLU-Stadien ein. Er faßt sein Ergebnis in vier Punkten zusammen:

(1) Zwischen den Stadien IV und V treten Pluralformen zu 90% in den obligatorischen Kontexten auf.

(2) Pluralformen treten auch in Singularkontexten auf, sind also nicht funktional geschieden von Singularformen.

(3) Korrekte Pluralformen werden mit einer zusätzlichen Pluralmarkierung versehen.

(4) Teilweise aufgrund fehlender Regeln zur Verbkonjugation werden bei Referenz auf einzelne Objekte formal korrekte Pluralformen eingesetzt.

PARK gelangt zu der Auffassung, daß Kinder Pluralbildungen nicht gemäß irgendeiner generellen Regel sondern aufgrund von Übung erwerben. Auch die Ergebnisse einer Untersuchung von VEIT (1986) weisen in diese Richtung. Hier wurden unter anderem Produktion und Verständnis der Pluralformen bei unauffälligen und entwicklungsdysgrammatischen Kindern verglichen. VEIT weist nach, daß bei den sprachbehinderten Kindern die gleichen Fehler wie bei der Vergleichsgruppe auftreten, jedoch mit höherer Frequenz. An und für sich aber wäre zumindest nach linguistischer Auffassung zu erwarten, daß entwicklungsdysgrammatischen Kindern bestimmte Pluralformen leichter und andere schwerer fallen, daß sich also diese Kinder durch spezifische Regelverletzungen auszeichnen.

Zumindest für das Deutsche muß daher festgehalten werden, daß der Erwerb der Pluralbildungen nicht nach einer Gruppe von Regeln verläuft.

Die morphologische Entwicklung kann kaum abgelöst von der Entwicklung aller anderen Komponenten betrachtet werden. Deutliche Tendenzen, Phonologie und Lexikon auf der einen Seite (vgl. den vorausgegangenen Abschnitt zur Phonologie), auf der anderen Seite Morphologie mit Syntax und Semantik zu verknüpfen, spiegeln nur unterschiedliche theoretische Positionen wider, sind aber sachlich nicht zu rechtfertigen.

Sehr deutlich zeigt sich dies in der Diskussion um die 14 grammatischen Morpheme nach BROWN (1973). Hier treffen wir wieder auf die berühmten linguistischen Kinder Adam, Sarah und Eve (vgl. Kap. IV, 2.2.2). BROWN hat bei der Analyse ihrer Äußerungen nicht nach einem System morphologischer Regeln, sondern nach einer Klasse produktiver Morpheme Ausschau gehalten und die Erwerbsfolge der morphologischen Einheiten untersucht. In Tabelle 4.19 ist die Entwicklung für die drei Kinder getrennt, in Tabelle 4.20 zusammengefaßt dargestellt. Abgesehen von der Bestimmung der Einheiten haben wir es hier zunächst mit einer deskriptiven Analyse zu tun. Zu fragen ist jetzt erstens, welchen Stellenwert der Erwerb dieser Morpheme in der Sprachentwicklung insgesamt einnimmt, und zweitens, ob übergreifende Prinzipien die Erwerbsfolge erklären können.

Bei der Beantwortung der ersten Frage fällt auf, daß das Stadium I noch keine Morpheme aufweist. BROWN bezeichnet die hier zuzuordnende Sprache als telegraphisch und funktorfrei. In Hinblick auf explanative Theorien zu diesem Stadium äußert sich BROWN abgewogen. Ihm scheint eine Erklärung auf der Basis sensomotorischer Operationen (vgl. Kap. IV, 5) vernünftig, auch meint er zur Erhellung erster Wortordnungen auf Pivot-Grammatiken (vgl. Kap. IV, 2.1.2) rekurrieren zu können. Hierauf ist wahrscheinlich zurückzuführen, daß MUNSON/INGRAM (1985) unterstellen, BROWN habe Stadium I als das der grammatischen Relationen definiert, erst im Stadium II träten Morpheme auf und damit ginge in diesem Modell die Syntax der Morphologie entwicklungsmäßig voran. Mit den Daten einer Fallstudie argumentierend gelangen die Autoren zur gegenteiligen Ansicht. Das von ihnen beobachtete Kind (Beobachtungszeitraum 1;0 bis 2;3) produzierte Äußerungen, die klassischerweise als Zwei-Wort-Sätze kategorisiert und damit syntaktisch analysiert worden wären. Die Autoren sind aber der Meinung, daß diese Äußerungen das Resultat einer Reduplikationsregel und damit ein morphologisches Ereignis sind – ein theoretisch sicher sehr anregender Gedanke. Trotzdem können wir an dieser Stelle nur darauf hinweisen, daß weder die Datenbasis von BROWN noch gar die von MUNSON/INGRAM ausreicht, zwischen beiden Positionen zu entscheiden. Offen bleibt vor allem, ob hier nicht einfach die bereits von MENN angesprochene Interindividualität der Entwicklung akzeptiert werden muß.

Zur Beantwortung der zweiten Frage, die Entwicklungsfolge der 14 Morpheme betreffend, hat BROWN sehr ausführlich Stellung genommen.

	Adam		Sarah		Eve
I (2;3)		I (2;3)		I (1;6)	
II (2;6)	Present progressive	II (2;10)	Plural	II (1,9)	
	in		*in, on*		
	on, plural				
			Present progressive, past irregular		Present progressive, *on*
			Possessive		
III (2;11)		III (3;1)		III (1;11)	*in*
	Uncontractible copula, past irregular		Uncontractible copula		
			Articles		
					Plural, possessive
IV (3;2)		IV (3;8)		IV (2;2)	Past regular
	Articles				
	Third person irregular, possessive		Third person regular		
V (3;6)	Third person regular	V (4;0)	Past regular	V (2;3)	Uncontractible copula
	Past regular		Uncontractible auxiliary		Past irregular
	Uncontractible auxiliary		Contractible copula		Articles
	Contractible copula		Third person irregular		Third person regular
	Contractible auxiliary		Contractible auxiliary		Third person irregular
					Uncontractible auxiliary
					Contractible copula
					Contractible auxiliary

Tab. 4.19: *Die Erwerbsfolge von 14 grammatischen Morphemen nach* BROWN (1973), S. 271

Rangordnung	Morphem
1	Present progressive
2–3	«in, on»
4	Plural
5	Past irregular
6	Possessive
7	Uncontractible copula
8	Articles
9	Past regular
10	Third person regular
11	Third person irregular
12	Uncontractible auxiliary
13	Contractible copula
14	Contractible auxiliary

Tab. 4.20: *Die über drei Kinder gemittelte Erwerbsfolge der 14 grammatischen Morpheme nach* Brown (1973), S. 281

Seines Erachtens hat die Auftretenshäufigkeit der Morpheme in der elterlichen Sprache keinen Einfluß auf den Erwerbsverlauf. Dieser sei vielmehr bestimmt durch die syntaktische und die semantische Komplexität der Morpheme. Wir kommen hierauf in den nächsten Abschnitten zurück. Die Resultate einer Studie von de Villiers/de Villiers (1973) entsprechen Browns Einschätzung, andere Forscher hingegen gelangen zu widersprüchlichen Resultaten. Moerk (1980) etwa versucht nachzuweisen, daß häufiger gehörte Morpheme eher erworben werden. Block/Kessel (1980) bezweifeln die Korrektheit der bisherigen statistischen Behandlung der Daten und halten den entdeckt geglaubten Einfluß syntaktischer und semantischer Komplexität für ein Artefakt. Pinter (1980) schließlich unterstellt beiden Kritikerpaaren methodologische wie logische Irrtümer und schätzt Browns ursprüngliche Schlußfolgerungen als korrekt ein.

3.3. Die syntaktische Entwicklung

Bei der Erörterung von Phonologie und Morphologie haben wir die Ansicht zur Kenntnis genommen, daß Sprachentwicklung mehr (oder etwas anderes?) sei als eine ständige Perfektionierung und Komplettierung von Elementen. Für den Bereich der Wortkombinatorik hatte K. Bühler, bestimmt von seiner Symbolfeldtheorie (vgl. Kap. III, 1), also von einer Theorie zu bereits entwickelter Sprache, deutlich gemacht, daß der Sprachaufbau die Aneignung syntaktischer Regeln beinhalten müsse. Die Überprüfung dieser theoriediktierten, apriorischen Setzung führt uns zur empirischen Arbeit zurück.

Wie im phonologischen und morphologischen Sektor ist auch in der Syntax die allgemeinste Evidenz für das Vorhandensein von Regeln dem spontanen Sprachverhalten des Kindes zu entnehmen. SLOBIN (1971a) illustrierte dies an zwei Äußerungen eines dreijährigen Mädchens:

«‹She had a silent putty me had ... like I ... like I did›. Es ist evident, daß dieses Mädchen seine Rede schrittweise gemäß seinen linguistischen Regeln revidiert. Aus anderen Äußerungen ist evident, daß es seine *eigenen* Regeln und nicht die von Erwachsenen als Standard der eigenen Grammatikalitätsauffassung einsetzt. Später in der gleichen Aufnahme ‹korrigiert› es sich z. B. folgendermaßen: ‹Why ... Why ... Why ducks have not ... Why ducks have no hands?›» (op. cit., S. 54).

Präziseren Einblick in die Problematik der Beherrschung syntaktischer Regeln erbrachte eine Reihe von Experimenten, mit denen zunächst ganz allgemein nachgewiesen werden konnte, daß viele Wortkombinationen des Kindes auf Regelanwendungen beruhen müssen. BROWN (1968) ließ im sogenannten «alligator test» zwei Tiergruppen einen äußerst schematischen Dialog führen:

Bär:	Die Katze jagt den Hund
Alligator:	Der Hund wird von der Katze gejagt.
Bär:	Das Zebra stößt das Nilpferd.
Alligator:	Das Nilpferd wird vom Zebra gestoßen.

Wie man sieht, formulierte der Alligator ausschließlich Passivsätze, die, von der grammatischen Form abgesehen, genau den Aktivsätzen des Bären entsprachen. Nach einer Weile wurde das zuschauende Kind aufgefordert, die Rolle des Alligators zu übernehmen. Setzte es den Dialog korrekt fort, mußte angenommen werden, daß es zumindest für das im Experiment verwendete Satzmuster die Regeln zur passivischen Umbildung beherrschte. Natürlich ist das Experiment auf weitere regelhafte syntaktische Umformungen übertragbar, so z. B. auf Negationen (vgl. BELLUGI 1967) oder auf Fragen.

Neben der Erkenntnis, daß Kinder überhaupt syntaktische Regeln berücksichtigen, sollte sichergestellt werden, daß diese Regeln von der Erwachsenensyntax abweichen. Aus Assoziationsexperimenten war bekannt, daß die Response-Wörter von Erwachsenen üblicherweise der Wortklasse der Stimulus-Wörter angehören. Nun stellten BROWN/BERKO (1960) fest, daß dieser Zusammenhang bei jüngeren Kindern wesentlich weniger ausgeprägt ist, aber mit steigendem Alter stetig deutlicher wird. Sie meinten, daß dieser Wechsel in den Assoziationen als Konsequenz der fortschreitenden Organisierung des kindlichen Vokabulars in syntaktische Klassen zu interpretieren sei. Ein zweites Experiment stützte ihre Ansicht. Den Kindern wurden Satzpaare vorgesprochen, in denen jeweils ein sinnloses Wort so eingesetzt war, daß dessen Wortklassenzugehörigkeit eindeutig erkannt werden konnte. Gleichzeitig wurde der Satzinhalt mit einer Bildkarte illustriert. Die Aufgabe des Kindes bestand in der Bildung eines neuen Satzes unter Einbeziehung des neuen Wortes. Auch hier verstärkte sich mit zunehmendem Alter die Tendenz, in der Antwort die sinnlosen Wörter jener Wortklasse zuzuordnen, die die Stimulus-Sätze vorschrieben.

Das allgemeine Fazit lautet: Die Syntaxregeln des Kindes müssen von denen des Erwachsenen abweichen. Beachtet man die Altersspanne der Vpn-Gruppe, die aus Schülern der 1., 2. und 3. Grundschulklasse zusammengesetzt war, gelangt man zu einem spezifischeren Ergebnis. Daß noch in diesem Alter deutliche Entwicklungstendenzen bei der Orientierung des Sprachverhaltens an relativ elementaren syntaktischen Merkmalen zu konstatieren sind, stützt unsere im letzten Abschnitt empfohlene Relativierung der STERN/STERNschen Sprachepochen.

Will man nun altersspezifische Bestandsaufnahmen der tatsächlich vorhandenen syntaktischen Regeln in der Sprachproduktion und im Sprachverständnis vornehmen, bietet sich die extensive Nutzung von Bildmaterial an. FRASER/BELLUGI/BROWN (1963) verwendeten Paare von Zeichnungen, die jeweils einen Tatbestand und eine Umkehrung des Tatbestandes abbildeten (vgl. auch LOVELL/DIXON 1965). Ein Beispiel: Wenn auf der einen Zeichnung ein Knabe ein Mädchen schlug, attackierte auf der anderen das Mädchen den Knaben. Der Versuchsleiter verbalisierte in syntaktisch analog konstruierten Sätzen beide Tatbestände, vermied aber, dem Kind Anhaltspunkte zu liefern, welche Karte nun welche Relation wiedergab. Sollte das Sprachverständnis geprüft werden, wurde einer der beiden Sätze wiederholt und das Kind aufgefordert, die entsprechende Karte zu zeigen. Ging es um die Sprachproduktion, gab man dem Kind eine der beiden Karten mit der Aufforderung, die passende Äußerung zu formulieren.

Leider weisen Experimente mit Bildmaterial eine grundsätzliche Schwäche auf. Die Menge der prüfbaren grammatischen Regeln wird eingeschränkt durch die der bildlichen Darstellbarkeit syntaktischer Relationen gesetzten Grenzen. Eine Methode, die dieser Beschränkung nicht unterliegt, ist die systematische Auswertung spontaner oder gelenkter Dialoge. BROWN/BELLUGI (1964) hatten Dialoge von zwei- bis dreijährigen Kindern mit Erwachsenen protokolliert und in getrennter Auswertung (BELLUGI 1965, BROWN 1966) insbesondere die kindlichen Antworten auf sogenannte «Wh-questions» untersucht. Allgemeinere Aussagen über die Syntax des Kindes ergab die Analyse von Nachsprechversuchen. Einige Paare von vorgesprochenen Sätzen und Wiederholungsversuchen sind in Tabelle 4.21 aufgeführt.

Bei dem Versuch, die Sätze des Erwachsenen nachzusprechen, produzierte das aus BROWN/BELLUGIS Untersuchung zitierte Kind nur sehr kurze Äußerungen. Längere Sätze wurden gekürzt, insbesondere um die ersten Wörter der vorgesprochenen Sätze; doch blieb die Reihenfolge der Wörter erhalten – die syntaktischen Relationen wurden offensichtlich durch Nebenordnungen zum Ausdruck gebracht. Das sprachlich versiertere Kind aus der Untersuchung von SLOBIN/WELSH (1973) neigte zwar ebenfalls zu Reduktionen (vgl. [6] und [9]), hingegen schien es bestimmte Äußerungen auf der Grundlage einer leistungsfähigeren Syntax zu verstehen und zu rekonstruieren. In einfachen und deutlichen Fällen der Nebensatzein-

	Erwachsener	Kind
BROWN/ BELLUGI	(1) Oh, that's a big one.	Big one.
	(2) But he was much bigger than Perro.	Big a Perro.
	(3) Salad dressing.	Salad dressing.
	(4) That's not a screw.	Dat not a screw.
	(5) Are they all there?	All dare.
SLOBIN/WELSH	(6) Here is a brown brush and here is a comb.	Here's a brown brush an' a comb.
	(7) John who cried came to my party.	John cried and he came to my party.
	(8) The batman got burned and the big shoe is there.	Big shoe is here and big shoe is here.
	(9) The boy the book hit was crying.	Boy the book was crying.

Tab. 4.21: *Nachsprechversuche von zwei ca. zweieinhalbjährigen Kindern nach* BROWN/BELLUGI *und* SLOBIN/WELSH

bettung (vgl. [7] im Gegensatz zu [9]) wurden hypotaktische in parataktische Konstruktionen überführt. – Offensichtlich müssen viele Nachsprechprodukte nicht als einfache Imitationsleistungen, sondern als Rekonstruktionen nach Regeln gewertet werden. Dies kann bei insistierenden Korrekturbemühungen des Erwachsenen noch deutlicher hervortreten, wie der nach MCNEILL zitierte Dialog demonstriert (vgl. Kap. IV, 1.1).

Einmal erkannt, daß syntaktische Regeln beim Spracherwerb eine nachweisbare Rolle spielen, liegt es nahe, in einem nächsten Schritt nach dem System zu fragen, in das diese Regeln eingebunden sind. In linguistischer Sicht ist ein solches System eine Grammatik, womit dann die Frage nach der sich entwickelnden Grammatik und der zu ihrer Erfassung geeigneten linguistischen Theorie zu stellen ist. Daß die Antwort hierauf sehr unterschiedlich ausfallen kann, wurde am Beispiel der Pivot-Grammatik (vgl. Kap. IV, 2.1.2) wie der Transformationsgrammatik (vgl. Kap. IV, 2.2.2) bereits gezeigt.

Wir wollen uns auch unter dem Gesichtspunkt der Syntaxentwicklung mit den im vorangegangenen Abschnitt vorgestellten 14 grammatischen Morphemen nach BROWN (1973) befassen. Der «English Transformational Grammar» von JACOBS/ROSENBAUM (1968) folgend, die im Großen und Ganzen den Ansätzen von KATZ/POSTAL (1964) und CHOMSKY (1965) verpflichtet ist, analysiert BROWN die Syntax jedes einzelnen Morphems (vgl. die Zusammenfassung in Tab. 4.22). Er räumt hierbei ein, daß die Grammatik von JACOBS/ROSENBAUM Schwächen aufweist. So sei sie nicht immer ausreichend explizit und detailliert. BROWN muß daher im Sinne der Autoren gewissermaßen improvisieren. Davon abgesehen haben wir es hier wieder mit der bereits kritisierten Korrespondenzhypothese in geradezu klassischer Ausprägung zu tun (vgl. Kap. IV, 2.2.2).

Morpheme	Lexical Features	Segment Structure Features	Transformations		Transformations		Features Introduced by Transformation	Regular Allomorphs	Irregular Allomorphs
1. Present progressive	+ action – action	+ progressive	Progressive affix T				+ affix		
2.3. *in–on*	± *on*__*N* ± *on* ± *in*__N ± *in*	+ *on* + *in*	Preposition segment T						
4. Plural	+ common + count – common – count	+ singular – singular	Noun suffix T	Article T	Nominal agreement T		+ affix + article	/–s~–z~iz/	A few (*men*, *women*, eetc.)
5. Past irregular	+ irregular	+ present – present	Verbal agreement T						Many (*came*, *went*, etc.)
6. Possessive	–	–	–	–	–		–		–
7. Uncontractible copula	+ V + I + II – V + III	+ singular + present – singular – present	Copula T	Auxiliary incorporation T	Auxiliary agreement T		+ copula		6 (*am*, *is*, etc.)
8. Articles	+ common + count – common – count	+ definite + singular – definite – singular	Article T				+ article		1 (*an*)
9. Past regular		+ present – present	Verbal agreement T	Verb suffix T			+ affix	/–t~d~id/	
10. Third person regular	+ III	+ singular + present – singular – present	Auxiliary agreement T	Verbal agreement T	Verb suffix T		+ affix	/–s~z~iz/	
11. Third person irregular	+ III + irregular	+ singular – singular	Auxiliary agreement T	Verbal agreement T					A few (*does*, *ha* etc.)
12. Uncontractible auxiliary	+ action + I + II – action + III	+ progressive + singular + present – singular – present	Progressive affix T	Progressive segment T	Auxiliary incorporation T	Auxiliary agreement T	+ affix + copula		6 (*am*, *is*, etc.)
13. Contractible copula	+ V + I + II – V + III	+ singular + present – singular – present	Copula T	Auxiliary incorporation T	Auxiliary agreement T		+ copula	/–s~z~iz)	2 (–*m*~*r*)
14. Contractible auxiliary	+ action + I + II – action + III	+ progressive + singular + present – singular – present	Progressive affix T	Progressive segment T	Auxiliary incorporation T	Auxiliary agreement T	+ affix + copula	/–s~z~iz/	2 (–*m*~*r*)

Tab. 4.22: *Die Grammatik der 14 Morpheme in der Notation von* JACOBS/ROSENBAUM (1968) *nach* BROWN (1973), S. 308 f.

	Morpheme	Number of Transformations	Complexity Order
1.	Present progressive	1	3
2.5	*in*	1	3
2.5	*on*	1	3
4.	Plural	2 (1–3)	7
5.	Past irregular	1	3
6.	Uncontractible copula	3	10
7.	Articles	1	3
8.	Past regular	2	7
9.	Third person regular	3	10
10.	Third person irregular	2	7
11.	Uncontractible auxiliary	4	12.5
12.	Contractible copula	3	10
13.	Contractible auxiliary	4	12.5

Tab. 4.23: *Die Erwerbsfolge von 13 Morphemen und ihre transformationelle Komplexität nach* BROWN (1973), S. 377

Auf der Basis der Syntaxanalyse ordnet BROWN die Morpheme nach ihrer transformationellen Komplexität und korreliert diese Rangordnung mit der Erwerbsfolge (vgl. Tab. 4.23). Das Possessiv entfällt bei der Berechnung, da JACOBS/ROSENBAUM für diese Konstruktion keine Ableitung angeben. Der Rangkorrelationskoeffizient nach SPEARMAN beträgt 0.80; die Korrelation erweist sich auf dem 1%-Niveau als signifikant. BROWN sieht damit als erwiesen an, daß die syntaktische Komplexität der Morpheme deren Erwerbsfolge mitbestimmt.

Wie bereits im vorangegangenem Abschnitt erwähnt, haben BLOCK/KESSEL (1980) die Voraussetzungen und Schlußfolgerungen von BROWN angegriffen. Ihres Erachtens bleibt unklar, welchen Status BROWN den Faktoren syntaktische und semantische Komplexität einräumt. Sollen sie unabhängige oder interagierende oder untrennbare Determinanten des Spracherwerbs sein? Die Autoren unterziehen daher die Daten von BROWN und von DE VILLIERS/DE VILLIERS (1973) gemeinsam einer multiplen Regressionsanalyse. Deren Ergebnis verweist auf die Existenz eines für den Erwerb eigentlich verantwortlichen dritten Faktors, der allerdings allein aufgrund der Analyse nicht definiert werden kann. Die Autoren vermuten eine nicht-linguistische, kognitive Größe.

Beim Durchblick der in den 70er Jahren publizierten Arbeiten fällt auf, daß die Menge rein syntaktisch orientierter Erwerbstheorien zumindest relativ gesehen abnimmt. Die meisten Forscher sind bereits auf der Suche nach semantischen, wahrnehmungspsychologischen, kognitiven und interaktionalen Konstrukten, die in den nächsten Abschnitten behandelt werden. Dies gilt ja bereits für BROWN, der für das Stadium I sensomotorische Operationen als Erklärungsgrundlage diskutierte und durchaus nicht entschieden zwischen syntaktischer und semantischer Komponente trennte.

Trotzdem wurde auch später noch, angelehnt an die generative Syntax, das Kind als Hypothesengenerator beschrieben. Von der Diskussion rundum ganz unbeeindruckt fühlen sich ERREICH et al. (1980) in ihren «Aspects of a theory of language acquisition» betitelten Aufsatz FODOR (1966), CHOMSKY (1973, 1975) und CULICOVER (1976) verpflichtet. Ihres Erachtens lernt ein Kind eine Transformationsgrammatik, und zwar eine geordnete Menge von Phrasenstrukturregeln zur Generierung tiefenstruktureller Repräsentationen und eine geordnete Menge von Transformationsregeln, die die Abbildung von Tiefenstrukturen auf Oberflächenstrukturen besorgen. Angeboren sind die Universalien, die die unabdingbaren Voraussetzungen für die initialen, den Lernvorgang bedingenden Hypothesen bilden. Argumentiert wird hier selbstverständlich nicht mit empirisch seriösen Befunden zur Sprachentwicklung, sondern strikt linguistisch mit Beispielsätzen.

Andere Arbeiten, die Spracherwerb ebenfalls als Entdeckung syntaktischer Strukturprinzipien sehen, dürfen allein aufgrund ihrer Datenbasis ernster genommen werden. So haben HSU et al. (1985) Daten zur Sprachproduktion und zum Sprachverständnis von 64 Kindern im Alter zwischen 3;2 und 8;3 erhoben. Im Zentrum der Erhebung, die den Nachweis entwicklungsspezifischer Grammatiktypen dienen sollte, stand für jedes Kind die Sammlung eines spontanen Äußerungskorpus sowie die Ausagierung und Beurteilung komplexer Sätze. Zu diesem Zweck wurden mit jedem Kind vier Interviews durchgeführt. Im Prinzip geht es den Autoren um das Verständnis von Sätzen wie «The boy hits the girl after jumping over the fence». Bei der Interpretation solcher Sätze muß entschieden werden, welche Nominalphrase das Subjekt der Verbalphrase «jumping over the fence» bildet. In Abbildung 4.24 ist dieses Problem durch das Kürzel PRO («empty pronominal noun phrase subject») gekennzeichnet. Die Konstruktionstypen der geprüften Sätze sind in Tabelle 4.25 angegeben.

Die Hypothese der Autoren umfaßte eine Entwicklungsfolge von Grammatiktypen: 1. Subjektorientierung, 2. Objektorientierung, 3. gemischte

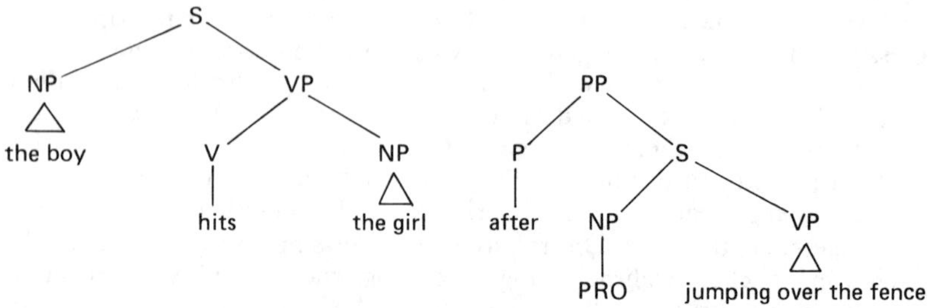

Abb. 4.24: *Syntaktische Analyse eines komplexen Satzes mit fehlendem Subjekt für den Nebensatz* (HSU *et al.* 1985, S. 26)

The Main Comprehension Task

Object controlled constructions

C1: *⟨Tell⟩ + Infinitival complement*
e.g. The lion tells the bear to climb up the ladder

C2: *Object–subject relative*
e.g. The lion pushes the bear that is climbing up the ladder

C3: *Dative PP*
e.g. The lion yells at the bear to climb up the ladder

2nd NP controls the complement
Sentential subject sentences

C4: e.g. To have to push the lion scares the bear

C5: e.g. Pushing the lion scares the bear

Subject controlled constructions

Non-preposed complements

C6: ⟨Promise⟩ + infinitival complement
e.g. The lion promises the bear to climb up the ladder

C7: *Direct object + adverbial temporal complement*
e.g. The lion pushes the bear after climbing up the ladder

C8: *Locative prepositional phrase + adverbial temporal complement*
e.g. The lion jumps over the bear after climbing up the ladder

C9: *Prepositional phrase + adverbial temporal complement*
e.g. The lion pushes on the bear after climbing up the ladder

C10: *Direct object + ⟨in order to⟩ complement*
e.g. The lion pushes the bear in order to climb up the ladder

C11: *Locative prepositional phrase + ⟨in order to⟩ complement*
e.g. The lion jumps over the bear in order to climb up the ladder

C12: *Prepositional phrase + ⟨in order to⟩ complement*
e.g. The lion pushes on the bear in order to climb up the ladder

C13: *Passive matrix clause + adverbial temporal complement*
e.g. The lion is pushed by the bear after climbing up the ladder

Preposed complements

C14: *Adverbial temporal complement*
e.g. After climbing up the ladder the lion pushes the bear

C15: *⟨In order to⟩ complement*
e.g. In order to climb up the ladder the lion pushes the bear

Fourth Interview

Subject controlled constructions – non-preposed complements

Acting-out task (Part I)

C16: *Direct object + adverbial temporal complement*
e.g. The cow pushes the pig after eating

C17: *⟨All of a sudden⟩ + adverbial temporal complement*
e.g. The cow pushes the pig all of a sudden after eating

Judgment task (Part II)

C18: *Semantically Deviant Construction*
e.g. The cow pushes the pig all of a sudden after oinking

Tab. 4.25: *Konstruktionstypen der Verständnisaufgaben und Interviews nach* Hsu *et al.* (1985), S. 33 f.

Grammatiktyp	Altersbereich	Mittleres Alter	Mittlerer DSS	N
Subjektorientierung	3;2–4;6	4;1	8.74	2
Objektorientierung	3;2–7;0	5;3	9.99	29
Gemischte Orientierung	4;7–7;6	5;8	11.46	9
Erwachsenennäherung	5;1–8;3	7;3	12.57	12
Erwachsenengrammatik	7;1–8;3	7;9	13.57	3
Unklassifizierbar	3;2–7;6	5;6	9.84	9
Alle Vpn	3;2–8;3	5;9	10.78	64

Tab. 4.26: *Alter und Satzkomplexität zugeordnete Grammatiktypen nach* Hsu *et al.* (1985), S. 37

Orientierung, 4. Näherung an Erwachsenengrammatik, 5. Erwachsenengrammatik. In Tabelle 4.26 werden die Kinder gemäß Alter und Komplexität ihrer spontanen Äußerungen, gemessen mit dem «Developmental Sentence Score (DSS)» nach Lee (1974), den Grammatiktypen zugeordnet. Mit einer Varianzanalyse wurde nachgewiesen, daß die so gebildeten Kindergruppen sich in Hinblick auf Alter und DSS-Wert signifikant voneinander unterscheiden. Die Hypothese scheint damit gerechtfertigt.

Wir wollen hier auf die Darstellung der Anzahl von Arbeiten verzichten, in denen die Entwicklung isolierter syntaktischer Phänomene in den verschiedensten Sprachen erörtert wird. Ganz allgemein läßt sich die Mehrheit der Forschungen zur Syntaxentwicklung in zwei Stränge teilen. Eine Gruppe von Forschern betrachtet Syntaxentwicklung als zunehmende Fähigkeit im Umgang mit hierarchischen syntaktischen Strukturen im Sinne linguistischer Grammatiken – hierzu gehören die oben referierten Arbeiten. Andere Forscher meinen, daß Syntaxentwicklung auf dem Erkennen von Mustern und Merkmalen beruht, und suchen nach wahrnehmungspsychologischen oder kognitiven Voraussetzungen für diesen Prozeß – Beispiele hierfür werden in diesem Kapitel unter Abschnitt 4 referiert. An dieser Stelle sei aber bereits darauf hingewiesen, daß empirische Befunde nicht zwingend zu einer Entscheidung zwischen diesen grundsätzlichen Meinungen beitragen. Die Arbeit von Hsu et al. etwa zeichnet sich auf der theoretischen Seite dadurch aus, daß Syntaxentwicklung als Folge von *Grammatiktypen* begriffen wird. Die Daten selbst weisen aber nur auf eine Folge von *Strategien* zum Verständnis spezieller komplexer Sätze hin. Die Befundlage hätte ebenso überzeugend eine Interpretation hinsichtlich Perzeptionsstrategien und zunehmender Bereicherung der semantischen Komponente zugelassen. Genau umgekehrt gilt diese Argumentation für viele Arbeiten der semantisch, wahrnehmungspsychologisch oder kognitiv ausgerichteten Forschergruppe. Das Entscheidungsproblem ergibt sich offenbar aus der theoriebedingten isolierenden Betrachtung einzelner Entwicklungskomponenten. Erst innerhalb einer die Phänomene geordnet integrierenden Spracherwerbstheorie könnte der

Stellenwert einzelner Komponenten geklärt werden. Etwas waghalsig wollen wir hier die Meinung äußern, daß eine Interaktionstheorie der Sprachentwicklung diesen Rahmen in hoffentlich naher Zukunft bereitstellen wird (vgl. hierzu Kap. IV, 6).

3.4. Die semantische Entwicklung

Die vorhergegangenen Erörterungen betrafen das Problem, welche Kriterien für die *Form* einer Äußerung verantwortlich sind. Dabei wurde vor allem die Gelenktheit der Äußerungen durch phonologische, morphologische und syntaktische Regeln hervorgehoben. Nun dürfte die vorrangige Intention eines Sprechers, gleich welchen Alters, äußerst selten auf die Wohlgeformtheit seiner Äußerung ausgerichtet sein. Die hierfür verantwortlichen Regeln konkretisieren sich als entweder nie bewußt gewesene oder ins Nichtbewußte abgesunkene Operationen. Daher ist in den meisten Fällen für einen Sprecher die äußere Form seiner Rede etwas Unreflektiertes und damit Selbstverständliches. Worauf es ihm ankommt, ist der Hinweis auf Gegenstände, Sachverhalte, Vorstellungen, Meinungen, Wünsche etc. und die Übermittlung seiner tatsächlichen oder vorgegebenen Haltung zum Verwiesenen. Die Intentionen des Sprechers sind größtenteils bewußt oder können bewußt gemacht werden. Von ihnen wohl zu unterscheiden sind die Regeln, nach denen die Inhalte der Intentionen vermittelt werden.

Mit dieser Bemerkung sind wir in den äußerst komplexen Problembereich der Semantik und Pragmatik vorgestoßen – zu den Fragen: Was kann eine Äußerung bedeuten, und was wird tatsächlich mit ihr bedeutet? Die Forschungsansätze dieses Bereichs sind zwei jeweils dichotomen Betrachtungsweisen zuzuordnen. Einerseits unterscheidet man die *Bedeutung des Wortes* gegenüber der *des Satzes* und fragt, ob sich eine Satzbedeutung aus den Wortbedeutungen aufbaut oder ob die Wortbedeutungen erst in Abhängigkeit von der Satzbedeutung festzulegen sind. Andererseits trennt man in *Referenz-* und *Sinnsemantik*. Entweder wird die Beziehung zwischen der Äußerung und der in Rede stehenden Gegebenheit oder die Beziehung zwischen der Äußerung und gewissen anderen Äußerungen untersucht. Sehr vereinfacht gesprochen gelangt man in der Semantik zu Regelformen wie: «Wenn dieser Ausdruck zu verzeichnen ist, dann sollte jener Tatbestand der Fall sein», und: «Wenn dieser Ausdruck zu verzeichnen ist, dann sind bestimmte weitere Ausdrücke zulässig, bestimmte andere aber nicht».

Auf Regeln dieser Art basieren linguistische Analysen einfachster semantischer Subsysteme (u.a. der Verwandtschafts- und der Farbezeichnungen). Die Behandlung komplexer Probleme (Satz- und Textbedeutungen) führte zunächst zu Auseinandersetzungen über die geeignete semantische Theorie, später zu der Frage, ob semantische Entwicklung nicht als Ausfluß kognitiver Entwicklung einzuschätzen sei. Bevor wir uns den linguistisch ausgerichteten Arbeiten zuwenden, wollen wir die zeitlich vorausgehende einschlägige psychologische Forschung sichten.

Psychologische Untersuchungen konzentrierten sich vornehmlich auf Erwerb und entwicklungsspezifische Veränderungen von Wortbedeutungen (vgl. Kap. IV, 1.2.2). Man erkundete, ähnlich wie Wygotski, meist experimentell und unter Verwendung abstrakten Versuchsmaterials und sinnloser Silben die Begriffsbildung (vgl. zum «concept attainment» u. a. Hull 1920, Bruner/Goodnow/Austin 1956 und Flavell 1970), oder man stellte Kinder vor Definitionsaufgaben (vgl. u. a. Feifel/Lorge 1950). Dabei erwies sich die Bedeutungsstruktur der Sprache als äußerst unzugänglich. Die experimentellen Ergebnisse gerade im Bereich der Wortdefinition waren vieldeutig; die Leistungen des Kindes konnten ebenso auf mechanisches Lernen wie auf Regelbeherrschung zurückgeführt werden (vgl. Berko/Brown 1960, S. 538). Folglich kann aus Untersuchungen dieser Art keine Antwort auf unsere prinzipielle Frage abgeleitet werden.

Ein Experiment, dessen Ergebnisse relativ sicher auf eine systemhafte Strukturierung der Bedeutungskomponente und auf Veränderungen der Struktur mit zunehmendem Alter schließen ließen, soll kurz geschildert werden. Die Untersuchung von Riess (1946) basierte auf der sogenannten *semantischen Konditionierung und Generalisierung* (vgl. auch Goodwin/Long/Welch 1945). Diese Methode geht auf einen wichtigen Aspekt von Pawlows Theorie der höheren Nerventätigkeit, nämlich die *klassische Konditionierung*, zurück und wurde vor allem von Razran (1938, 1939a, 1939b) in Hinblick auf Bedeutungsanalysen ausgebaut.

Das Prinzip der klassischen Konditionierung soll, soweit zum Verständnis des Folgenden erforderlich, erläutert werden. Eine elementare Form der Interaktion zwischen Organismus und Umwelt ist der Reiz-Reflex-Bogen. Ein kalter Luftstrom auf das Auge löst den Lidschlagreflex aus, bestimmte Elektroschocks bewirken reflexhafte Gefäßverengungen, plötzliche Geräusche beeinflussen die elektrischen Hautströme etc. Wird eine Vp wiederholt kurz vor dem Erscheinen des «natürlichen» Reizes, z. B. des kalten Luftstromes, einem neutralen Reiz, z. B. einem bestimmten akustischen Signal ausgesetzt, das den Reflex normalerweise nicht oder nur wesentlich schwächer auslöst, dann kann der neutrale, jetzt bedingend genannte Reiz den «natürlichen» ersetzen, d. h. der Lidschlagreflex kann allein vom Geräusch ausgelöst werden. Der so erzeugte Reiz-Reflex-Bogen wird *bedingt* oder *konditioniert* genannt. Wichtig für das Riesssche Experiment ist jetzt die Erkenntnis, daß ein bedingter Reflex nicht nur durch den bedingenden Reiz, sondern ebenfalls, wenn auch schwächer, durch Ereignisse, die dem bedingenden Reiz ähnlich sind, ausgelöst wird – man bezeichnet dieses Phänomen als *Reizgeneralisation*. Der Grad, mit dem ein unkonditionierter Reiz den bedingten Reflex auslöst, gibt Auskunft über seine vom Organismus gesetzte Verwandtschaft zum bedingenden Reiz.

Riess veranlaßte nach dem beschriebenen Konditionierungsprinzip – die methodischen Einzelheiten seiner Untersuchung sollen hier unberücksichtigt bleiben –, daß die Wahrnehmung des Schriftbildes ausgewählter

Wörter bei seinen Vpn einen meßbaren Hautstromfluß (EDR) hervorrief. Später wurde nach jedem so konditionierten Wort eine Gruppe unkonditionierter Wörter gegeben – Homophone, Antonyme und Synonyme des Reizwortes. Der mit vier Altersgruppen (7;9–10;8–14;0–18;4) durchgeführte Versuch ergab generell einen Transfer des EDR auf die unkonditionierten Wörter. Die Stärke des Transfers differierte zwischen den Altersgruppen in Hinblick auf die genannten Klassen. In der jüngsten Gruppe hatten die Homophone den höchsten Wert, gefolgt von den Antonymen und Synonymen. Für die Altersgruppe 10;8 lautete die Reihenfolge Antonyme–Homonyme–Synonyme und für die beiden ältesten Gruppen Synonyme–Antonyme–Homonyme. Das Experiment zeigte, daß noch zwischen 7;9 und 10;8 sowie 10;8 und 14;0 Lebensjahren bedeutende Umstrukturierungen im semantischen System erfolgen. Bleibt zu bedauern, daß dieses vielversprechende Verfahren nicht zur Klärung spezifischerer Aspekte der Entwicklung des Bedeutungsgefüges eingesetzt wurde.

Anfang der 70er Jahre explodierte geradezu die linguistische Spekulation über die semantische Entwicklung des Kindes. McNeill (1970b) legte ein eher lexikalisches Konzept vor. Im Ein-Wort-Stadium verfügt danach das Kind über ein Lexikon mit Worteinträgen von Satzbedeutung, die bereits mit Informationen über grammatische Relationen versehen sind. Im Zwei-Wort-Stadium reorganisiert das Kind sein Lexikon aus ökonomischen Gründen; es geht von Satz- zu Wortbedeutungen über. Ab dieser Phase werden Lexikoneinträge durch semantische Merkmale bereichert. McNeill kann sich aber nicht entscheiden, ob semantische Merkmale den Lexikoneinträgen kontinuierlich oder bei jedem neuen Wort vollständig zugegeben werden.

In einer gewissen Nähe zu den Auffassungen von Stern/Stern (vgl. Kap. I, 4.3) steht der Vorschlag Anglins (1970), die semantische Entwicklung des Kindes als fortlaufenden Generalisierungsprozeß zu betrachten – ein ebenfalls lexikonzentriertes Konzept. Danach geht das Kind in seiner Entwicklung von zunächst konkreten Beziehungen zwischen Wörtern und den mit ihnen bezeichneten Objekten zu abstrakteren Beziehungen von größerem Allgemeinheitsgrad über. Dieser Prozeß strukturiert das Lexikon. Ein Beispiel: Zu Beginn mag das Kind Wörter wie «Rose», «Tulpe», «Eiche» und «Buche» lernen. Darauf gruppiert es diese Wörter unter übergeordnete lexikalische Einträge wie «Blume» und «Baum», die wiederum in einem nächsten Schritt dem Wort «Pflanze» untergeordnet werden. Dieser recht systematisch klingende Ansatz hat den Nachteil, viele Daten zum Spracherwerb nicht abdecken zu können. So treten häufig Wörter wie «Baum» vor konkreteren Benennungen auf. Offenbar ist die semantische Entwicklung nicht einfach durch ein Fortschreiten vom Besonderen zum Allgemeinen, sondern ebenso durch Übergänge vom Allgemeinen zum Besonderen gekennzeichnet. Beide Prozesse scheinen sich in durchaus komplizierter Weise wechselseitig zu durchdringen.

Der Angeborenheitsidee der generativen Transformationsgrammatik folgend behaupten Postal (1966) und Bierwisch (1967, 1970), dem Kind sei eine Menge universaler semantischer Merkmale biologisch mitgegeben. Danach sollen semantische Merkmale keine externen physikalischen Eigenschaften von Objekten und Ereignissen, sondern interne psychische Bedingungen repräsentieren, gemäß denen Menschen Eigenschaften ihrer Umgebung wahrnehmen und konzeptualisieren. Diese Semantiktheorie geht damit in Richtung einer Kognitionstheorie, wobei die grundlegenden Züge der Kognition als angeboren betrachtet werden.

E. Clark (1973) spricht sich im Gegensatz zu Bierwisch für den *Erwerb* semantischer Merkmale aus. Das Kind lernt einerseits Wörter, andererseits baut es ein System semantischer Merkmale auf. Die Wörter werden zunehmend mit semantischen Merkmalen bestückt, das Lexikon gewinnt damit an Struktur. Der Mangel semantischer Merkmale in der Anfangsphase erklärt die Unterschiede im Wortgebrauch des Erwachsenen und des Kindes. Ein Beispiel: Wenn das Kind «Hund» lernt, wird es dieses Wort zunächst nur mit einem semantischen Merkmal ausgestattet haben, etwa «vierbeinig». Folglich werden mit «Hund» auch Kühe, Schafe, Pferde etc. bezeichnet. Wenn das Kind nun zwischen den im Beispiel genannten Tieren unterscheiden will oder muß, wird es etwa das Wort «Pferd» verwenden und mit differenzierenden Merkmalen wie «Hufe, Mähne» ausstatten. «Hund» hingegen mag durch «Geräusch: Bellen, Größe: relativ klein» weiter spezifiziert werden. Im Gegensatz zu Bierwischs Konzept hat E. Clarks Vorschlag einen physikalistischen Anstrich, das Kind spiegelt im Aufbau des Systems semantischer Merkmale die Eigenschaften der Umwelt wider. Damit bewegt sich diese Theorie in Richtung Physik, Biologie etc. aus der Linguistik heraus.

Mit den beiden zuletzt referierten Theorien werden ein grundsätzlicher Gegensatz und ein generelles Problem linguistischer Semantikforschung beispielhaft verdeutlicht. Sprachliche Einheiten beziehen sich auf Nicht-Sprachliches, das macht einen Teil ihrer Bedeutung aus, sie beziehen sich aber auch unter Bedeutungsgesichtspunkten aufeinander. Sobald die Semantikforschung das Nicht-Sprachliche in ihrem Erklärungsansatz mit aufnimmt, wird sie keine linguistische Theorie im engeren Sinne mehr bleiben können. Sie wird das Nicht-Sprachliche entweder als Psychisches (Wahrnehmungsgesetze, Konzepte etc.) oder als Physikalisches (Objekteigenschaften, Relationen zwischen Objekten etc.) interpretieren müssen, und sie kann, wie immer entschieden wird, die Verbindung zwischen sprachlichen und nicht-sprachlichen Einheiten durch Merkmalsysteme erklären wollen.

Eine Möglichkeit, die aufgezeigte Alternative zu meiden und damit das Konzept einer linguistischen Semantik im engeren Sinne zu retten, wurde in der Verwendung logisch ausgerichteter Semantiktheorien gesehen. Hier wird statt mit semantischen Merkmalen mit Sinnregeln gearbeitet, d. h. sprachliche Einheiten werden auf sprachliche Einheiten bezogen. Beispiel: Wenn x ein Ball ist, dann ist x rund. Wenn man allerdings bei diesem Ansatz über rein analytische Sätze hinausgelangen will, muß auch hier wieder Welt ins Spiel gebracht werden. Das kann ganz abstrakt geschehen, wie MONTAGUE dies im Rahmen der Kategorialgrammatik mit dem Konzept der möglichen Welten und des Referenzpunktes vorgeführt hat (vgl. MONTAGUE/SCHNELLE 1972). KEGEL/SAILE (1975) haben MONTAGUES Ansatz zur Analyse von Kinderbüchern verwendet, doch scheint sich die Erklärung des Spracherwerbs auf modelltheoretischer Basis allein nicht befriedigend durchführen zu lassen. So versuchen auch KEGEL/SAILE in noch sehr loser und durchaus fragwürdiger Form ein Band zwischen MONTAGUES Semantiktheorie und PIAGETS Entwicklungstheorie zu knüpfen. Mag sein, daß die folgende Bemerkung in den Ohren der Modelltheoretiker etwas platt klingt, geäußert sei sie trotzdem: Kein Kind ist ein logischer Gedanke, jedes Kind ist ein konkreter Mensch. Und das Kind an und für sich ist fruchtbarer als psychologische Verallgemeinerung denn als logisches Konstrukt zu denken. Genauso ist es fruchtbarer, die Welt des sprechenden Menschen aus der konkreten Welt denn aus der Menge logisch möglicher Welten abzuleiten.

Wenden wir uns noch einmal den in den vorangegangenen Abschnitten diskutierten 14 Morphemen nach BROWN (1973) zu. Wir wollen hier die auf BROWNS Analyse folgenden Einwände nicht wiederholen. Angemerkt sei lediglich, daß BROWN sich keiner einzelnen Semantiktheorie bedient. Das wäre auch schwierig, da diese Theorien normalerweise nicht von der Grundeinheit Morphem, sondern vom Wort- und Satzkonzept ausgehen. BROWN sucht daher für jedes Morphem nach passenden Vorschlägen in der Literatur und beschreibt ihre Bedeutung schließlich eher mit theoretisch unspezifischen Wendungen. Da die Elemente jener vier Morphempaare, die die Vergangenheit, die dritte Person, die Kopula und das Auxiliar betreffen, von jeweils gleicher Bedeutung sind, berücksichtigt BROWN in seiner Analyse semantischer Komplexität nur die zuerst auftretenden Elemente der Paare (vgl. Tab. 4.27).

	Morpheme	Meaning
1.	Present progressive	Temporary duration; (process-state)
2.5	*in*	Containment
2.5	*on*	Support
4.	Plural	Number
5.	Past irregular	Earlierness
6.	Possessive	Possession
7.	Uncontractible copula	Number; earlierness
8.	Articles	Specific-nonspecific
9.	Third Person regular	Number; earlierness
10.	Uncontractible auxiliary	Temporary duration; number; earlierness; (process-state)

Tab. 4.27: *Mittlere Erwerbsfolge von 10 Morphemen und die Bedeutung, die sie ausdrücken oder präsupponieren nach* BROWN (1973), S. 369

Die Überprüfung der Hypothese, semantische Komplexität sei mitverantwortlich für die Erwerbsfolge der Morpheme erweist sich im Vergleich zur analogen Behauptung über die syntaktische Komplexität als schwierig. Brown fehlt ja eine einheitliche Semantiktheorie, aus der sich schlüssige Komplexitätserwägungen ableiten ließen. So behilft er sich mit dem Konzept kumulativer Komplexität: «Kurz, ein Morphem, das Wissen irgendeines Elements X umfaßt, ist weniger komplex als ein Morphem, das Wissen um x und noch irgendetwas umfaßt» (op. cit., S. 370). Auf dieser Basis gelangt er zu neun Voraussagen, die alle im Sinne seiner Hypothese durch die Daten gestützt werden (vgl. Tab. 4.28).

In wesentlich allgemeinerer Form als Brown gehen Bloom et al. (1975) auf die Entwicklung der Semantik ein. Sie analysieren spontane Äußerungen von vier Kindern in Hinblick darauf, was im Alter von 1;7 bis 2;1 grundsätzlich zum Ausdruck gebracht wird und welche Abfolge diese Inhalte aufweisen. Danach treten zunächst Äußerungen auf, die das Vorhandensein, Nicht-Vorhandensein und Wieder-Vorhandensein von Objekten betreffen. Anschließend sind Äußerungen mit Verbalphrasen zu verzeichnen, die sich auf Handlungen, Ziellokalisierungen von Handlungen, Zustände, lokalisierte Zustände sowie Wahrnehmungsleistungen des Kindes (z. B. sehen, hören) beziehen. Schließlich produziert das Kind Äußerungen, die Intentionen, W-Fragen, logische Objekte einer Handlung, instrumentale Konstruktionen und Orte von Handlungen umfassen. Das Bild wird in Bloom/Lahey (1978) um die Feststellung erweitert, daß Kinder unter zwei Jahren sich sprachlich auf konkrete Gegenstände und

Prediction	Sarah	Adam	Eve
Plural < uncontractible copula	+	+	+
Past, irregular < uncontractible copula	+	=	+
Plural < third person regular	+	+	+
Past irregular < third person regular	+	+	+
Plural < uncontractible auxiliary	+	+	+
Past irregular < uncontractible auxiliary	+	+	+
Progressive < uncontractible auxiliary	+	+	+
Uncontractible copula < uncontractible auxiliary	+	+	+
Third person regular < uncontractible auxiliary	+	+	+

Erläuterung der Symbole:

< Die Konstruktion links wird vor der Konstruktion rechts des Zeichens erworben.

\+ Die Voraussage wurde bestätigt.

= Die Voraussage wurde weder bestätigt noch verworfen.

Tab. 4.28: *Prüfung der Voraussagen über kumulative semantische Komplexität anhand der Daten von drei Kindern nach* Brown (1973), S. 371

Ereignisse, hingegen nicht auf eigene oder fremde Gefühle beziehen. Letzteres scheint in diesem Entwicklungsstadium noch allein den nicht-sprachlichen Ausdrucksmitteln vorbehalten zu sein. Eine schlüssige Darstellung ihrer Untersuchungsergebnisse im Rahmen einer Semantiktheorie bieten die Autoren nicht an. Sie sehen auch keine Möglichkeit, zwischen der syntaktischen und der semantischen Seite der Äußerungen zu differenzieren.

Rein semantisch ausgerichtete, theoretisch explizite Forschungen zur Kindersprache fußen meist auf der Analyse isolierter Phänomene natürlicher Sprachen. Auf ihre Darstellung soll daher verzichtet werden. In ihrer Mehrheit hat die Semantikforschung zunächst Bezüge zur Syntax, dann zu psychologischen Konstrukten gesucht. Hierüber wird in den folgenden Abschnitten zu berichten sein.

4. Die Wahrnehmung von Mustern und Merkmalen

In den 70er Jahren spitzte sich der Streit um den Stellenwert linguistischer Universalien in der Spracherwerbsforschung auf die Frage zu, ob die Kompetenz anderen kognitiven Fähigkeiten vorzuordnen sei oder ob sich Sprachfähigkeit aus übergeordneten, nicht spezifisch sprachlichen Eigenschaften ableite.

SLOBIN (1971c) gelangte aufgrund der Verallgemeinerung einer Beobachtung von MIKEŠ/VLAHOVIĆ (1966) zu dem Schluß, daß wichtige Aspekte des Spracherwerbs durch Wahrnehmungsstrategien bestimmt seien. MIKEŠ/VLAHOVIĆ hatten zwei bilingual (serbokroatisch und ungarisch) aufwachsende Kinder beobachtet und festgestellt, daß beide im Stadium der Zweiwortsätze bestimmte lokative Relationen zwar im Ungarischen, nicht aber im Serbokroatischen zum Ausdruck bringen konnten. Nun werden lokative Relationen in beiden Sprachen mit unterschiedlichen syntaktischen Mitteln gekennzeichnet – im Ungarischen durch nominale Flexionsmerkmale, im Serbokroatischen neben der Nominalflexion durch lokative Präpositionen. SLOBIN verallgemeinerte diese Beobachtung, indem er für eine Vielzahl von Sprachen feststellte, daß die syntaktische Beherrschung lokativer Relationen früher erworben wird, wenn diese statt durch Präpositionen oder Präfixe durch Suffixe oder nachgestellte Partikel markiert werden. Im vorliegenden Fall hätte das übergeordnete Operationsprinzip der Kinder etwa zu lauten: Achte auf das Wortende!

SLOBINS plausible Deutung betont im Gegensatz zur Korrespondenz-Hypothese den Einfluß von Perzeptionsmechanismen auf die Prozesse des Spracherwerbs. Sie deckt sich mit einem Teilaspekt des von BEVER (1970, 1971) vorgeschlagenen Spracherwerbsmodells, das zwar nicht in jedem Detail, wohl aber in seinen Grundzügen als eine durchaus vielversprechende Behandlung des Gegenstandes einzuschätzen ist.

Nach BEVER unterliegt jedes Sprachverhalten drei bedingenden Faktoren: den *Basiskapazitäten*, den *Verhaltens-* und *Perzeptionsstrategien* und

-induktionen sowie dem *epistemologischen System*. Im Sprachverhalten des Erwachsenen sollen die Faktoren so miteinander verwoben sein, daß ihre Isolierung kaum möglich ist. In der Entwicklung des Kindes hingegen seien drei Phasen zu beobachten, in denen jeweils ein Faktor dominiere. Bis ca. zum Ende des zweiten Lebensjahres sei das kindliche Sprachverhalten durch die Basiskapazitäten bestimmt, zwischen dem dritten und sechsten Lebensjahr trete der Einfluß der Verhaltens- und Perzeptionsstrategien hervor, und erst nach dem sechsten Lebensjahr wirke auch das epistemologische System auf das Sprachverhalten ein.

BEVER illustrierte seine Faktoreninterpretation an Ergebnissen einer Schätzaufgabe (vgl. Abb. 4.29). Haben Erwachsene die Entscheidung zu treffen, welche von zwei Zeichenketten die größere Anzahl von Elementen enthält, können sie je nach den näheren Bedingungen der Situation entweder auf der Grundlage elementarer Vergleichsstrategien entscheiden oder von der Generalisierung ausgehen, daß eine längere Kette mehr Elemente aufweist, oder beide Reihen durchzählen. Diese drei Alternativen basieren auf Leistungen, die den oben genannten Faktoren entsprechen. Kinder, meinte BEVER, hätten diese Wahl offenbar nicht. Mit ca. zwei und mit ca. sechs Jahren lösen sie die Aufgabe korrekt, nur eben auf der Grundlage unterschiedlicher Leistungen. Mit sechs Jahren zählen sie die Reihen oder führen eine Einszueins-Vergleichsoperation mit den Ketten durch. Zu beidem sind sie mit zwei Jahren noch nicht in der Lage. Folglich muß nach BEVER angenommen werden, daß sie in diesem Alter über eine primitive Fähigkeit zur Abschätzung der relativen Elementenzahl kurzer Ketten verfügen. Zwischen zwei und sechs Jahren verschlechtern sich die Leistungen der Kinder; sie irren sich häufig bei den Aufgaben (a) und (d). Ihre Urteile beruhen offensichtlich auf der Generalisierung, längere Ketten seien elementenreicher.

Die hier aufgezeigte Diskontinuität einer Leistungsentwicklung zeigt sich nach BEVER auch in grundlegenden Aspekten des Sprachverhaltens und scheint auf den gleichen Prinzipien zu beruhen. Im Alter von zwei Jahren beherrscht das Kind die Namen einiger Objekte und Handlungen,

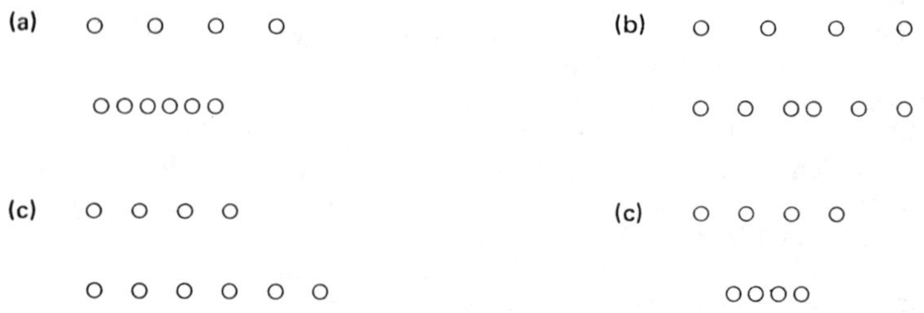

Abb. 4.29: *Symbolketten in einem Schätzexperiment nach* BEVER (1970), S. 283

d. h. eine *Fähigkeit zur Referenz* ist vorhanden. Weiterhin verfügt es über einige grundlegende *satzinterne Relationen* wie Agent, Aktion, Objekt und Modifikator, womit ein Vorverständnis unterschiedlicher Satzstrukturen gesichert ist. Das Kind richtet nach BEVERS Ansicht seine Sprachwahrnehmung nach folgender Strategie aus: «Segmentiere als Einheit jede Sequenz X ... Y, in welcher die Elemente durch die primäre interne Strukturrelation ‹actor action object ... modifier› aufeinander bezogen werden können» (1970, S. 290).

Ausgangspunkt der Satzwahrnehmung ist nach BEVER in diesem Alter die Identifizierung einer «primitiven Gestalt», nämlich der Nomen-Verb-Sequenz. Die zumeist korrekt interpretierten Sätze wie

(i) *the horse kisses* the cow

(ii) it's the cow *the horse kisses*

belegen, daß das Kind nicht mechanisch das erste Nomen seiner Äußerung zum Agenten des Satzes erklärt, sondern die komplexe Nomen-Verb-Verbindung als Agent-Aktion interpretiert. Die Leistungen bei Passivsätzen wie

(iii) the cow ist kissed by the horse

sind wesentlich schlechter. Allerdings versagen die Kinder nicht vollständig, wie aufgrund der postulierten Strategie vorausgesagt werden könnte. Nach BEVERS Meinung kann die Kopulaform «is» die Interpretation von «the cow is kissed» als Agent-Aktion blockieren.

Im Alter von drei Jahren hat sich das Kind schon beträchtliche Kenntnisse über seine Umwelt erworben. Es neigt dazu, Sätze weniger nach strukturellen Merkmalen, sondern eher auf der Grundlage verallgemeinerter Erfahrungen über die im Satz benannten Objekte und Handlungen zu interpretieren. Es entwickelt also eine Strategie, mit der die Relationen der Satzkonstituenten zueinander aus den semantischen Restriktionen der verwendeten Wörter abgeleitet werden.

BEVER verwies auf SLOBIN (1966), der festgestellt hatte, daß Aktiv- und Passivkonstruktionen gleich gut verstanden werden, wenn die semantischen Relationen eindeutig sind. Für ca. drei- bis vierjährige Kinder bestehen bei Aktiv-Passiv-Paaren, die eine semantisch eindeutige Relation repräsentieren, wie z. B.

(iv) the cookie was eaten by the dog

(v) the dog ate the cookie

keine Differenzen im Verständnisgrad. Ist hingegen die Relation zwischen zwei Objekten umkehrbar, wie z. B. bei

(vi) the horse was followed by the cow

(vii) the cow followed the horse

treten bei (vi) größere Schwierigkeiten als bei (vii) auf. Da für zweijährige Kinder beide Passivkonstruktionen gleichermaßen problematischer sind als die entsprechenden Aktivfassungen, zeichnet sich zwischen zwei und drei bis vier Jahren ein deutlicher Fortschritt in der Beherrschung von Passivsätzen ab.

Mit ca. vier Jahren tritt eine neue Strategie in den Vordergrund: «Jede Nomen-Verb-Nomen-Sequenz (NVN) innerhalb einer potentiellen internen Einheit der Oberflächenstruktur entspricht einer Agent-Aktion-Objekt-Verbindung» (1970, S. 298). Mit dieser Strategie entsteht die Tendenz, das erste Nomen eines Satzes als Agenten zu interpretieren. In der Folge verschlechtert sich deutlich das Verständnis von inversen und passivischen Konstruktionen wie (ii), (iii), (iv) und (vi).

Nach dieser Phase soll durch die Berücksichtigung komplexerer und angemessener Segmentationsstrategien das Sprachverhalten des Kindes dem des Erwachsenen stetig ähnlicher werden. Nach BEVERS Auffassung beginnt das Kind etwa am Anfang seiner Schulzeit ein Konzept von der Sprache zu entwickeln, das relativ unabhängig vom aktuellen Sprachgebrauch ist. Dieses epistemologische System ist in BEVERS Entwicklungsmodell prinzipiell vergleichbar mit dem Konzept der natürlichen Zahlen. Man lernt nicht nur sprechen oder zählen, sondern auch, über Sprache und Zahl reflektieren.

BEVER hat sich in einer späteren sprachvergleichenden Arbeit gemeinsam mit SLOBIN speziellen Wahrnehmungsstrategien englisch, italienisch, serbokroatisch und türkisch aufwachsender Kinder im Alter von 2;0 bis 4;4 zugewandt (SLOBIN/BEVER 1982). Die Autoren vermuten, daß in dieser Phase kanonische Satztypen eine entscheidende Rolle für den Spracherwerb spielen. Hier läßt sich eine Verbindung zur Argumentation von Frau MENN (1983) bezüglich des Einflusses kanonischer Formen auf die phonologische Entwicklung ziehen (vgl. Kap. IV, 3.1). Kanonische Sätze bedürfen zu ihrem Verständnis der geringsten kontextuellen Zusatzinformation. Von einfachem, aktivem, affirmativem und deklarativem Status tendieren sie zu definiten menschlichen Agenten als Thema, zu finiten aktiven Verben und zum primären Wortordnungsmuster der Zielsprache.

Da in der Alltagskommunikation Wortordnung, Flexion und Prosodie komplex verknüpft sind, bleibt zu fragen, wie Kinder die kanonischen Sätze ihrer Muttersprache erkennen. Nach Meinung der Autoren können derartige linguistische Induktionen auf zwei Wegen erreicht werden: «Aufmerksamkeit für ‹privilegierte› Satzformen und (2) Extraktion ‹privilegierter› Merkmale aus diesen Formen» (op. cit., S. 230). Unterstützt werden diese Induktionsstrategien durch die Umgebung. Die Autoren verweisen auf die Interaktionsforschung (vgl. Kap. IV, 6), die den überfrequenten Gebrauch kanonischer Satztypen in der Sprache des Erwachsenen gegenüber dem Kind nachweist.

Je nach Zielsprache wird das Kind nach Meinung der Autoren eher auf typische Wortordnungen oder auf typische Flexionen zwecks Erkennung der kanonischen Sätze achten. Ohne auf Feinheiten der Sprachtypologie einzugehen, klassifizieren sie ihre untersuchten Sprachen daher nur nach dem Ausmaß, in dem Wortordnung und Flexion grammatische Funktionen ausdrücken. Sie bestimmen Englisch als «geordnet/nicht-flektierend», Italienisch als «schwach geordnet/schwach flektierend», Serbo-Kroatisch als «schwach geordnet/nicht flektierend» und Türkisch als «minimal geordnet/nicht-flektierend».

Für jede Sprache wurden acht Altersgruppen gebildet (2;0, 2;4, 2;8, 3;0, 3;4, 3;8, 4;0, 4;4), wobei jede Altersgruppe mit drei Mädchen und drei Knaben besetzt war. Den Kindern wurden Sätze vorgesprochen, die zwei belebte Nomen und ein reversibles Verb umfaßten. Somit konnte jedes der beiden Nomen entweder als Agent oder Patient (Objekt) des Satzes interpretiert werden. Die Wortordnung wurde systematisch variiert. Zur Verständnisprüfung erhielten die Kinder Tierspielzeuge oder Puppen, mit denen sie die Satzbedeutung ausagieren sollten.

Tabelle 4.30 zeigt das generelle Ergebnis der Untersuchung. Auffällig ist, daß serbo-kroatische Kinder am schlechtesten abschneiden, türkische Kinder hingegen in den ersten Altersgruppen die besten Resultate erzielen. Nach Meinung der Autoren erklärt sich das Ergebnis aus wahrnehmungsrelevanten Eigenschaften der Zielsprache:

«Türkisch bietet dem Kind eine einheitliche und morphologisch einfache Flexionsmarkierung an, die immer auf das Objekt hinweist; Englisch und Italienisch hängen vollständig von der Wortordnung zur Kennzeichnung semantischer Relationen ab (bei den von uns benutzten Konstruktionen); Serbo-Kroatisch jedoch verwendet beide Arten syntaktischer Hinweise. Um die Sache im Serbo-Kroatischen noch komplizierter zu machen, ist manchmal das Subjekt und manchmal das Objekt phonetisch markiert; manchmal keines von beiden, was die Benutzung einer Ordnungsstrategie notwendig macht. Diese linguistischen Unterschiede ermöglichen eine Interpretation der beobachteten Unterschiede im Verständnis. Türkische Kinder müssen nur das Objektmorphem lernen, um die Sätze korrekt zu verstehen. Dieses Morphem ist vor zwei Jahren produktiv [...]. Englische und italienische Kinder müssen eher Sensitivität für Wortordnungsmuster entwickeln, statt ein einzelnes Fallmorphem zu erwerben. Schließlich sind die serbo-kroatischen Kinder mit dem doppelten Problem konfrontiert, inflektionale Systeme und Wortordnungsregeln zu lernen und zudem zu lernen, wann sie sich auf welchen Hinweis verlassen dürfen, da die beiden Hinweise zu entgegengesetzten Interpretationen in Sätzen führen, in denen das erste Nomen das Objekt ist.» (op. cit., S. 241 f).

Die Autoren gehen bei der weiteren Darstellung und Interpretation ihrer Ergebnisse auf eine Vielzahl von Details ein, die wir hier nicht erörtern wollen. Die Auffassungen der Autoren stützt eine zusätzliche Untersu-

	Sprache			
Alter	Englisch	Italienisch	S.-Kroatisch	Türkisch
24–28	58	66	61	79
32–36	75	78	58	80
40–44	88	85	69	82
48–52	92	90	79	87

Tab. 4.30: *Korrekte Ausführung der grammatischen Sätze in Prozent nach* Slobin/Bever (1982), S. 241

chung zum Türkischen, das zwar als nur «minimal geordnet» gilt, aber unter dieser Einschränkung doch die Einschätzung erlaubt, SOV sei die hier dominante Satzform. Bever/Slobin überprüfen den Einfluß der SOV-Ordnung mit einem Nachsprechexperiment, in dem die Sätze einer der Verständnisaufgaben 30 Kindern (Durchschnittsalter 3;9) vorgesprochen wurden (vgl. Tab. 4.31). Das Ergebnis läßt sich in vier Punkten zusammenfassen:

(1) Ketten mit Verbendstellung wurden fast nie umgestellt.
(2) NVN-Ketten wurden weniger häufig umgestellt als VNN-Ketten, und sie wurden dann immer in NNV-Ordnung gebracht.
(3) VNN-Ketten wurden am häufigsten umgestellt, meist in NNV-Ordnung.
(4) Jüngere Kinder (unter 3;4) haben eine ausgeprägtere Tendenz zur Kettenumstellung, und zwar in Richtung auf Ketten mit Verbendstellung.

Damit zeigt sich nach Meinung der Autoren insbesondere bei jüngeren Kindern eine Strategie, selbst im Türkischen ihre Sprache nach kanonischen Formen zu organisieren.

Halten wir zunächst einmal fest, was gegen den Grundgedanken, kanonische Muster würden über zielsprachenspezifische Wahrnehmungsstrategien erkannt und darin liege der Kern der Sprachentwicklung, an Kritik geäußert werden kann. Sicher bleibt in Bevers erstem Modell ganz und gar unklar, welchen Status die Basiskapazitäten aufweisen. Nicht von ungefähr dürfte sich daher die zweite Arbeit dieses Problems mit keinem Wort angenommen haben. Wir wissen daher weiterhin nicht, wie der eigentliche Start der Sprachentwicklung nach Bever und Slobin aussehen sollte. Dann betonen die Autoren zwar wiederholt den Einfluß der Prosodie, sie untersuchen ihn aber nicht. Es bleibt daher offen, ob nicht prosodische Muster und prosodische Markierungen die erhobenen Daten verantworten, womit die Einflüsse von Wortordnung und Flexion als abgeleitete Erscheinungen einzuschätzen wären. Da in einigen Untersuchun-

Stimulus Satz	Response Typ SVO	OVS	SOV	OSV	VSO	VOS	Andere
SVO	76		14	2			9
OVS	2	73	4	15			7
SOV			98				2
OSV			6	81			13
VSO	2		20	2	67	2	7
VOS		3	8	2	2	69	18

Tab. 4.31: *Prozentsatz türkischer Satzimitationen nach Wortordnungstyp* (n = 30; mittleres Alter = 45 Monate) *nach* Slobin/Bever (1982), S. 255

gen nachgewiesen wurde, daß Kinder bereits im ersten Lebensjahr ihre Umgebungssprache offenbar nach phonetisch-prosodischen Eigenschaften von anderen Sprachen unterscheiden können (vgl. EIMAS/MILLER 1981), wäre über die Prosodie möglicherweise der Bogen von kanonischen Sätzen zum eigentlichen Sprachbeginn zu schlagen. Dem steht, das sei hier eingeräumt, die Schwierigkeit entgegen, prosodische Muster und Merkmale in einer exakten Beschreibungssprache zu erfassen.

Unabhängig von diesen kritischen Anmerkungen zeigen die Arbeiten von BEVER und SLOBIN eine äußerst bedenkenswerte Alternative zu den üblichen linguistisch orientierten Ansätzen auf: Das Kind konstruiert und analysiert keine hierarchischen Strukturen gemäß irgendeiner Grammatiktheorie, sondern es erkennt Muster, die es im weiteren Verlauf der Entwicklung variiert. Diese Position ist mit einer massiven Kritik am Konzept der linguistischen Universalien verknüpft. Die linguistischen Universalien der generativ-transformationellen Grammatik müssen nach BEVERS Ansicht als eine Menge *scheinbarer* Universalien verstanden werden. Erst wenn man von dieser Menge alles abgezogen hat, was auf allgemeinen kognitiven und perzeptuellen Prinzipien beruhe, gelange man zur Menge der sprachspezifischen Universalien. Diese Argumentation richtet sich deutlich gegen die Methodik der Kompetenztheorie, zu deren Grundlage die Argumentation mit linguistischen Urteilen gehört. Die Struktur der Urteilsprozesse, die in sie einfließenden Faktoren sind unbekannt. Man kann z. B. bei der Beurteilung eines Satzpaares nicht ausschließen, ob Wahrnehmungsgesetze das Urteil beeinflußt haben. Nach BEVERS Meinung ist es notwendig, den Ablauf des Urteilsprozesses zu untersuchen, um Klarheit über den Status der Urteile zu gewinnen.

Offensichtlicher ist der Charakter der linguistischen Argumentation selbst. Hier handelt es sich um einen bewußten, explizit darlegbaren Reflexionsprozeß und damit um ein am epistemologischen System orientiertes Verhalten. Folglich ist ausgehend von BEVERS Modell zweierlei an der Kompetenztheorie zu kritisieren: zum einen die Abstützung auf Daten ungeklärten Charakters, nämlich den linguistischen Urteilen, zum andern die Übergewichtung eines der drei Faktoren, die das Sprachverhalten bedingen, nämlich des epistemologischen Systems. Dies läßt die Kompetenztheorien und -grammatiken als solche problematisch erscheinen. Besonders fragwürdig aber wird nach BEVERS Modell eine auf Kompetenzgrammatiken fußende Kindersprachforschung, da jener für die Kompetenztheorie offenbar gewichtigste Faktor auf die Sprache eines Vorschulkindes praktisch keinen Einfluß hat.

5. Die kognitive Wende, Piaget und die Folgen

5.1. Das heutige Entwicklungsmodell

Aus PIAGETS langer und fruchtbarer Forschungstätigkeit sei hier in karger Verkürzung seine heute gültige Theorie der stufenweisen kognitiven Entwicklung herausgelöst. Im Großen verläuft nach PIAGET die Entwicklung in den drei Stufen der sensomotorischen Operationen, konkreten Denkoperationen und formalen Denkoperationen. Zur ausführlichen Darstellung sei auf die von PIAGET autorisierten Überblicke von FURTH (1972) und INHELDER/CHIPMAN (1976) verwiesen.

Die *sensomotorischen Operationen* betreffen die ersten eineinhalb Lebensjahre. Sie basieren auf angelegten Reflexmechanismen, die durch funktionales Üben allmählich in einem System von Bewegungen und Verschiebungen resultieren. Das sich im Raum bewegende Kind strukturiert sensomotorisch seine unmittelbare Umgebung und bildet den Plan des konstanten Objektes heraus. Es lernt, daß Objekte unabhängig von seinen Körperbewegungen und unabhängig von Verschiebungen der Objekte dauerhaft sind. Objekte können auch nach ihrer Verschiebung aus dem Gesichtsfeld des Kindes wieder gefunden werden. Das Kind entwickelt eine Logik der Aktionen; über die Koordination seines oralen, taktilen, visuellen, auditiven und haltungsmäßigen Raumes gelangt es zum objektiven, von ihm unabhängigen Raum. Sechs aufeinanderfolgende Unterstufen innerhalb der sensomotorischen Operationen sind durch Verhaltenspläne charakterisiert:

(1) Interaktion von Kind und Umwelt auf der Grundlage biologischer Reflexmechanismen, Assimilation der Umweltdaten in das Reflexsystem.

(2) Koordination der reflexbegründeten sensomotorischen Pläne zu neuen Gesamtheiten, etwa reziproke Assimilation der Seh- und Greifpläne.

(3) Aktive Exploration über wechselseitige Koordination von Hand und Auge, erstes Auftreten von Intentionalität ohne Differenzierung zwischen Mittel und Zweck.

(4) Erkundung neuer Dinge über Versuch und Irrtum, figurale Reproduktion wie bei schematischem Nachahmen von Bewegungen, Inbeziehungsetzung zweier Objekte, primitive Abstraktion, Antizipation von Folgen beobachteter Ereignisse.

(5) Aktive Umwelterkundung durch an Zweckmäßigkeit orientierter Differenzierung alter Verhaltenspläne, Entdeckung der Mittel zur Zielerreichung.

(6) Ergänzung der Methode von Versuch und Irrtum durch innere Koordinierung, Beginn der Interiorisationsprozesse, Bilden und Verstehen von Symbolen.

Die Stufe der *konkreten Denkoperationen* reicht etwa bis zum 11. oder 12. Lebensjahr. Um den Begriff Operation im hier von PIAGET verwendeten Sinne zu verstehen, sei er mit dem des sensomotorischen Planes verglichen. Letzterer realisiert sich im äußeren Verhalten, das er koordiniert. Operation hingegen bezeichnet im weiteren ein internes Koordinationsverhalten, also eine Tätigkeit des Menschen, die landläufig Denken genannt wird. Die Entwicklung der konkreten Denkoperationen zerfällt in zwei große Phasen. Bis zum 7. Lebensjahr bildet das Kind innere Operationen heraus, anschließend folgt ein langwieriger Strukturierungsprozeß.

Die anfangs herausgebildeten Operationen dienen der Klassifizierung, der Reihenbildung und dem Zählen konkreter Objekte. Sie sind durch Irreversibilität gekennzeichnet. So meinen Kinder in diesem Stadium, daß Veränderungen der Form eines Stoffes notwendig Veränderungen seiner Menge nach sich ziehen. Das Kind urteilt aufgrund der Beachtung von meist einer in ihrer Veränderung wahrgenommenen Dimension. Erst nach Beachtung mehrerer Dimensionen und deren Inbezugsetzung versteht es auf konkreter Ebene das physikalische Gesetz der Erhaltung von Materie. In diesem Entwicklungsstadium setzt es einzelne konkrete Operationen zu operationalen Systemen zusammen, die durch zwei Typen von Reversibilität bestimmt sind. Durch *negative* Denkoperationen können wahrgenommene Dimensionsveränderungen aufgehoben werden, durch *reziproke* Denkoperationen wird die Umkehrbarkeit von Beziehungen (z. B.: Bruder) und die Relativität räumlicher Beziehungen (z. B.: links-rechts) erkannt. Es dauert allerdings Jahre, bis die elementaren logisch-mathematischen Denkstrukturen auf alle konkreten Gegebenheiten angewendet werden.

Die Entwicklung der *formalen Denkoperationen* führt etwa im Alter von 14 oder 15 Jahren zu einem stabilen Denksystem. Der Jugendliche löst sich von konkreten Objekten, Eigenschaften und Relationen und bildet hypothetisch-deduktive Formen des Denkens aus.

PIAGETS Entwicklungstheorie erschöpft sich nicht in der Charakterisierung einer altersmäßig geordneten Abfolge von Leistungen, die in ingeniösen Experimenten nachgewiesen wurde. PIAGET kommt es vielmehr darauf an, die mathematisch-logische Struktur der Leistungen und ihrer Entwicklung zu entdecken (vgl. PIAGET 1970). So zeichnet diese Entwicklungstheorie neben fast unwiderstehlicher empirischer Plausibilität ein Formalisierungsniveau aus, das erst die wirkliche Verallgemeinerung der getroffenen Aussagen gestattet. PIAGETS genetische Theorie des Erkennens ist heute, verstanden als Beitrag zur Entwicklungspsychologie, zum festen Bestand dieser Disziplin zu rechnen. Angegriffen wird sie höchst selten nach ihrem eigentlichen Gehalt, problematisiert wird am ehesten die Behauptung altersabhängiger Entwicklungsstufen und damit der Diskontinuitätsgedanke des Modells.

Nun bleibt zu fragen, welche Rolle der Spracherwerb in diesem Entwicklungsmodell spielt. PIAGET scheidet Zeichen in Signale und Symbole. Solange Intelligenz wie in der Stufe sensomotorischer Operationen auf die Koordination externen Verhaltens ausgerichtet ist, orientiert sich das Kind an Signalen als Indikatoren für Dinge. Sobald Operationen interiorisiert werden, bildet das Kind Symbole aus, die stellvertretend für erkannte Ereignisse stehen. PIAGETS Symbolfunktion dient der internen Repräsentation von Erkenntniseinheiten. Sprache ist für PIAGET lediglich eine Manifestation der Symbolfunktion, die ihrerseits von der Entwicklung der Intelligenz abhängt.

In einem Vortrag vor der «Association de psychologie scientifique de langue française» im Jahre 1962 (deutsch in FURTH 1982) macht PIAGET klar, daß er der Sprache nur höchst geringen Einfluß auf die Entwicklung der Intelligenz einräumt. Die Ausführungen stehen deutlich im Widerspruch zu den Bemerkungen, die er der amerikanischen Version von WYGOTSKIS Werk beigab (vgl. Kap. II, 4.3). Vierzig Jahre zuvor, sagt PIAGET, habe er noch geglaubt, daß Sprache und Denken eng miteinander zusammenhängen. Seine Untersuchungen der sensomotorischen Intelligenz hätten ihn aber gelehrt, daß eine Logik der Koordination von Verhaltensakten existiere, die tiefer gehe als die Logik der Sprache und auch zeitlich früher erscheine. Zweifellos beständen Korrelationen zwischen der Herausbildung konzeptueller Repräsentationen und dem Spracherwerb des Kindes, doch dürfe aus solchen Korrelationen keine Kausalbeziehung herausgelesen werden. Beides hänge von einem noch allgemeineren Prozeß ab, nämlich der Bildung der Symbolfunktion. Auch könne Sprache allein keineswegs fertige operationale Strukturen übermitteln:

«... die sprachliche Übermittlung, die adäquate Informationen in bezug auf operationelle Strukturen vermittelt, wird erst auf Stufen assimiliert, auf denen diese Strukturen auf der Ebene der Verhaltensakte selbst oder der der Operationen, die interiorisierte Akte sind, ausgeprägt sind; und wenn die Sprache diese Interiorisation auch begünstigt, so erzeugt sie doch weder diese Strukturen noch übermittelt sie sie als fertige Strukturen auf ausschließlich sprachlichem Wege.» (op. cit., S. 185).

5.2. Der Einfluß auf die Spracherwerbsforschung

In den 60er Jahren kam es in der Psychologie der USA zur sogenannten kognitiven Wende. Das behavioristische Forschungsparadigma verblaßte, Beziehungen zwischen Stimulus und Response verloren ihre Beliebtheit als Forschungsgegenstand, stattdessen wurde die seit Erörterung der intervenierenden Variablen eh nicht mehr voll geschlossene Black-box vollends geöffnet und mit dichter interner Struktur versehen. Zur Verbreitung der neuen Themen wurden eigens Fachzeitschriften (z. B. Cognitive Psychology, Cognition) gegründet. Ideen zur Darstellung der interen Strukturen wurden der Informationstheorie, der Kybernetik und nicht zuletzt der Linguistik entnommen. Ein kurioses Beispiel für Letzteres ist die «Kognitive Psychologie» von NEISSER (1974), in der Hauptsache ein Konglomerat aus Wahrnehmungspsychologie und Transformationsgrammatik. In späteren Arbeiten hat sich NEISSER eines Besseren besonnen. Im Wust neu kreierter kognitiver Einheiten, die mit unterschiedlichsten, aber immer gut klingenden Bezeichnungen belegt wurden, ging eine Unterscheidung unter, die zur Klärung des Zusammenhangs von Sprache und Kognition hätte beitragen können. Sprache kann zum Bestandteil der menschlichen Kognition gerechnet werden, sie kann auf die Kognition einwirken oder aus der Kognition abgeleitet gedacht werden. Jede Aussage charakterisiert einen akzeptablen theoretischen Standort wie die Grundzüge eines For schungsprogrammes. Der bedauerliche Mangel an Klarheit in der Mehrheit der Arbeiten führte zu einer heillosen Verquickung theoretischer Konzepte, so etwa zu einer Verwicklung semantischer und kognitiver Strukturen bis hin zur Unkenntlichkeit des Gemeinten.

Die Spracherwerbsforschung blieb hiervon nicht unberührt. Sie hatte sich früh von behavioristischen und neobehavioristischen Ansätzen gelöst und stellte bald, so Daten ernsthaft erhoben wurden, ein empirisches Vehikel der Linguistik dar. Nun ist das Kind als Sprachhypothesengenerator zwar ein eleganter Gedanke, doch scheint eine entfaltete und mit kontrollierten Erfahrungen zwingend in Einklang stehende Ausarbeitung dieser Idee zu einer echten Sprachentwicklungstheorie zum Scheitern verurteilt. Jedenfalls erwies sich die monogame Beziehung zur Linguistik für die Spracherwerbsforschung als wenig profitabel. Alle ihre in der Praxis verwendbaren Ergebnisse sind auch ohne linguistische Spekulationen erreichbar. Kurz und um im Bild zu bleiben, die Spracherwerbsforschung erwählte sich als zweiten Partner die kognitive Psychologie. Da in den USA nur wenig Konzeptuelles in Hinblick auf kognitive Entwicklung zur Verfügung stand, verfiel man auf den früher so verschmähten PIAGET. Auf seine Theorie referierende Arbeiten nahmen seit Ende der sechziger Jahre derart zu, daß sich die Redaktion der «Language and Language Behavior Abstracts» veranlaßt sah, ab 1970 im Sachregister das Stichwort «Piaget» einzuführen.

Dieser wissenschaftshistorische Vorgang ist aus zwei Gründen sehr beachtenswert. Erstens hält PIAGET, wie oben referiert, wenig von der Auffassung, Sprache habe Entscheidendes mit Kognition zu tun. Zweitens paßt das meist weiterverwendete linguistische Beschreibungsinventar wegen seiner ganz abweichenden theoretischen Grundlage beim besten Willen nicht zu PIAGETS Entwicklungsmodell. Wenn trotzdem dieses Modell als Erklärungshintergrund für Spracherwerb herangezogen wird, müssen auch die notwendigen Folgen für die Spracherwerbstheorie akzeptiert werden. Spracherwerb wäre dann als Vorgang zu verstehen, der auf der kognitiven Entwicklung insbesondere der Symbolfunktion basiert. Die Beschreibungseinheiten der Sprache müßten stringente Bezüge zu kognitiven Einheiten aufweisen.

Ansatzweise werden diese Konsequenzen in den Arbeiten einiger Forscher gezogen (vgl. u. a. SCHLESINGER 1971, BLOOM 1973, BROWN 1973, EDWARDS 1973, SLOBIN 1973, CARTER 1974, WELLS 1974, MCCUNE-NICOLICH 1981, GREENFIELD 1982). Diese Autoren beziehen sensomotorische Operationen auf den Beginn des Spracherwerbs und versuchen, die Entwicklung der Wortbedeutungen wie der semantischen Struktur von Äußerungen auf sensomotorische Pläne zurückzuführen. Aus den Ergebnissen der sensomotorischen Entwicklung wie Objektkonstanz, Raum und Kausalität folgen danach semantische Einheiten wie Akteur, Aktion und Objekt nebst zeitlicher und räumlicher Bestimmungen, deren Kombination in syntaktisch einfachen Äußerungen mündet. Da sich generative Transformationsgrammatiken aufgrund ihrer Syntaxzentrierung, die nur die Beigabe einer interpretativen Semantikkomponente gestattet, für diesen Ansatz als unhandlich erweisen, wird die Sprachbeschreibung meist mit Kasusgrammatiken im Sinne FILLMORES (1968, 1970, 1971) durchgeführt. Exemplarisch läßt sich dieses Vorgehen an EDWARDS Untersuchung der Zwei-Wort-Phase verdeutlichen. Das Ergebnis der Arbeit ist in Tabelle 4.32 zusammengefaßt.

Neben den Arbeiten, die erkennbar Konsequenzen aus der Bezugnahme auf PIAGETS Konzepte gezogen haben, findet sich eine Vielzahl von Untersuchungen, in denen PIAGETsche Termini wohl nur zur Ausschmükkung herangezogen wurden. Häufig wurden die zuvor aus Vergleichszwecken eingesetzten Sprachentwicklungsmaße wie MLU einfach durch PIAGETS Entwicklungsstufen ersetzt. Bedauerlicherweise muß hier auch festgehalten werden, daß in zahlreichen Arbeiten kognitive mit linguistischen Theorien sehr undurchdacht vermengt wurden. Auf die Darstellung dieser eklektizistischen Unternehmungen verzichten wir besser.

	COGNITIONS	SEMANTIC RELATIONS
ROLES IN CAUSATIVITY AND ACTIONS	Psychological causer (role of persons as initiators and causers of events)	Agent
		+ causative actions
	Physical causer (role of object or person's body in affecting another object)	Instrument
	OBJECT that is in a particular state or relation or undergoing change, movement or the effects of action	
ROLES IN STATES AND RELATIONS	1) spatial locativity of objects	V.LOCATIVE + Location/Source/Goal
	2) privileged access of persons to objects	V.perm.POSSESSIVE + Possessor
	3) persons receiving objects in hand-to-hand exchanges	V.caus.trans.POSSESSIVE + Beneficiary
	4) persons and their body parts	V.inal.POSSESSIVE + Possessor
	5) perceptual discriminanda of behavioral importance	V.ATTRIBUTIVE

Tab. 4.32: *Zusammenfassung der Beziehungen zwischen sensomotorischer Intelligenz und Sprache nach* EDWARDS (1973), S. 432

5.3. Der Ärger mit Chomsky

Es ist wohl eine Besonderheit der Sprach- und Geisteswissenschaften, daß ihre Entwicklung häufig weniger durch solide Arbeitsergebnisse, sondern viel eher durch die Wertung von Streitigkeiten seitens der wissenschaftlichen Öffentlichkeit bestimmt wird. Das orthodox behavioristische Sprachkonzept von SKINNER (1957) wurde von CHOMSKY (1959) angegriffen. Diese Kritik ließ CHOMSKYS Bekanntheitsgrad wesentlich deutlicher steigen, als seine zwei Jahre früher vorgelegte Syntaxtheorie (CHOMSKY 1957). Sie trug auch mehr als seine ersten Arbeiten zur Grammatiktheorie dazu bei, daß die generative Transformationsgrammatik weit über die Grenzen der Linguistik hinaus Beachtung fand.

CHOMSKY wählte in seiner Kritik die Methode der indirekten Beweisführung. Gelingt es nur, die Haltlosigkeit des SKINNERschen Konzepts drastisch darzulegen und gleichzeitig SKINNER als Repräsentanten des Empirismus zu vermitteln, so folgt daraus die Überlegenheit des Rationalismus, mithin seines Repräsentanten in der Person CHOMSKYS. Rhetorisch wirkt diese Argumentationstechnik jedenfalls vordergründig schlagend, logisch betrachtet ist sie eher schwach. Zur Abstützung bedürfte es des nicht führbaren Nachweises, daß Empirismus und Rationalismus eine echte Alternative bilden, daß also neben ihnen keine weitere erkenntnistheoretische Position in Sicht ist. Darüber hinaus bedürfte die Linguistik im rationalistischen Gewand noch ihrer internen Rechtfertigung. Kurz, man kann CHOMSKY in seiner Kritik an SKINNER leicht folgen, ohne seiner eigenen Theorie irgendeine gute Seite abgewinnen zu müssen.

In der Rhetorik wird die zeitweise Wiederholung erfolgreicher Durchsetzungstechniken gelehrt, wobei allerdings inflationistischer Gebrauch zu vermeiden ist. Die Technik könnte dem Publikum durchschaubar werden und an Wirkung einbüßen. Auch die Militärtheoretiker empfehlen ja, sich besser nicht in vielen kleinen Scharmützeln zu erschöpfen. In der provozierten wissenschaftlichen Auseinandersetzung kommt es somit auf die richtige Wahl des Zeitpunktes und des Gegners an. Je berühmter der Gegner, umso mehr Gewinn verspricht der Streit. In der hohen Zeit kognitiver Spekulation, im Jahre 1975, traf daher CHOMSKY wie zwangsläufig auf PIAGET, beide flankiert von ihren Anhängern. In der Abbaye de Royaumont nahe Paris wurde einem illustren Publikum im Gewand einer mittelalterlichen Disputation eine Art Showdown vorgeführt.

PIATTELLI-PALMARINI (1980) hat die Beiträge dieser Auseinandersetzung herausgegeben. Seine Einleitung wirkt wie vom Odem geschichtlicher Bedeutsamkeit belebt. Die Lektüre des Buches zeigt, daß man sich dem Kern des Zwistes auch weniger pathetisch hätte nähern können. Wir wollen auf die einzelnen Beiträge hier nicht eingehen. Sie wiederholen gut Bekanntes, wissenschaftliche Innovationen sind diesen Glaubensbekenntnissen nicht zu entnehmen, waren wohl auch nicht beabsichtigt. Charakterisieren wir besser knapp, wo sich die Positionen der Kontrahenten decken und wo sie sich unterscheiden:

PIAGET ist alles andere als ein Anhänger des Behaviorismus und des Empirismus:

«Ich habe immer geglaubt, daß ein angemessenes Verständnis kognitiver Funktionen und ihre Entwicklung biologischen Bedingungen Rechnung tragen muß. Die Biologie erzwingt erhebliche Modifikationen eines Reiz-Reaktions-Modells, wenn auch viele Psychologen die Relevanz dieser Punkte nicht anerkennen. Tatsächlich aber ist jede Reaktion auch eine biologische Reaktion, und die moderne Biologie hat nachgewiesen, daß die Reaktion nicht ausschließlich durch äußere Faktoren determiniert sein kann, sondern von «Reaktionsnormen» abhängt, die für jeden Genotypus oder jeden *genepool* charakteristisch sind.» (PIAGET 1972, S. 10).

Diese Haltung entspricht im Prinzip jener, von der CHOMSKYS Kritik an SKINNER getragen wurde. PIAGET wie CHOMSKY betonen die biologische Ausstattung des Menschen und damit interne, genetisch fixierte Faktoren, ohne deren Berücksichtigung Entwicklung nicht erfaßt werden kann. Jedoch hat CHOMSKY (1975, 1977) den Anspruch seiner Sprachkompetenztheorie ausgedehnt auf einen zentralen Beitrag zu einer Kognitionstheorie, wobei jedenfalls in Hinblick auf Sprache der Umwelt nur eine Triggerfunktion eingeräumt wird. Das hypothesengenerierende Kind wartet quasi auf positive Evidenz in der Umwelt. Sobald diese auftritt, gilt seine Hypothese respektive Grammatik als bestätigt, ganz unabhängig davon, wie widersprüchlich sich hierzu der Rest der Umweltdaten ausnimmt.

Die Fortsetzung von PIAGETS oben zitierter Auffassung zeichnet hier nun ein deutlich abweichendes Bild:

«Dieses Faktum [genotypische Determination der Reaktionen; d. Verf.] deutet auf eine nicht dissoziierbare Interaktion zwischen internen Strukturen und den Stimulationen der externen Umwelt.» (op. cit., S. 10).

Offenbar räumt PIAGET der Umwelt wesentlich mehr Bedeutung als CHOMSKY ein und versteht vor allem den Interaktionsprozeß zwischen internen und externen Faktoren gänzlich anders, nämlich als einen auf Gleichgewicht zielenden fortlaufenden wechselseitigen Veränderungsprozeß.

Der eigentliche Kern der Auseinandersetzung betrifft aber den Stellenwert der Sprache. PIAGETS Meinung haben wir bereits hinlänglich charakterisiert. Völlig im Gegensatz zu PIAGET vermutet CHOMSKY beim Menschen *sprachspezifische* genetische Anlagen; die Natur der Sprache, ihre Universalien sollen dem Kind bei der Zeugung mitgegeben sein. Aus diesem Grund sei Sprache eine besondere kognitive Einheit, die sich keineswegs aus der Entwicklung anderer kognitiver Größen ableiten und erklären lasse.

Schlagwortartig läßt sich die Kontroverse so auf den Punkt bringen: Der Biologe PIAGET legt zu einem psychologischen Gegenstand eine *biologische* Theorie vor, die Sprache als abgeleitetes Phänomen einstuft. Der Linguist CHOMSKY formuliert ebenfalls zu einem psychologischen Gegenstand eine *biologistische* Theorie, die Sprache im Erbgut des Menschen ansiedelt. Je nach erkenntnistheoretischem Standort können für beide Auffassungen zahlreiche stützende und in Frage stellende Argumente herangeführt werden. Ist der Rezipient dieses Streits nun gezwungen, entweder PIAGET oder CHOMSKY zu glauben?

Wirklich widerlegen läßt sich keine der beiden Theorien; die interne Logik stimmt, und die Empirie ist gut abgesichert. Im Falle PIAGETS könnte man an den experimentellen Befunden zweifeln, doch haben Replikationen seiner Untersuchungen höchstens die Stabilität der Entwicklungsstufen problematisiert. Im Falle CHOMSKYS könnten Evidenzbehauptungen und Grammatikalitätsurteile angegriffen werden, was häufig geschah. Doch stehen dann nur Behauptungen gegen Behauptungen. Am ehesten wäre gegen CHOMSKY einzuwenden, daß eine Entwicklungstheorie, die ja auch aus seiner Arbeit herausdestilliert wurde, sich in Daten und Beschreibungseinheiten möglichst unmittelbar an der Entwicklung orientieren sollte. Stattdessen habe man es mit einem Konstrukt zur Sprache des Erwachsenen zu tun, aus dem entwicklungsrückblickend rein logisch geschlossen wird, wie die Bedingungen und Prozesse der Entwicklung auszusehen hätten.

Auffällig ist, daß eher solche Forscher CHOMSKYS Auffassung zuneigen, die ihre Erkenntnisse wie er primär am Schreibtisch gewinnen. Hingegen scheinen Forscher, die methodisch reflektiert Daten etwa zur Entwicklung des Kindes erheben, mehrheitlich stärker durch PIAGETS Theorie befruchtet zu sein. Befassen sich letztere mit dem Spracherwerb, wird ihre Haltung gegenüber PIAGET häufig kritisch. Das muß insofern nicht wundern, als PIAGET sich ja nur in seinen früheren Arbeiten tiefer mit Sprache auseinandergesetzt hat. Später interessiert sie ihn nur wenig, da er die Hauptfragen insbesondere durch die Modellierung der sensomotorischen Stufe als beantwortet erachtete. Offenbar hat wohl auch PIAGET die von WYGOTSKI vorgeschlagene und mit experimentellen Befunden gestützte Theorie (vgl. Kap. III, 4.) nicht ausreichend bedacht. Hiernach steht die Entwicklung des Kindes anfangs auf zwei Beinen, der frühen kognitiven Entwicklung, die durchaus im Sinne PIAGETS verstanden werden kann, und der ebenso früh einsetzenden kommunikativen Entwicklung. Erst die Verbindung beider Entwicklungsstränge erklärt die besondere Qualität der kognitiven und kommunikativen Fähigkeiten und Fertigkeiten des Menschen.

6. Interaktion als Basis der Sprachentwicklung

Wenn von CHOMSKY beeindruckte Linguisten sich über den Spracherwerb äußern, fehlt in ihren Darlegungen selten der Hinweis auf das sogenannte logische Problem der sprachlichen Entwicklung. Diese Argumentation wurde zuerst den Behavioristen vorgehalten. Später spielte sie auch in der Auseinandersetzung mit der PIAGET-Schule eine Rolle. Zum Verständnis der Argumentation sei noch einmal an die grundsätzliche Dichotomie linguistischen Denkens erinnert. Die «parole» als Realisierung des Systems «langue» ist nach SAUSSURES überlieferten Worten eine chaotische Angelegenheit. Die «Performanz» als Realisierung der «Kompetenz» unterliegt nach CHOMSKY diversen psychischen und wechselnden augenblicklichen Einflüssen (vgl. IV. 2.2.). Nach dieser Auffassung läßt sich Performanz zwar nur unter Zugrundelegung einer Kompetenztheorie beschreiben, keineswegs aber ist aus Performanz die Kompetenz in gesicherter Form rekonstruierbar. Die in die Performanz einfließenden nicht-linguistischen Faktoren verdecken die Regeln der Kompetenz. Darüber hinaus ist völlig unklar, wie sich allgemeine Eigenschaften der Kompetenz, etwa die behauptete potentielle Unendlichkeit der Länge und Menge verstehbarer und produzierbarer Sätze, aus der grundsätzlich endlichen Performanz ableiten ließen.

Der Linguist also darf sich nach dieser Auffassung nicht auf die Performanz allein verlassen, wenn er ernsthafte Sprachforschung betreiben möchte. Er hat sich zuvor vielmehr auf Daten ganz anderen Charakters zu beziehen. So berücksichtigt er bei der Konstituierung seines Regelwerkes formale Erwägungen, sprachspezifische Evidenzen, Grammatikalitätsurteile zu Beispielsätzen etc. Dieser Zugangsweg zur Kompetenz ist dem kleinen Kind auch ansatzweise zumindest bis zum Schuleintritt versperrt. Erkennbar ist es ständig mit Performanz konfrontiert. Wenn diese schon den Linguisten am Erstellen einer Grammatik eher hindern soll, wie mag dann das Kind auf dieser Basis seine Kompetenz herausbilden? Es müßte doch per Induktion über Performanzdaten zu Kompetenzregeln vorstoßen. Und das geht nach Meinung der CHOMSKY-Schule nicht; jedenfalls auf keinen Fall in dem Zeitraum, der dem Kind zur Verfügung steht. Da, meint man, bräuchte es statt einiger weniger Jahre leicht hundert und mehr.

Nun ist diese Argumentation schon gegenüber dem Behaviorismus nicht in jeder Hinsicht schlagend, was häufig übersehen wurde. Wenn SKINNER von «shaping» und «stimulus control» spricht, meint er, daß Erwachsene sich unter dem Gesichtspunkt der von ihnen gegebenen Bekräftigung sehr spezifisch verhalten (vgl. Kap. IV, 2.1.2.) Sie gehen mit dem Kind grundsätzlich anders um als mit Erwachsenen. So erklärt er Spracherwerb eben nicht als einfache induktive Findung von Regeln, sondern als einen Prozeß, der durch besondere Zuwendung des Erwachsenen gekennzeichnet ist.

Nun muß man zur Charakterisierung dieses Erwachsenenverhaltens nicht bei der Kategorie Bekräftigung stehen bleiben – man kann zusätzlich die Sprache des Erwachsenen gegenüber dem Kind betrachten. So erfaßt man, immer noch behavioristisch, die sprachliche Stimulation, den Input des Kindes. Wäre dieser Input in grundsätzlichen Zügen zu unterscheiden von der Sprache, die Erwachsene und auch ältere Kinder untereinander verwenden, müßte die Argumentation zum logischen Problem des Spracherwerbs neu bedacht werden. Dann nämlich könnte angenommen werden, daß Kinder durch das ihnen zugewandte Sprachverhalten Hilfen zum Spracherwerb erhalten. Sie müßten nicht mehr aus der Vielfalt von Performanz ihre Sprachregeln induzieren, sondern sie hätten es möglicherweise mit einem sprachlichen Input zu tun, der perfekt auf ihren jeweiligen Sprachentwicklungsstand abgestellt ist. Folgerichtig verfügten Erwachsene über die Fähigkeit, sich quasi automatisch einem Kind gegenüber sprachlich hilfreich zu verhalten. Zu fragen wäre dann, welche Merkmale des Kindes ein solches Sprachverhalten des Erwachsenen auslösen.

Dieser Schritt präzisiert die Suche nach den Mechanismen des Spracherwerbs. Allgemeine Auslöser etwa im Sinne des Kindchenschemas können den Erwachsenen in seinem Sprachverhalten nur grob orientieren. Sollte er aber tatsächlich auf Entwicklungsfortschritte sprachlich sensibel reagieren, dürfte dies vornehmlich auf das ihm zugewandte kommunikative Verhalten des Kindes zurückzuführen sein. Mit anderen Worten, das Kind produziert Informationen, die der Erwachsene bei der sprachlichen Einstellung auf das Kind nutzt. So wäre also auf der einen Seite das spezielle Sprachverhalten der Erwachsenen gegenüber Kindern, auf der anderen Seite das spezielle Sprachverhalten der Kinder gegenüber Erwachsenen zu erforschen.

Für derartige Fragestellungen steht in der Linguistik der Begriff Register zur Verfügung. Gemeint ist damit personen- und situationsabhängiges Sprachverhalten, das durch eine Untergruppe der insgesamt vorhandenen grammatischen Regeln, durch spezifische Wortwahl und vielleicht auch durch Besonderheiten der Prosodie (Artikulation, Intonation, Tempo etc.) gekennzeichnet ist. Man könnte voreilig schließen, ein solcher Ansatz würde endlich Licht auf den immer noch dunklen Weg zur Erforschung des menschlichen Spracherwerbs werfen. Schließlich sind Register der empirischen Forschung zugänglich. Zu erkunden wäre also in größter Genauigkeit, wie sich die Register beim Erwachsenen und beim Kind korrelierend entwickeln. Es wird verdeutlicht werden, warum Registerforschung nicht als Ei des Kolumbus in der Spracherwerbsforschung gehandelt werden darf. Nur soviel vorweg: Auch aufeinander bezogene Register sagen nichts aus über die allgemeinen Regeln der konkreten Interaktion zwischen Erwachsenem und Kind. Nimmt man an, daß die Mechanismen des Spracherwerbs gänzlich oder teilweise in der Interaktion zu finden sind, dann muß Interaktion selbst erforscht werden. Den Registern und ihrer Entwicklung kommt hierbei eher ein epiphänomenaler Stellenwert zu.

6.1. Mothers' speech – Motherese – Baby talk

Als Start jener Forschungen, die das Sprachverhalten des Erwachsenen gegenüber Kindern erkunden, wird meist die Untersuchung von Snow (1972) genannt – eine Einschätzung, die der polarisierenden Wirkung der Arbeit entspricht, historisch jedoch nicht unbedingt korrekt ist. Erstens ging SNOWS Untersuchung eine Reihe teilweise unveröffentlicht gebliebener Arbeiten voraus, zweitens wird oft übersehen, das WUNDT und zahlreiche Kindersprachforscher seiner Zeit bereits ausführlich und kontrovers über den Einfluß spezieller Erwachsenensprache (Stichwort: Ammensprache) auf den Spracherwerb diskutiert hatten. Die Ergebnisse dieser teilweise hundert Jahre zurückliegenden Forschungen wie auch die ausgetauschten Argumente hätten die heutige Arbeit vielfach befruchten können.

SNOWS Untersuchung unterscheidet sich von den historischen Vorläufern durch den strikt experimentellen Ansatz. In der hier zusammenfassend dargestellten Experimentreihe wurden als vermutlich das Sprachverhalten beeinflussende Faktoren variiert:

- Status der Vpn (Mütter/Nicht-Mütter),
- Alter der Kinder (zweijährig/zehnjährig),
- Anwesenheit der Kinder (anwesend/imaginiert),
- Sprechaufgabe (Geschichte nach Bildern erzählen/Anweisungen zur Sortierung von Spielzeug geben/Sachverhalt erläutern).

Die Äußerungen der Frauen wurden mit einem Bündel von Maßen gewertet, die vor allem Anzahl der Wörter, Äußerungslänge, Typ und Komplexität der Äußerungen sowie Anzahl und Typ der Wiederholungen betrafen. Als Hauptergebnisse ließen sich festhalten:

- Keine wesentlichen Unterschiede zwischen Müttern und Nicht-Müttern,
- einfacheres Sprachverhalten gegenüber zweijährigen als gegenüber zehnjährigen Kindern,
- stärkerer Effekt bei tatsächlicher Anwesenheit zweijähriger Kinder,
- kein Effekt der Aufgabenstellung.

Die folgende Forschung war nun hauptsächlich durch SNOWS Nachweis bestimmt, daß Mütter gegenüber Kindern eine vom sonstigen Sprachverhalten abweichende Sprache sprechen. Für diese Erscheinung mußte zunächst ein Name gefunden werden. SNOW selbst hatte «mothers' speech» eingesetzt, NEWPORT (1977) prägte das griffige «motherese», weitgehend durchgesetzt hat sich die allgemeinere Bezeichnung «baby talk (BT)». Letzerem zuzuordnen sind die Kürzel für die Sprache der Kleinkinder («talk of babies, TB») und die Sprache der Erwachsenen untereinander («adult speech, AS»).

Eine große Anzahl von Studien widmete sich der Frage, wie das BT-Register im Detail zu charakterisieren ist. SNOW (1977) blickt auf vorangegangene Arbeiten zurück und zählt insgesamt 34 untersuchte abhängige Variablen. Zusammengefaßt zeigt sich das folgende Ergebnis:

- Prosodische Merkmale. Die mütterliche Sprache weist eine höhere Grundfrequenz und überdeutliche Intonationsmuster auf.
- Komplexitätsmerkmale. Die mütterliche Sprache enthält kurze Äußerungen, viele Fragen, viele Aufforderungen, wenige Vergangenheitsformen.
- Redundanz. Die mütterliche Sprache ist durch konkrete Wörter,

durch Wiederholungen von Wörtern, Äußerungsteilen und Äußerungen sowie durch Expansionen, das sind erweiternde Paraphrasen der kindlichen Äußerungen, bestimmt.

All diese Forschungen sind eher dazu geeignet, die extensionale Definition des BT-Registers zu vervollständigen, also geordnet aufzuzählen, welche Wörter, welche Satzmuster, welche Intonationsmuster etc. dem BT-Register zugehören. Aus linguistischer Sicht wäre allein eine solche Sammlung mehr als unbefriedigend. Hier fordert man die Darstellung von BT als Regelsystem. So versucht FERGUSON (1977), BT als regelhaft abgeleitet aus der Erwachsenensprache (AS) zu erklären. Wir wollen diesen Ansatz an einem von FERGUSON explizierten Beispiel verdeutlichen.

Im englischen BT finden sich häufig Prägungen wie «tummy», die für deutlich abweichende AS-Ausdrücke, in diesem Fall «stomach» (Magen, Bauch), stehen. FERGUSON vermutet nun, daß «stomach» nach allgemeinen Regeln in «tummy» überführt wird. Nach dieser Auffassung wäre BT keine von AS abgesondert zu betrachtende Erscheinung, sondern eher ein Subsystem von AS, das bedarfsweise auf der Basis von AS nach Regeln generiert wird. Im folgenden Beispiel steht «C» für Konsonant, «V» für Vokal, «y» für den Semivokal und «#» für die Wortgrenze.

(1) AS #CCV → BT #CV	Beispiel: sto → tu
(2) AS VC# → BT V#	Beispiel: ach → a
(3) AS CV# → BT C-y#	Beispiel: a → y
	Beispiel: stomach → tummy

FERGUSON meint, daß seine Regeln «offenkundig plausible mentale Prozesse repräsentieren» (op. cit., S. 215). Bevor man aber endgültig über ihre psychische Realität entscheide, bräuchte es weitere empirische Evidenz, etwa die Überführung von «stopper» nach «toppy» oder «spinach» nach «pinny». BROWN (1977) ist von FERGUSONS Vorschlägen sehr angetan. Seines Erachtens handle es sich nicht um eine an wenigen Beispielen orientierte ad-hoc-Derivation. Jede Regel sei insofern allgemein, als ihr anderweitiger Einsatz zur Generierung von BT nachgewiesen werden könne. Regel (1) erfasse die verbreitete Reduktion der initialen Konsonantengruppe, Regel (2) die Auslassung des finalen Konsonanten und Regel (3) die Diminutivbildung durch Ersetzung des finalen Vokals. Tatsächlich erlauben die drei Regeln die Generierung zahlreicher BT-Wörter. Allerdings, und bedauerlicherweise aus linguistischer Sicht, werden sie nicht auf sämtliche möglichen Wörter angewendet. BROWNS und FERGUSONS einträchtige Spekulation lautet, daß die Regeln wohl zur Generierung von Wörtern wie «tummy» einsetzt, aber aus noch zu klärenden Gründen nicht generalisiert werden. Halten wir hier fest, daß der Ansatz, BT nach Regeln aus AS abzuleiten, zu keinem befriedigenden Ergebnis geführt hat.

Neben möglichst strikten linguistischen Definitionsversuchen gab es Vorschläge zur übergreifenden Charakterisierung von BT. FERGUSON (1975) konstatiert drei Typen von Prozessen:

- Vereinfachung («simplifying processes») durch leichtere Wörter und weniger komplexe Strukturen,

- Verdeutlichung («clarifying processes») durch langsames klares Sprechen und Wiederholungen,
- Gefühlsausdruck («expressive processes») durch entsprechende Stimmqualität und Intonationsmuster.

Mit diesen Prozessen korrespondieren drei Funktionen, die FERGUSON (1977) dem BT zuschreibt:

- BT ermöglicht und erleichtert Kommunikation.
- BT trägt dazu bei, Sprache und Wissen über Sprache zu vermitteln.
- BT ist ein wesentliches Instrument der Sozialisation.

Wiederum hat sich BROWN (1977) mit FERGUSONS Charakterisierung des BT nach Prozessen auseinandergesetzt. Die drei Prozeßtypen sollen nach BROWN besser zu zwei Dimensionen zusammengefaßt werden. Danach fallen «simplifying» und «clarifying processes» in der Dimension «communication-clarification (COMM)» zusammen, «expressive processes» entsprechen dann der Dimension «expressive-affektive (AFF)». Was leistet BROWNS Definition? Behauptet wurde, daß BT auch gegenüber geliebten Personen, Haustieren und Pflanzen eingesetzt würde. Hier, meint BROWN, kommt es aber nicht darauf an, Sachverhalte zu vermitteln oder Sprache zu lehren. Primär geht es um den Ausdruck von Gefühlen, daher liegen eindimensionale AFF-Register vor. Häufig wird auch «foreigner talk», also die Sprache gegenüber Ausländern, zu BT in Verbindung gebracht. In diesem Fall stellt sich die Angelegenheit genau umgekehrt dar, Gefühlsausdruck spielt keine entscheidende Rolle, vielmehr kommt es auf die Übermittlung sach- und sprachbezogener Information an. Sprache gegenüber Ausländern ist daher als eindimensionales COMM-Register zu klassifizieren. Kurz, BROWN hofft, mit seinem Konzept des zweidimensionalen COMM-AFF-Registers BT klar von ähnlichen Registern abgegrenzt zu haben.

6.2. Korrelationsstudien

Die überwältigende Mehrheit aller einschlägigen Untersuchungen weist auf Besonderheiten im Sprachverhalten des Erwachsenen gegenüber Kindern hin. Wenn wir die Überlegungen zur Herkunft von «mothers' speech», «motherese» oder «baby talk» erst einmal hintan stellen, bleibt als entscheidende Frage, ob und wie dieses Sprachverhalten sich auswirkt. Nur wenn es den Spracherwerb nachweislich fördern sollte, wäre seine Untersuchung als neuer empirischer und theoretischer Impuls für die Spracherwerbsforschung zu werten. Sollte sich hingegen herausstellen, daß das wohlkonstatierte besondere Sprachverhalten lediglich eine den Spracherwerb unbeeinflussende Einstellung des Erwachsenen auf das Kind widerspiegelt, wäre das gesamte Phänomen höchstens für eine allgemeine Kommunikationstheorie von Interesse.

Zur Wirkungsprüfung wurden zahlreiche Korrelationsstudien durchgeführt, deren Aufbau und Problematik hier kurz erläutert sei. Die Untersucher registrieren in einem festgelegten Zeitraum (etwa ein oder zwei Stunden) die natürlichen Unterhaltungen zwischen Erwachsenen und Kindern. Nach einiger Zeit (meist etwa nach 6 bis 12 Monaten) wird die Prozedur wiederholt. Die Untersucher gehen davon aus, die wichtigsten Einheiten des BT identifizieren zu können. Sie überprüfen nun die Hypothese, daß der Einsatz von BT-Einheiten durch den Erwachsenen bei der ersten Untersuchung mit entsprechender Sprachentwicklung des Kindes bei der zweiten Untersuchung einhergeht. Diese Überprüfung erfolgt in der Regel nicht über globale Maße zur Ausprägung des BT und zum Sprachentwicklungsstand, sondern über eine Vielzahl von Korrelationsberechnungen zwischen der Häufigkeit einzelner BT-Elemente und verschiedenen Sprachentwicklungsmaßen.

Hypothesen der obigen Art werden Zusammenhangshypothesen, ihre Überprüfungen Interdependenzanalysen genannt (vgl. u. a. Selg 1971, Bortz 1984). Obwohl die methodischen Restriktionen der gemeinhin zur Prüfung eingesetzten Korrelationsstatistiken alles andere als geheim sind, geraten sie bei der Ergebnisinterpretation solcher Studien allzu leicht in Vergessenheit. Es sei daher noch einmal betont, daß von Korrelationen grundsätzlich nicht direkt auf Kausalverhältnisse geschlossen werden kann. Erhalte ich also in einer Untersuchung, die dem oben skizzierten Untersuchungsplan folgt, signifikante Korrelationen zwischen BT und Sprachentwicklung, so darf ich zwar einen Zusammenhang zwischen meinen Messungen feststellen, kann aber zwischen vier grundsätzlich möglichen Kausalmodellen nicht entscheiden. Erstens nämlich könnte tatsächlich BT des Erwachsenen die Sprachentwicklung des Kindes beeinflußt haben, zweitens mag umgekehrt die Sprachentwicklung auf BT eingewirkt haben, drittens mögen beide Größen sich wechselseitig bedingen und viertens ist denkbar, daß ihr Zusammenhang auf anderweitige, in der Untersuchung nicht bedachte und kontrollierte Faktoren zurückgeht.

Ein methodisch korrekter Entscheidungsweg führt über den Ausschluß einzelner Kausalmodelle. Wenn etwa zwischen sprachkorrigierenden Äußerungen des Erwachsenen und dem Erwerb entsprechender Sprachleistungen des Kindes keine Korrelation besteht, ist eine vermutete Kausalbeziehung damit widerlegt. Auf diese Weise wären nicht-wirkende Einheiten aus BT herauslösbar, präzisere Kausalmodelle könnten aufgestellt, neu geprüft werden etc. Ein weniger eindeutiger Entscheidungsweg ist im besprochenen Untersuchungsplan bereits vorgezeichnet. Korrelationen von Werten, die zu unterschiedlichen Zeitpunkten erhoben werden, sollen höhere Plausibilität für einzelne der zur Auswahl stehenden Kausalmodelle aufweisen (vgl. Campbell 1963, Pelz/Andrews 1964, Spector 1981). Nehmen wir an, die Häufigkeit von Expansionen kindlicher Äußerungen durch die Erwachsenen während der ersten Untersuchung würde mit den MLU-Werten der Kinder während der zweiten Untersuchung signifikant positiv korrelieren. In diesem Fall gilt als plausibel, daß Expansionen Einfluß auf MLU haben, möglich ist aber weiterhin, daß andere Faktoren den Zusammenhang verantworten, unplausibel scheinen Auswirkungen von MLU auf Expansionen sowie Wechselwirkungen.

Allerdings ist die Argumentation über nicht vorhandene Korrelationen und über zeitversetzt gewonnene signifikante Korrelationen nur überzeugend, wenn die Untersuchungen eine ausreichende *interne* Validität aufweisen. Die dem hier diskutierten Versuchsplan zuzuordnenden Arbeiten sind nun in der Mehrheit Feldstudien. Die Untersucher begaben sich zwecks Beobachtung zu den Familien. Sie hatten es daher, wenn wir von ihnen selbst als Störgröße einmal absehen, mit einem Ausschnitt der Realität zu tun. Aus diesem Grund wird solchen Studien hohe *externe* Validität eingeräumt. Man hat ja höchstwahrscheinlich beobachtet, was tatsächlich interessierte, nämlich die unverfälschte Sprache zwischen Erwachsenen und Kindern. Studien im Labor hingegen wird aufgrund ihrer Künstlichkeit nur geringe externe Validität zugeschrieben. Doch leiden diese Feldstudien unter einem nicht zu beseitigenden Mangel. Ihre Anlage wird als quasi experimentell mit geringer interner Validität eingestuft. Die Untersucher treffen im Feld auf natürliche Gruppen (Erwachsener-Kind-Paare), die sie als solche zwar zufällig auswählen, nicht aber nach Zufallskriterien erst zusammensetzen können. Damit werden notwendig in den natürlichen Gruppen unkontrollierte Faktoren wirken, die in experimentellen Studien durch Zufallszuordnungen in ihrer Wirkung weitgehend ausgeglichen würden. Einleuchtenderweise werden Unterschiede im Sprachverhalten der untersuchten Erwachsenen dann für wünschenswert gehalten, wenn man die entsprechenden Effekte prüfen will. Weitere Differenzen des Milieus sind hingegen nur grob klassifizierbar und in ihrem Einfluß schwer abzuschätzen. Und schließlich sollten, was kaum erreichbar ist, das Alter der Kinder und ihr Sprachentwicklungsstand zum ersten Untersuchungszeitraum möglichst weitgehend übereinstimmen.

Kurz, die Schwierigkeiten bei der Kontrolle von Milieufaktoren und Sprachentwicklungsstand verantworten vornehmlich die geringe interne Validität dieser Feldstudien. So steht weder der Ausschluß konkurrierender Kausalmodelle auf der Basis nicht vorhandener Korrelationen noch die plausible Wahl eines Kausalmodells auf der Basis signifikanter Korrelationen auf sicherem Boden. Hinzu kommt, daß die Mehrheit der Studien auf äußerst geringen Stichprobengrößen basiert. Leider weisen auch Arbeiten, in denen ausführlich methodologisch argumentiert wird, bei genauer Betrachtung entsprechende Schwächen auf, so daß ihre Ergebnisse entgegen der Meinung der Autoren keine zwingende Interpretation zulassen. Ein Beispiel hierfür ist die Arbeit von Newport et al. (1977), die im Folgenden nicht aufgrund ihrer Schwächen referiert werden soll, sondern weil sie erstens im Ansatz exemplarisch für derartige Untersuchungen ist und zweitens eine bekannt gewordene Kontroverse ausgelöst hat.

In dieser Untersuchung wurden 15 Mutter-Tochter-Paare je zwei Stunden im Abstand von 6 Monaten beobachtet. Zum Zeitpunkt der ersten Untersuchung lag das Alter der Kinder zwischen 1;0 und 2;3, die MLU-Werte lagen zwischen 1.00 und 3.46 mit einem Mittel von 1.65. Korreliert wurden Maße des mütterlichen Sprachverhaltens zum Zeitpunkt der ersten Untersuchung mit Maßen zum Sprachfortschritt des Kindes nach den 6 Monaten (vgl. Tab. 4.33). Im Gegensatz zu den meisten vergleichbaren Untersuchungen berechnen die Autoren nicht einfache, sondern partielle Korrelationen. Mit Partialkorrelationen kann statistisch der Einfluß einer oder mehrerer Variablen auf den eigentlich interessierenden Zusammenhang zweier Größen herausgezogen werden. In diesem Fall wurden die Korrelationen zwischen mütterlicher Sprache und Sprachfortschritt des Kindes um den Einfluß des Alters und des mit MLU-Messungen erfaßten Sprachentwicklungsstandes bereinigt. Es sei nun so, meinen die Autoren, als ob alle Kinder bei der ersten Untersuchung von gleichem Alter und gleicher Sprachbeherrschung gewesen seien. Erst jetzt könne festgestellt werden, welchen Effekt die gemessenen Aspekte des mütterlichen Sprachverhaltens tatsächlich aufwiesen.

Das in Tabelle 4.33 zusammengefaßte Ergebnis wirkt für Anhänger von Interaktionstheorien auf den ersten Blick mehr als ernüchternd. Neben wenigen signifikanten negativen und positiven Korrelationen, die im Zusammenhang praktisch uninterpretierbar sind, weist die Untersuchung keine nennenswerten Effekte des mütterlichen Sprachverhaltens auf. Den Autoren scheint dies recht zu sein. Nach einigen gewundenen Kommentaren, in denen die wenigen nachgewiesenen Effekte ausschließlich auf den Erwerb der Oberflächenstruktur des Englischen bezogen werden, beschließen sie ihre Arbeit mit der Aussage «die Mutter hat wenig Spielraum, ihr Kind etwas über die Natur der Sprache zu lehren; aber sie kann wenigstens sein Englisch verbessern» (op. cit., S. 147).

Measures of maternal speech	Measures of child growth				
	Grammatical functors		Length	Propositional content	
	Auxiliaries/ verb-phrase	Inflections/ noun-phrase	Morphemes/ utterance (MLU)	Verbs/ utternance	Noun-phrases/ utterance
Declarative	0.25	0.01	0.10	0.16	0.02
Yes–no question	0.88***	– 0.05	0.50√	0.35	0.16
Imperative	– 0.55*	– 0.52√	– 0.38	– 0.29	0.19
Wh-question	– 0.36	– 0.07	– 0.29	– 0.02	– 0.24
Interjection	0.53√	0.22	0.42	– 0.08	0.11
Deixis	– 0.09	0.58*	0.13	– 0.12	– 0.08
Expansion	0.51√	0.14	0.23	0.03	– 0.16
Repetition	– 0.58*	– 0.51√	– 0.50√	– 0.05	– 0.27
Mean lenght of utterance	0.34	0.10	0.14	0.38	0.22
S-nodes/utterance	0.21	– 0.05	0.37	0.05	0:31

√ $\rho < 0.08$ * $\rho < 0.05$ *** $\rho < 0.001$

Tab. 4.33: *Partialkorrelationen zwischen mütterlicher Sprache und kindlichem Sprachfortschritt nach* NEWPORT *et al.* (1977), S. 132

Furrow et al. (1979) kritisieren durchaus vehement die Anlage dieser Studie und damit die Schlußfolgerungen im Kern. Insbesondere zwei Voraussetzungen scheinen ihnen schlicht falsch. Vorausgesetzt wird nämlich, daß erstens der Effekt des «motherese» von Alter und Sprachentwicklungsstand der untersuchten Kinder unabhängig ist, und daß zweitens «motherese» als stabile Erscheinung von der Ausprägung dieser Faktoren unbeeinflußt bleibt. Gegen die erste Voraussetzung spricht, daß Korrelationen zwischen «motherese» und Eigenschaften der Kindersprache sich zeitabhängig verändern (Nelson 1973, Seitz/Stewart 1975) und daß sich das kindliche Verständnis der Erwachsenenäußerungen im Altersbereich der Untersuchung massiv entwickelt (Benedict 1976). Gegen die zweite Voraussetzung steht die Feststellung, daß sich die Charakteristik von «motherese» in Zusammenhang mit der Entwicklung der Kinder ändert (Phillips 1973).

Furrow et al. folgern aus ihrer methodischen Kritik, daß der Ausschluß unerwünschter Einflüsse nicht auf statistischem Wege, sondern über die Untersuchungsanlage zu leisten sei. Allerdings schlagen sich die Schwierigkeiten dieser sicher richtigen Entscheidung gleich in der Stichprobe ihrer eigenen Untersuchung nieder, die gerade 7 Mutter-Kind-Paare umfaßt. Das Alter der Kinder betrug zum ersten Untersuchungszeitpunkt 1;6. Die MLU von 6 Kindern lag bei 1.0, der Wert von einem Kind bei 1.4. Beobachtet wurde jeweils eine Stunde. Der Zeitraum zwischen den Untersuchungen betrug 9 Monate. Aus Vergleichsgründen wurden auch die für weniger sinnvoll erachteten Maße der Studie von Newport et al. berücksichtigt.

Tabelle 4.34 gibt das mütterliche Sprachverhalten zu beiden Untersuchungszeiträumen wieder. Die Daten stehen nach Einschätzung der Autoren in Einklang mit früheren Untersuchungen und tragen daher zur Validierung ihrer Analyse bei, deren schmale Datenbasis bereitwillig eingeräumt wird. Die Veränderungen innerhalb der neun Monate sind nicht dramatisch, die Autoren verweisen aber auf die ihres Erachtens typische gegenläufige Verschiebung bei den Nomen und Pronomen.

Die Ergebnisse in Tabelle 4.34 sollten nun mit jenen in Tabelle 4.33 verglichen werden. Furrow et al. betonen, daß die mütterliche Sprache gegenüber den eineinhalbjährigen Kindern signifikante Prädiktoren für alle vier Maße der kindlichen Sprachentwicklung aufweist. Die Autoren halten damit den Einfluß der mütterlichen Sprache auf Sprachentwicklung für gesichert und lehnen die von Newport et al. unterstellte ausschließliche Einwirkung auf Oberflächenstrukturen ab.

Zur weiteren Absicherung ihrer Auffassung prüfen die Autoren, welchen prognostischen Wert «motherese» für ihre Untersuchungsergebnisse insgesamt aufweist. Wenn man Eigenschaften des «motherese» durch den Vergleich von Erwachsener-Kind-Sprache mit Erwachsener-Erwachsener-Sprache gewinnt, scheinen folgende Voraussagen plausibel. Vergleichsweise schwächer ausgeprägte Variablen im «motherese» (z. B. MLU) müßten zu negativen Korrelationen mit Sprachentwicklungsmaßen führen,

	Child speech characteristics			
	MLU	Verbs/ utterance	Noun phrase/ utterance	Auxiliaries/ verb phrase
Declaratives	−0.25	−0.28	−0.22	−0.03
Imperatives	0.06	0.02	0.34	−0.47
Wh-questions	−0.37	−0.33	−0.48	−0.30
Total *yes/no* questions	0.72*	0.64	0.58	0.85**
yes/no inversions	0.14	0.08	−0.01	0.48
other *yes/no*	0.77**	0.74*	0.69*	0.72*
Interjections	0.57	0.67*	0.43	0.64
Words	−0.69*	−0.70*	−0.68*	−0.38
Sentence nodes	−0.53	−0.60	−0.46	−0.55
Pronouns	−0.75*	−0.81**	−0.62	−0.58
Noun/pronoun ratio	0.72*	0.74*	0.55	0.60
Verbs	−0.71*	−0.78**	−0.55	−0.66
Copulas	−0.85**	−0.90**	−0.77**	−0.58
Tense	−0.46	−0.47	−0.63	−0.09
Contractions	−0.65	−0.58	−0.84**	−0.21

* $p < 0.05$ ** $p < 0.025$

Tab. 4.34: *Korrelationen zwischen mütterlichem Sprechen zu 1;6 und kindlichem Sprechen zu 2;3 nach* Furrow *et al.* (1979), S. 433

vergleichsweise stärker ausgeprägte Variablen (z. B. die Anzahl von Ja-Nein-Fragen) müßten hingegen zu positiven Korrelationen führen. Die Zusammenfassung der Prüfung in Tabelle 4.35 zeigt, daß 11 prädiktive Variablen diesen Anspruch zumindest in der Tendenz erfüllen, lediglich bei den W-Fragen läßt sich der vermutete Effekt nicht nachweisen.

Nach Furrow et al. stehen die Ergebnisse ihrer Untersuchung in Einklang mit der Auffassung, daß die Einfachheit der mütterlichen Sprache sprachentwicklungsfördernd wirkt. Diese Einfachheit mag sich in der Syntax niederschlagen, grundlegender jedoch scheint sie in der Semantik fundiert: «Semantische Einfachheit ergibt sich dann aus der Referenz auf jene Aspekte der Welt, die das Kind direkt interpretieren kann. Es ist eine «hier und jetzt» Sprache.» (op. cit., S. 437).

Gleitman et al. (1984) zeigen sich von der in Furrow et al. (1979) geäußerten Kritik beeindruckt und unterziehen die Daten ihrer ursprünglichen Studie (Newport et al. 1977) einer neuen statistischen Analyse. Sie teilen ihre Stichprobe in zwei Altersgruppen auf und berechnen über diese Gruppen zunächst einfache, dann wieder partielle Korrelationen. Ihre Hauptergebnisse lauten jetzt, daß erstens die Effekte der mütterlichen Sprache sich vornehmlich bei den jüngeren Kindern auffinden lassen und daß zweitens, im Gegensatz zu Furrow et al., Komplexität der mütterlichen Sprache den Sprachfortschritt des Kindes mit verantworte. Dies steht nach Ansicht der Autoren in Übereinstimmung mit den Modellen von Wexler/Culicover (1980) und Chomsky (1981), die ihres Erachtens

Variables	Direction of difference	Predicted sign	Obtained
Declaratives	<	–	–0.26
Imperatives	>	+	0.06
Wh-questions	>	+	–0.37
Yes/no questions	>	+	0.72*
Fragments (interjections)	>	+	0.57
Deletions (*yes/no* other)	>	+	0.77*
Mean length utterance	<	–	–0.69*
Sentence nodes/utterance	<	–	–0.53
Pronouns/utterance	<	–	–0.75*
Verbs/utterance	<	–	–0.71*
Modifiers/utterance	<	–	–0.42
Contractions/utterance	<	–	–0.65

* $p < 0.05$

Tab. 4.35: *Überprüfung des prognostischen Werts von Variablen nach* Furrow *et al.* (1979), S. 439

die explizitesten z. Zt. vorhandenen Sprachlerntheorien darstellen. Die Autoren finden den Nachweis der Lernbarkeit von Sprache dann relativ einfach, wenn der Input die komplexen Sätze der Zielsprache umfaßt, ist der Input hingegen auf einfache Sätze beschränkt, wäre der Nachweis kaum zu führen. Darüber hinaus beharren sie auf ihrer früher geäußerten Position: «Wir schließen, daß restriktive und nicht offensichtliche Prädispositionen des Lerners – über Informationsverarbeitung wie Sprache selbst – eher als durchsichtige Induktionen über den Input-Korpus die Hauptlast des Sprachlernens tragen.» (op. cit., S. 76 f.).

Furrow/Nelson (1986) bestreiten im Gegenzug den wissenschaftlichen Wert dieser Aussagen. Sie kritisieren die Hypothesenbildung, die methodische Anlage der Untersuchung, die Auswertung und Interpretation der Daten sowie die allgemeinen Schlußfolgerungen. Wir müssen diese durchaus schwungvoll formulierten Vorhaltungen hier nicht im Einzelnen würdigen, sondern sollten uns besser noch einmal der Frage zuwenden, ob Korrelationsstudien überhaupt ein geeignetes Verfahren zur Klärung der aufgeworfenen Probleme darstellen. Die vorliegenden Studien scheinen, ganz im Einklang mit den methodischen Erwägungen, eine Verneinung nahezulegen. Selbst bei wesentlich größeren und höchst sorgfältig erhobenen Stichproben bleibt die Korrelation von Input- mit Output-Frequenzen nur erster orientierender Schritt in Hinblick auf die Prüfung von Wirkungen. Ernsthaft feststellbar sind lediglich Zusammenhänge zwischen Massenerscheinungen, keineswegs aber mit einiger Sicherheit und gar noch detailliert die tatsächlich interessierenden Kausalketten. So bleibt auch zu fragen, ob sich die hier vorgetragene Kontroverse, sieht man von der methodischen Seite ab, nicht vielfach in der

Überinterpretation obsoleter Daten und im Ringen um Artefakte erschöpft. Wir schlagen daher vor, nach einer gesicherten Feststellung von Zusammenhängen das Instrument der Korrelationsanalyse nicht weiter zu strapazieren, sondern stattdessen zur Klärung kausaler Hypothesen den besser kontrollierbaren experimentellen Untersuchungen wie den tiefer interpretierbaren Fallstudien den Vorzug zu geben.

6.3. Interaktion

In zahlreichen Studien wird auf Übereinstimmungen zwischen Eigenschaften des BT- und des TB-Registers hingewiesen. Genannt wurden für beide Register erhöhte Grundfrequenzen (Garnica 1977, Sachs 1977), Substituierung von Pronomen durch Eigennamen (Wills 1977), Imitation, Wiederholung, niedrige MLU, geringe semantische Komplexität (Cross 1977, vgl. auch das zusammenfassende Referat von Snow 1977). Diese Übereinstimmungen sind für Brown (1977) Anlaß, weiter über die Herkunft von BT nachzusinnen. Ferguson (1977) hatte sich ja ohne durchgreifenden Erfolg an der linguistisch formalen Herleitung von BT aus AS versucht. Brown meinte nun, TB gebe für die Generierung von BT so etwas wie eine Richtung an. Kurz, die Sprache der kleinen Kinder selbst sei eine Ursache für die spezifische Ausprägung des BT-Registers. Brown streift mit dieser Überlegung bereits das Problem der Interaktion: Gibt es zwischen Erwachsenem und Kind hinsichtlich ihrer gemeinsamen kommunikativen Mittel eine fortlaufende automatische Einigung, die sich sprachentwicklungsfördernd niederschlägt?

Bereits Snow (1977) zeigt in ihrem Überblicksartikel mit dem programmatischen Titel «Mothers' speech research: from input to interaction», daß eigentliche Interaktionsforschung es mit einer Vielzahl von unabhängigen Variablen der Interaktionspartner und der Situationen zu tun hat. Der von Snow/Ferguson (1977) herausgegebene Sammelband spiegelt in seiner Gesamtheit betrachtet diese Notwendigkeit bereits wider. Die zusammenfassende Darstellung von Hoff-Ginsburg/Shatz (1982) gibt einige Auskunft über die weitere Differenzierung und Präzisierung dieser Variablen im Verlauf der folgenden Forschung.

Die Frage nach den Variablen der Interaktion, so richtig sie ist, birgt die Gefahr zersplitternder und isolierender Betrachtung in sich. Als Beispiel sei die Untersuchung von Situationsvariablen angeführt, die sich ohne theoretisches Gerüst ins Beliebige vorantreiben läßt. So hat sich eine Forschungsrichtung entwickelt, in der als Untersuchungssituation das gemeinsame «Lesen» von Büchern durch einen Erwachsenen und ein Kind bestimmt wird (Ninio/Bruner 1978, Ninio 1980, Heath/Branscombe i. Dr.). Die Wahl kann begründet werden. Snow/Goldfield (1983) meinen, daß gemeinsames Buchlesen den Spracherwerb fördern sollte. Die Situation wird rasch zur Routine, und die Äußerungen des Erwachsenen gewinnen bei der üblichen mehrfachen Beschäftigung mit dem gleichen Buch an Voraussagbarkeit. Insbesondere die wiederholten elterlichen Äußerungen mögen vom Kind leichter übernommen werden. – Dagegen soll hier nichts gesagt werden. Plausibel zu begründen bliebe nur, welche Aspekte dieser spezifischen Interaktionssituation als Beitrag zu einer allgemeinen Spracherwerbstheorie verallgemeinert werden dürften. Vom Buchlesen allein sollten diese Aspekte nicht abhängen, da ja hinlänglich bekannt ist, daß Kinder auch ohne solche Zuwendung Sprache erwerben. In der Mehrheit der existierenden Kulturen, sozioökonomischen Schichten und Familien tritt gemeinsames Buchlesen zwischen Erwachsenem und Kind nicht oder höchst selten auf.

Nun wird bei den Studien zum Buchlesen hervorgehoben, daß diese Situation durch gemeinschaftliche Aufmerksamkeit und gemeinschaftliche Referenz gekennzeichnet sei. Diese Konstrukte hätten es sicher verdient, im Rahmen einer Interaktionstheorie auf ihren sprachentwicklungsfördernden Effekt sorgfältig geprüft zu werden. Wenig sinnvoll scheint es aber, hektisch nach irgendwie vergleichbaren Situationen Ausschau zu halten. So haben LEMISH/RICE (1986), offensichtlich im Bestreben nach Originalität, ausgerechnet Fernsehen in der Familie unter Anwesenheit einhalb- bis dreijähriger Kinder zum Untersuchungsgegenstand erhoben. Man kann dieser Arbeit, die dem Fernsehen eine Förderung des Spracherwerbs attestiert, gut und gern parodistische Züge abgewinnen.

Unterlassen wir eine Aufzählung der zahlreichen, wenig Gewinn verheißenden Arbeiten, deren Anlagen sich weniger aus sorgfältigen theoretischen Erwägungen, sondern mehr aus mechanischen Variationen eines Faktors oder unüberlegten Eingebungen erklären. SNOW (1977) hat drei Leitsätze formuliert, die eine ernsthafte Prüfung verdienen:

«(1) Spracherwerb ist Resultat eines Interaktionsprozesses zwischen Mutter und Kind, der früh in der Kindheit beginnt, zu dem das Kind genauso wichtige Beiträge wie die Mutter leistet und der für kognitive und emotionale Entwicklung ebenso entscheidend ist wie für Spracherwerb.
(2) Spracherwerb ist durch kognitive Entwicklung gelenkt und ihr Resultat.
(3) Die Produktion einfacher Sprechregister ist eine der vielen kommunikativen Fertigkeiten, deren Erwerb ebenso interessant ist wie der Erwerb von Syntax oder Phonologie.» (op. cit., S. 31 f.).

Legen wir die Betonung in dieser Aussage auf die Interaktionsprozesse, den Zusammenhang zwischen Spracherwerb und kognitiver wie emotionaler Entwicklung sowie den Erwerb kommunikativer Fertigkeiten. Verlangt wird von SNOW offenbar eine interaktional orientierte Entwicklungsforschung, die Kommunikation, Kognition und Emotion in ihrer Verbindung erfaßt. Dieser Anspruch ist äußerst beachtenswert, aber natürlich schwer zu realisieren. Kommunikativ/sprachliche und kognitive Entwicklung sind in zahllosen Arbeiten aufeinander bezogen worden (vgl. Kap. IV, 5.), allerdings kam hierbei der interaktionale Ansatz seltener zur Geltung. Untersuchungen, die den Zusammenhang von Spracherwerb und kommunikativen Fertigkeiten mit emotionaler Entwicklung thematisieren, sind spärlich gestreut. Und schließlich ist ein theoretischer Rahmen nebst angemessener Beschreibungssprache zur Erfassung der Interaktionsentwicklung nicht in Sicht.

Dieses Defizit bedarf einiger Erwägungen, um die Perspektiven der hier referierten Interaktionsforschung abklären zu helfen. Ohne Zweifel haben sich viele Arbeiten bereits von der Register-Forschung gelöst und sind in den Kern interaktiver Prozesse vorgestoßen.

Ein sinnvoller Schritt in diese Richtung besteht in der detaillierten Erforschung von Rückkopplungsprozessen zwischen den Interaktionspartnern. Dabei bildet häufig der Aufbau semantischer Konzepte den Mittelpunkt des Interesses. Schon Stern/Stern (1922) hatten ja darauf hingewiesen, daß in der fortschreitenden «Intellektualisierung» der Sprache die «Stabilisierung» und «Objektivation» der Wörter eine wichtige Rolle spielt. Ohne Zweifel verwenden Kinder immer wieder Wörter in einem wesentlich weiteren Sinne als Erwachsene. Gruendel (1977) geht der Frage nach, welche Einwirkungen des Erwachsenen den kindlichen Wortgebrauch zunehmend präzisieren. Die Auswertung von Interaktionen zwischen Müttern und Kindern im zweiten Lebensjahr ergab, daß die Mütter oft weiten Wortgebrauch des Kindes akzeptieren (z. B.: «Zug», wenn sich das Kind auf ein Auto bezieht). Akzeptieren sie ihn nicht, reagieren sie nach Gruendel mit drei Typen von Korrekturen: (1) negierende Reaktion (z. B.: «Das ist kein Zug»), (2) Korrektur mit adäquatem Wort (z. B.: «Das ist ein Auto») und (3) Verbindung beider Maßnahmen (z. B.: «Das ist kein Zug. Das ist ein Auto.»).

Ganz im Sinne der «stimulus control» nach Skinner (1957) akzeptieren Eltern zunächst unangemessene Bedeutungsweite des kindlichen Wortgebrauchs, setzen dann aber mit Korrekturen ein (vgl. Mervis/Canada 1983, Mervis 1984). Mervis vermutet, daß die Mutter auf korrekter Wortverwendung dann insistiert, wenn das Kind Eigenschaften zur Differenzierung der bezeichneten Objekte bereits selbst erkannt hat. Die Mutter kann aber auch schon vor diesem Zeitpunkt auf korrekter Wortverwendung bestehen. Dann wird sie auf wahrnehmbare und differenzierende Eigenschaften des Objektes zeigen oder eine verbale Erklärung abgeben, oder nur einfach konstatieren, ohne zu zeigen und ohne zu erklären.

Zum Einfluß mütterlicher Rückkopplungsmaßnahmen auf die semantischen Konzepte des Kindes bestehen unterschiedliche Auffassungen. Thomson/Chapman (1977) etwa differenzieren zwischen der Entwicklung des Wortverständnisses und der Wortproduktion. In einer halbjährigen Beobachtung von vier Kindern im Alter von 1;1 bis 1;3 zu Beginn der Untersuchung vergleichen Chapman et al. (1986) den Effekt von Akzeptanz, von Korrektur mit negierender Reaktion plus adäquaten Wort und von Korrektur mit verbaler Erklärung auf Wortverständnis und -produktion. Die geprüften Typen von Rückkoppelungsprozessen ließen sich nach ihrer Effektstärke ordnen. Am effektivsten erwies sich Korrektur mit verbaler Erklärung, dann folgte negative Reaktion verbunden mit adäquatem Wort, den geringsten Effekt zeigte einfache Akzeptanz. Unterschiedliche Einflüsse auf Verständnis versus Produktion konnten nicht mit Sicherheit festgestellt werden.

Einige Autoren trennen sich vollständig von der Fixierung auf Einflüsse des BT und komplettieren die Forschung um Beiträge, die den Einfluß des Kindes auf Interaktion erfassen. Im Gegensatz zur korrelationsstatistisch angelegten Registerforschung, die auf Sprache ausgerichtet ist und sich daher üblicherweise nicht mit ganz jungen Kindern befaßt, können diese Forschungen mit der Geburt des Kindes einsetzen. Nachgewiesen wurde, daß bereits 6 bis 12 Wochen alte Kinder auf Form, Zeit und Richtung der Kommunikation Erwachsener differenziert reagieren und diese mit eigenen Ausdrucksmitteln beeinflussen (TREVARTHEN 1979, MURRAY/TREVARTHEN 1985, MURRAY/TREVARTHEN 1986).

Diese Arbeiten setzen den ontogenetischen Startpunkt für die Erforschung eines zentralen Aspektes der Interaktion, der meist mit dem Begriff der kindlichen Dialogfähigkeit markiert wird (vgl. u. a. KEENAN/KLEIN 1975, BLOOM et al. 1976, BERNSTEIN 1981, BOUEKE/KLEIN 1983). Dabei löst man sich in der Darstellung der Sprachentwicklung teilweise beträchtlich vom sonst üblichen linguistischen Beschreibungsinventar, das ja gemeinhin der Satzeinheit verpflichtet ist, und versucht dialogische Einheiten auszugliedern. So konzentrieren sich KEENAN/SCHIEFFELIN (1976) auf die Behandlung von Gesprächsthemen und die hier eingesetzten Fertigkeiten. FOSTER (1986) beobachtet die Interaktion von fünf Mutter-Kind-Paaren in einem ungefähr halbjährigen Abstand. Bei der ersten Untersuchung betrug das Alter der Kinder 0;1, 0;5, 0;9, 1;3 und 1;11. Geprüft wurden Strategien zur Initiierung von Themen sowie die Entwicklung der Aufrechterhaltung von Themen und der Fähigkeit, eine Sequenz themenkohärenter Propositionen zu produzieren. Die Analyse verbalen und nonverbalen Verhaltens zeigt, daß Kinder anfangs vornehmlich sich selbst zum Thema des Dialogs machen. Ab der zweiten Hälfte des ersten Lebensjahres können sie mit Hilfe von Körperbewegungen und deiktischen Gesten Gegenstände ihrer Umgebung thematisieren. Bis zum dritten Lebensjahr ist die Aufrechterhaltung von Themen über propositionale Sequenzen nur im Rahmen von Kontextroutinen möglich.

Weiterer Aufschluß über Funktion und Entwicklung der Interaktion sollte sich aus der Beobachtung behinderter Kinder ergeben. KEGEL (1983, 1985) beschreibt die dialogischen Fähigkeiten eines fast vorsprachlichen neunjährigen Kindes, das zwar nur über wenige Wörter verfügt, aber trotzdem deutlich steuernd mit interjektionalen Partikeln in den Dialogablauf eingreift. NIENHUYS et al. (1985) analysieren die Interaktion zwischen Müttern und hörbehinderten Kindern. Die Autoren nutzen das von BLANK/FRANKLIN (1980) vorgeschlagene Verfahren zur kognitiv orientierten Dialoganalyse, ein beachtenswerter Ansatz, der weiter ausgebaut werden sollte. Die Untersuchung von NIENHUYS et al. leidet wie die meisten der vergleichbaren Arbeiten etwas darunter, daß vornehmlich pathologisch bedingte Unterschiede zu normalem Verhalten thematisiert werden. Um den allgemeinen Prinzipien des Spracherwerbs auf die Spur zu kommen, müssen diese Erkenntnisse um die Erfassung grundsätzlicher Übereinstimmungen komplettiert werden.

Wenn auch die zuletzt referierten Arbeiten sich der Interaktion selbst nähern, so bleibt doch der Eindruck einer gewissen Beliebigkeit bei jedem gewählten Ansatz bestehen. Dieser Eindruck erklärt sich aus dem offenkundigen theoretischen Defizit der an Interaktionsentwicklung orientierten Forschung. Mit Prämissen und Forderungen wie jenen von SNOW (1977) auf der einen und einer Flut von partiell ausgerichteten Studien auf der anderen Seite ist es allein nicht getan. Es fehlt ebenso der Rahmen für eine systematische Inbezugsetzung der verschiedenen Ausdrucksebenen (verbal-prosodisch-körpersprachlich) wie eine Entwicklungstheorie der Struktur und Funktion interaktionaler Einheiten. In der Mutter-Kind-Forschung und der übergreifenden Interaktionsforschung ist offenbar nie erkannt worden, wie radikal der Wechsel des Forschungsgegenstandes im Vergleich zur linguistisch ausgerichteten Spracherwerbsforschung tatsächlich ausgefallen ist. Nur so läßt sich die Linguistikhörigkeit der Anfangsphase, die bei einigen Forschern noch heute andauert, einigermaßen verstehen. Es geht bei dieser Forschung nicht mehr um Sprache an und für sich im engsten Sinne – das wäre als linguistischer Gegenstand akzeptabel. Es geht um die Entwicklung von Interaktion, aus der sich der Erwerb kommunikativer und kognitiver Leistungsfähigkeit erklärt. Der Gegenstand der Interaktionsforschung ist damit nicht das über Induktion oder Reifung Sprache ausbildende Kind, er liegt vielmehr in den Grundlagen, Erscheinungen und Ergebnisse des entwicklungsfördernden Geschehens zwischen kommunizierenden Menschen.

7. Zusammenfassende Wertung

Kontroversen sind offenkundig fruchtbar. Jedenfalls läßt sich die überwältigende Produktivität der modernen Kindersprachforschung ohne den Anreiz, der im Widerspruch steckt, kaum vollends erklären. Kontroversen können aber auch langweilen und ihre innovative Kraft einbüßen – stets dann, wenn sie sich in Nebensächlichkeiten verlieren oder nur der Selbsterhöhung ihrer Initiatoren dienen. Immer wieder bringen neue, geschlossen wirkende Erklärungsansätze die Spracherwerbsforschung ein Stück voran – egal, ob es sich dabei um Lern- oder Grammatikmodelle, kognitive oder interaktionale Theorien handelt; gleichgültig auch, ob Teile dieser Ansätze in den Fundus der Erkenntnisse übernommen werden oder ob gerade aus ihrer Widerlegung Erkenntnis geschöpft wird.

Forscher und Praktiker, die wirklich mit Kindern arbeiten und nicht, lediglich ihren eigenen Intuitionen folgend, mit ausgewählten Daten der Fachliteratur logische Spekulationen betreiben, sind heute mehr als früher höchst skeptisch gegenüber Theorien, die mit einem Schlag sämtliche Prinzipien des Spracherwerbs klären sollen. Der Realität am nächsten kommen ohne Zweifel alle Bemühungen, Spracherwerb im Rahmen einer Interaktionstheorie zu erfassen. Die außerordentliche Vielfalt der hier zuzuordnenden Arbeiten sollte jetzt die Basis für vermehrte theoriekonzipierende Anstrengungen hergeben. Die Interaktionstheorie des Spracherwerbs, heute nur in Grundzügen sichtbar, hätte als genetische Theorie ein Bewertungsverfahren zu umfassen, das die sprach- und entwicklungsspezifische Erklärungsleistung vorangegangener und konkurrierender Ansätze bestimmt und ihnen so ihren Stellenwert in der integrativen Erforschung des Kindes zuweist.

Über den Verfasser

GERD KEGEL: Geboren 1942 in Hannover. Studium an der Technischen Universität Berlin, zunächst Wirtschaftswissenschaften, dann Linguistik, Psychologie und Germanistik. 1972 Promotion zum Dr. phil. mit einer Dissertation zur Sprachverwendung von Erwachsenen gegenüber Kindern. 1972 bis 1974 Mitarbeiter in einem Forschungsprojekt zur Rolle der Theorie pragmatischer Sprachen bei der Entwicklung einer Theorie der Sprachverwendung, anschließend Assistent am Institut für Linguistik der Technischen Universität. 1975 Habilitation im Fach Psychologie. Seit 1977 Professor für Sprechwissenschaft und Psycholinguistik an der Ludwig-Maximilians-Universität München. Schwerpunkte im Bereich der Sprachentwicklungsstörungen resp. -verzögerungen und der psychophysiologischen Sprachwirkungsforschung.

Wichtigste Veröffentlichungen zur Kindersprache:

(zus. m. G. Saile) Analyseverfahren zur Textsemantik. 1975, München: Hueber (Linguistische Reihe 22).

Spracherwerb. In: Kochan et al. (Hrsg.): Taschenlexikon Grundschule. 1979, Kronberg: Skriptor.

Sprachstörungen. In: Kochan et al. (Hrsg.): Taschenlexikon Grundschule. 1979, Kronberg: Skriptor.

(zus. m. H. Günther) Transkription (Deskription) und grobe Fehlerkategorisierung der Äußerungen agrammtischer Kinder. 1979, München: FIPKM 9.

(zus. m. H. Günther) Ein sprechwissenschaftlicher Beitrag zur Agrammatismusdiagnose. 1979, München: FIPKM 9.

(zus. m. J. Meßing/H. Günther) Zur Fehleranalyse abweichenden Sprachverhaltens. 1980, IRAL XVIII/4.

(Hrsg. zus. m. H. Günther) Psycholinguistische Untersuchungen zum kindlichen Agrammatismus. 1981, München: FIPKM 13.

Agrammatische Kinder im diagnostischen Gespräch. In: D. Boueke/W. Klein (Hrsg.): Untersuchungen zur Dialogfähigkeit von Kindern. 1983, Tübingen: Narr.

Differentialdiagnose syntaktisch-morphologischer Störungen. In: W. Pascher/H. Bauer (Hrsg.): Differentialdiagnose von Sprach-, Stimm- und Hörstörungen. 1984, Stuttgart, New York: Thieme.

Zum Einfluß von Syntax und Semantik auf die Nachsprechleistungen agrammatischer Kinder. In: T. Ballmer/R. Posner (Hrsg.): Nach-Chomskysche Linguistik. 1985, Berlin, New York: de Gruyter.

Kind ohne Sprache. In: I. Füssenich/B. Gläß (Hrsg.): Dysgrammatismus – Theoretische und praktische Probleme bei der interdisziplinären Beschreibung gestörter Kindersprache. 1985, Heidelberg: Schindele.

(Hrsg. zus. m. T. Arnhold/K. Dahlmeier/G. Schmid/B. Tischer) Sprechwissenschaft & Psycholinguistik. 1986, Opladen: Westdeutscher Verlag.

Bibliographie

ACH, N. (1905): Über die Willenstätigkeit und das Denken. Göttingen: Vandenhoeck & Ruprecht.

–, (1910): Über den Willensakt und das Temperament. Leipzig: Quelle & Meyer.

ABT, I. A. / ADLER, H. M. / BARTELME, P. (1929): The relationship between the onset of speech and intelligence. J. Amer. Med. Assn. 93, 1351–1355.

ADAMS, S. (1932): A study of the growth of language between two and four years. J. Juv. Res. 16, 269–277.

ALDRICH, C. A. / NORVAL, M. / KNOP, C. / VENEGAS, F. (1946): The crying of newly born babies: IV. Follow-up study after additional nursing care had been provided. J. Pediat. 28, 665–670.

ALDRICH, C. A. / SUNG, C. / KNOP, C. (1945a): The crying of newly born babies: I. The community phase. J. Pediat. 26, 313–326.

–, (1945b): The crying of newly born babies: II. Individual phase. J. Pediat. 27, 89–96.

–, (1945c): The crying of newly born babies: III. The early period at home. J. Pediat. 27, 428–435.

AMENT, W. (1899): Die Entwicklung von Sprechen und Denken beim Kinde. Leipzig: Wunderlich.

AMMONS, R. B. / AMMONS, H. S. (1948): The full-range picture vocabulary test. New Orleans, Authors.

AMMONS, R. B. / ARNOLD, P. R. / HERMANN, R. S. (1950): The full range picture vocabulary test: IV. Results for a white school population. J. Clin. Psychol. 6, 164–169.

AMMONS, R. B. / HOLMES, J. C. (1949b): The full-range picture vocabulary Test: III. Results for a preschool age population. Child Development 20, 5–14.

AMMONS, R. B. / HUTH, R. H. (1949a): The full-range picture vocabulary test: I. Preliminary scale. J. Psychol. 28, 51–64.

ANASTASI, A. / D'ANGELO, R. (1952): A comparison of Negro and white preschool children in language development and Goodenough draw-a-man IQ. J. Genet. Psychol. 81, 147–165.

ANDERSON, S. / KIPARSKY, P. (1973): Festschrift for Morris Halle. New York: Holt, Rinehart and Winston.

ANGLIN, J. M. (1970): The growth of word meaning. Cambridge, Mass.: M.I.T. Press.

BACH, E. / HARMS, R. T. (eds.) (1968): Universals in linguistic theory. New York: Holt, Rinehart and Winston.

BAKKER, F. J. (1965): Untersuchungen zur Entwicklung des Aktionsquotienten. Archiv für die gesamte Psychologie 117, 1965, 78–101 (auch in: Helmers 1969).

BANGS, J. L. (1942): A clinical analysis of the articulatory defects of the feebleminded. J. Speech Dis. 7, 343–356.

BAR-ADON, A. / LEOPOLD, W. F. (eds.) (1971): Child language. Englewood Cliffs: Prentice-Hall.

BEAR, R. / ODBERT, H. (1941): Insight of older pupils into their knowledge of word meanings. Sch. Rev. 49, 754–760.

BELLUGI, U. (1965): The development of interrogative structures in children s'speech. In: K. F. Riegel (1965).

–, (1967): The acquisition of negation. Unpublished Diss., Havard University.

BELLUGI, U. / BROWN, R. (eds.) (1964): The acquisition of language. Monogr. Soc. Res. Child Dev., Serial No. 92, Vol. 29, No. 1.

BENEDICT, H. (1976): Language comprehension in 10-16-month-old infants. Unpublished doctoral dissertation. Yale University.
BERKO, J. (1958): The child's learning of English morphology. Word 14, 150–177.
BERKO, R. / BROWN, J. (1960): Psycholinguistic research methods. In: P. H. Mussen (1960).
BERNSTEIN, B. (1967): Elaborated and restricted codes: an outline. In: S. Lieberson (1967).
–, (1981): Language as a product of dialogue. Discourse Processes 4, 117–147.
BETTS, E. A. (1934): An evaluation of certain techniques for the study of oral composition. Univ. Iowa Stud. Educ. 9, No. 2, 7–35.
BEVER, T. G. (1961): Pre-linguistic behavior. (Unpublished honors thesis) Havard University.
–, (1970): The cognitive basis for linguistic structures. In: J. R. Hayes (1970).
–, (1971): The integrated study of language behavior. In: Morton (1971).
BEVER. T. G. / FODOR, J. A. / WEKSEL, W. (1965a): Theoretical notes on the acquisition of syntax: a critique of «contextual generalisation». Psychol. Rev. 72, No. 6, 467–482.
BEVER, T. G. / FODOR, J. A. / WEKSEL, W. (1965b): Is linguistics empirical? Psychol. Rev. 6, 493–500.
BIERWISCH, M. (1967): Some semantic universals of German adjectivals. Foundations of Language 3, 1–36.
BIERWISCH, M. (1970): Semantics. In: J. Lyons (1970).
BLACHE, S. E. (1978): The acquisition of distinctive features. Baltimore: University Park Press.
BLANK, M. / FRANKLIN, E. (1980): A cognitively-based system of assessment. Applied Psycholinguistics 1, 127–150.
BLEULER, E. (1963): Das autistische Denken. Berlin/Heidelberg/New York: Springer.
BLOCK, E. M. / KESSEL, F. S. (1980): Determinants of the acquisition order of grammatical morphemes: a re-analysis and re-interpretation. J.Ch.Lang. 7, 181–188.
BLOOM, L. (1973): One word at a time: the use of single word utterances before syntax. The Hague: Mouton.
BLOOM, L. / LAHEY, M. (1978): Language development and language disorders. New York: Wiley.
BLOOM, L. / LINGTHBOWN, P. / HOOD, L. (1975): Structure and variation in child language. Monographs of the Society for Research in Child Development 40 (2).
BLOOM, L. / ROCISSANO, L. / HOOD, L. (1976): Adult-child discourse: developmental interaction between information processing and linguistic knowledge. Cog. Psych. 8, 521–552.
BLUMENTHAL, A. L. (1970): Language and psychology. New York: Wiley.
BORTZ. J. (1984): Lehrbuch der empirischen Forschung. Berlin, Heidelberg, New York, Tokyo: Springer.
BOUEKE, D. / KLEIN, W. (Hrsg.) (1983): Untersuchungen zur Dialogfähigkeit von Kindern. Tübingen: Narr.
BRAINE, M. D. S. (1963a): The ontogeny of English phrase structure: the first phase. Language 39, No. 1, 1–13.
–, (1963b): On learning the grammatical order of words. Psychol. Rev. 70, 323–348.
–, (1965): On the basis of phrase structure: a reply to Bever, Fodor, and Weksel. Psychol. Rev. 72, No. 6, 483–492.
–, (1971a): The acquisition of language in infant and child. In: C. E. Reed (1971).

–, (1971b): On two types of models of the internalization of grammars. In: D.I.Slobin (1971b).
–, (1976): Children's first word combinations. Monographs of the Society for Research in Child Development 41.
BRANDENBURG, G.C./BRANDENBURG, J. (1919): Language development during the fourth year: The conversation. Ped. Sem. 26, 27–40.
BRODBECK, A.J./IRWIN, O.C. (1946): The speech behavior of infants without families. Child Develpm. 17, 145–156.
BROWN, R. (1966): The dialogue in early childhood. Presidential address, Div. 8, Amer. Psychol. Assn.
–, (1968): Derivational complexity and the order of acquisition in child speech. Carnegie-Mellon Conference on Cognitive Processes.
–, (1973): A first language: the early stages. London: George Allen & Unwin.
–, (1977): Introduction. In: C. E. Snow/C. A. Ferguson (1977).
BROWN, R./BELLUGI, U. (1964): Three processes in the child's acquisition of syntax. Havard Educ. Rev. 34, 133–151.
BROWN, R./BERKO, J. (1960): Word association and the acquisition of grammar, Child. Dev. 31, 1–14.
BROWN, R./CAZDEN, C./BELLUGI-KLIMA, U. (1969): The child's grammar from I to III. In: J. P. Hill (1969).
BROWN, R./FRASER. C. (1964): The acquisition of syntax. In: U. Bellugi/R. Brown (1964).
BRUNER, J. S./GOODNOW, J. J./AUSTIN, G. A. (1956): A study of thinking. New York: Wiley.
BÜHLER, CH. (1931; 3. Aufl.): Kindheit und Jugend. Leipzig: Hirzel.
BÜHLER, H./MÜHLE, G. (Hrsg.) (1974): Sprachentwicklungspsychologie. Weinheim/Basel: Beltz.
BÜHLER, K. (1922): Vom Wesen der Syntax. In: Idealistische Neuphilosophie, Festschrift Karl Vossler, 54–84, Heidelberg: Winter.
–, (1926): Les lois générales d'évolution dans le language de l'enfant. Journal de Psychologie 23, 597–607.
–, (1965; 2. Aufl.): Sprachtheorie. Stuttgart: Fischer.
–, (1967; 9. Aufl.): Abriß der geistigen Entwicklung des Kleinkindes. Heidelberg: Quelle & Meyer.
BULLOWA, M. (ed.) (1979): Before speech: the beginnings of communication. Cambridge: C.U.P.
BUSEMANN, A. (1925): Die Sprache der Jugend als Ausdruck der Entwicklungsrhythmik. Jena: Fischer.
–, (1926): Die Jugend im eigenen Urteil. Langensalza: Beltz.
–, (1959; 2. Aufl.): Krisenjahre im Ablauf der menschlichen Jugend. Ratingen: Henn.
BUTTERWORTH, B. (1983a): Lexical representation. In: B. Butterworth (1983b).
–, (ed.) (1983b): Language production, Vol. 2. London: Academic Press.
CAMPBELL, D. T. (1963): From description to interpretation: interpreting trends as quasi-experiments. In: C.W. Harris (1963).
CARMICHAEL, L. (ed.) (1954): Manual of child psychology. (2nd ed.) New York: Wiley.
CARTER, A. L. (1974): The transformation of sensorimotor morphems into words: a case study of the development of ⟨more⟩ and ⟨mine⟩. J.Ch. Lang. 2, 233–250.
CASTELLAN, N. / PISONI, D. / POTTS, G. (eds.) (1977): Cognitive theory, Vol. 2. Hillsdale, N.J.: Erlbaum.

CECCO, J. P. DE (ed.) (1967): The psychology of language, thought and instruction. New York: Holt, Rinehart and Winston.

CHAPMAN, K. / LEONHARD, L. B. / MERVIS, C. B. (1986): The effect of feedback on young children's inappropriate word usage. J.Ch. Lang. 13, 101–117.

CHEN, H. P. (1946): Infant speech during the first year of life. (Unpublished Diss.) State Univ. Iowa.

CHEN, H. P. / IRVIN, O.C. (1946a): Infant speech: vowel an consonant types. J. Speech Disorders 11, 27–29.

–, (1946b): Development of speech during infancy: Curve of differential percentage indices. J. exp. Psychol. 36, 431–436.

CHOMSKY, N. (1957): Syntactic structures. The Hague: Mouton.

–, (1959): Review of Skinner's verbal behavior. Language 35, No. 1, 26–58.

–, (1965): Aspects of the theory of syntax. Cambridge, Mass.: MIT-Press (dt., 1969, Frankfurt: Suhrkamp).

–, (1973): Conditions on transformations. In: S. Anderson/P. Kiparsky (1973).

–, (1981): Lectures on government and binding. Dordrecht: Foris Publications.

CLARK, E. V. (1973): What's in a word? On the child's acquisition of semantics in his first language. In: T.E. Moore (1973).

COHN, J. / DIEFFENBACHER, J. (1911): Untersuchungen über Geschlechts-, Alters- und Begabungsunterschiede bei Schülern. Leipzig: Barth.

CROSS, T. G. (1977): Mothers' speech adjustments: the contribution of selected child listener variables. In: C.E. Snow/C.A. Ferguson (1977).

CULICOVER, P. (1976): Syntax. New York: Academic Press.

DALE, E. (1931): Difficulties in vocabulary research. Educ. Res. Bull 10, 119–122.

DARCY, N. T. (1946): The effect of bilingualism upon the measurement of the intelligence of children of preschool age. J. Educ. Psychol. 37, 21–44.

DAVIS, E. A. (1937): The development of linguistic skill in twins, singletons with siblings, and only children from age five to ten years. Minneapolis: Univ. of Minnesota Press. (Inst. Child Welfare Monogr. Ser., No. 14).

DAY, E. J. (1932): The development of language in twins: I. A comparison of twins and single children. Child Develpm. 3, 179–199.

DENNIS, W. (1960): Cause of retardation among institutional children. J. genet. Psychol. 96, 47–59.

DENNIS, W. / NAJARIAN, P. (1957): Infant development under conditions of restricted practice and minimum social stimulations. Psychol. Monogr. 71, No. 7, 1–13.

DESCOEUDRES, A. (1921): Le développement de l'enfant de deux à sept ans. Neuchâtel et Paris: Delachaux et Niestlé.

DE VILLIERS, J. / DE VILLIERS, P. (1973): A cross-sectional study of the acquisition of grammatical morphemes. J. Psycholing. Res. 2, 267–278.

DEWEY, J. (1894): The psychology of infant language. Psychol. Review 1, 63–66.

DINGWALL, W.O. (ed.) (1971): A survey of linguistic science. Univ. of Maryland.

DITTMAR, N. (1973): Soziolinguistik. Frankfurt: Fischer Athenäum.

DOLCH, E. W. (1927): Grade vocabularies. J. Educ. Res. 16, 16–26.

EDWARDS, D. (1973): Sensory-motor intelligence and semantic relations in early child grammar. Cognition 2, 395–434.

EIMAS, P. D. / MILLER, J. L. (eds.) (1981): Perspectives on the study of speech. Hillsdale, N.J.: Lawrence Erlbaum Ass.

ERREICH, A. / VALIAN, V. / WINZEMER, J. (1980): Aspects of a theory of language acquisition. J. Ch. Lang. 7, 157–179.

FEIFEL, H./LORGE, I. (1950): Qualitative differences in the vocabulary responses of children. J. educ. Psychol. 41, 1–18.
FERGUSON, C. A. (1975): Towards a characterization of English foreigner talk. Anthropological Linguistics 17, 1–14.
–, (1977): Baby talk as a simplified register. In: C.E. Snow/C.A. Ferguson (1977).
FERGUSON, C. A. / FARWELL, C. G. (1975): Words and sounds in early language acquisition. Language 51, 419–439.
FERGUSON, C.A./SLOBIN, D.I. (eds.) (1973): Studies of child development. New York: Holt, Rinehart and Winston.
FIELD, T.M./FOX, N.A. (eds.) (1985): Social perception in infants. New York: Ablex.
FILLMORE, C.J. (1968): The case for case. In: E. Bach/R.T. Harms (1968).
–, (1970): The grammar of hitting and breaking. In: R.A. Jacobs/P.S. Rosenbaum (1970).
–, (1971): Types of lexical information. In: D.D. Steinberg/L.A. Jacobovits (1971).
FISCHER, H. (1963): Psychologisch-mathematische Aspekte des Sprachverhaltens. Psychol. Rdsch. 14.
FISHER, M. S. (1934): Language patterns of preschool children. Child Development Monogr., No. 15.
FISICHELLI, R. M. (1950): An experimental study of the prelinguistic speech development of institutionalized infants. (Unpublished Diss.) New York: Fordham Univ.
FLAVELL, J.H. (1970): Concept development. In: P.H. Mussen (1970).
FLECHSIG, P. (1920): Anatomie des menschlichen Gehirns und Rückenmarks auf myelogenetischer Grundlage. Leipzig: Thieme.
FODOR, J. (1966): How to learn to talk: some simple ways. In: F. Smith/G. Miller (1966).
FOSTER, S. H. (1986): Learning discourse topic management in the preschool years. J. Ch. Lang. 13, 231–250.
FRASER, C./BELLUGI, U./BROWN, R. (1963): Control of grammar in imitation, comprehension and production. J. verb. Learn. verb. Behav. 2, 1963, 121–135.
FRIEDRICH, G. (1906): Psychologische Beobachtungen an 2 Knaben. Beiträge zur Kinderforschung und Heilerziehung, Heft 17.
FRÖBES, J. (1917, 1920): Lehrbuch der experimentellen Psychologie. (2 Bde.) Freiburg: Herder.
FURROW, D./NELSON, K. (1986): A further look at the motherese hypothesis: a reply to Gleitman, Newport & Gleitman. J. Ch. Lang. 13, 163–176.
FURROW, D./NELSON, K./BENEDICT, H. (1979): Mothers' speech to children and syntactic development: some simple relationships. J. Ch. Lang. 6, 423–442.
FURTH, H.G. (1972): Intelligenz und Erkennen – Die Grundlagen der genetischen Erkenntnistheorie Piagets. Frankfurt: Suhrkamp.
FÜSSENICH, I./GLÄSS, B. (Hrsg.) (1985): Dysgrammatismus: Theoretische und praktische Probleme bei der interdisziplinären Beschreibung gestörter Kindersprache. Heidelberg: Edition Schindele.
GARNICA, O. K. (1977): Some prosodic and paralinguistic features of speech to young children. In: C.E. Snow/C.A. Ferguson (1977).
GESELL, A. (1925): The mental growth of the preschool child. New York: Macmillan.
GLEITMAN, L. R./NEWPORT, E. L./GLEITMAN, H. (1984): The current status of the motherese hypothesis. J. Ch. Lang. 11, 43–79.
GOODWIN, J./LONG, L./WELCH, L. (1945): Generalisation in memory. J. exp. Psychol. 35, 71–75.
GREENFIELD, P. M. (1982): The role of perceived variability in the transition to language. J. Ch. Lang. 9, 1–12.

GRÉGOIRE, A. (1937): L'apprentissage du langage; les deux premières années. Liège/ Paris: Droz.
GRISBY, O. J. (1932): An experimental study of the development of concepts of relationship of preschool children as evidenced by their expressive ability. J. Exp. Educ. 1, 144–162.
GRÜNBAUM, A. A. (1927): Die Struktur der Kindersprache. Zeitschr. päd. Psychol.
GRUENDEL, J. (1977): Referential extension in early language development. Ch. Dev. 48, 1567–1576.
GUTZMANN, H. (1894): Des Kindes Sprache und Sprachfehler. Leipzig: Weber.
HALL, G. S. (1902): Ausgewählte Beiträge zur Kinderpsychologie und Pädagogik. Altenburg: Bonde.
HARLOW, H. F. (1953): Mice, monkeys, men and motives. Psychol. Rev. 60, 23–32.
HARRIS, C.W. (ed.) (1963): Problems in measuring change. Madison: University of Wisconsin Press.
HARROW, M./FRIEDMANN, G.B. (1958): Comparing reversal and nonreversal shifts in concept formation with partial reinforcement controlled. J. exp. Psychol. 55, 592–597.
HAYES, J.R. (ed.) (1970): Cognition and the development of language. New York: Wiley.
HEATH, S.B./BRANSCOMBE, A. (i.Dr.): The book as a narrative prop in language acquisition. In: B. Schieffelin/P. Gilmore (i.Dr.).
HEESCHEN, C./KEGEL, G. (1972): Zum Autonomiegedanken der Linguistik oder das Verhältnis von Psychologie und Linguistik im Selbstverständnis der Linguistik. L. Ber. 21, 42–54.
HEIDER, F. K./HEIDER, G. M. (1940): A comparison of sentence structure of deaf and hearing children. Psychol. Monogr. 52, No. 1, 42–103.
HELMERS, H. (Hrsg.) (1969): Zur Sprache des Kindes. Darmstadt: Wissenschaftliche Buchgesellschaft.
HESS, J. H./MOHR, J. G./BARTELME, P. E. (1934): The physical and mental growth of prematurely born children. Chicago: Univ. Chicago Press.
HILL, P. (ed.) (1969): Minnesota symposia on child psychology. (Vol. 2) Minneapolis: Univ. of Minnesota.
HOFF-GINSBURG, E./SHATZ, M. (1982): Linguistic input and the child's acquisition of language. Psych. Bull.
HOUSTON, S. H. (1972): A survey of psycholinguistics. The Hague: Mouton.
HOWARD, R. H. (1946): The language development of a group of triplets. J. Genet. Psychol. 69, 181–188.
HSU, R.H./CAIRNS, H.S./FIENGO, R.W. (1985): The development of grammars underlying children's interpretation of complex sentences. Cognition 20, 25–48.
HULL, C. L. (1920): Quantitative aspects of the evolution of concepts. Psychol. Monogr. 38, No. 123.
HYMES, D. (ed.) (1964): Language in culture and society. New York: Harper & Row.
IDELBERGER, H. A. (1903): Hauptprobleme der kindlichen Sprachentwicklung. Zeitschr. f. päd. Psychol., Pathol. u. Hyg. 5, 241–297, 425–456.
INGRAM, D. (1974): Phonological rules in young children. J. Ch. Lang. 1, 49–64.
INHELDER, B./CHIPMAN, H. H. (eds.) (1976): Piaget and his school: a teacher in developmental psychology. New York, Heidelberg, Berlin: Springer.
Institute of Child Welfare (1950): The Minnesota scale of paternal occupations. Minneapolis: University of Minnesota Institute of Child Welfare.

IRWIN, O. C. (1942): The developmental status of speech sounds of ten feeble-minded children. Child Develpm. 13, 29–30.
–, (1948a): Infant speech: Development of vowel sounds. J. Speech Hearing Disorders 13, 320–323.
–, (1948b): Infant speech: The effect of family occupational status and of age on use of sound types. J. Speech Hearing Disorders 13, 224–226.
–, (1948c): Infant speech: The effect of family occupational status and of age on sound frequency. J. Speech Hearing Disorders 13, 320–323.
–, (1947a): Development of speech during infancy: Curve of phonemic frequencies. J. Exp. Psychol. 37, 187–193.
–, (1947b): Infant speech: Consonant sounds according to place of articulation. J. Speech Disorders 12, 397–401.
–, (1956): Substitution and omission errors in the speech of children who have cerebral palsy. Cerebral Palsy Rev. 17, No. 3.
–, (1960): Language and communication. In: P.H. Mussen (1960), 487–516.
IRWIN, O. C./CHEN, H. P. (1945): The relation between an index of speech development and mental test scores of infants. J. Speech Disorders 10, 293–296.
–, (1946): Development of speech during infancy: Curve of phonemic types. J. Exp. Psychol. 36, 431–436.
JACOBS, R. A./ROSENBAUM, P.S. (1968): English transformational grammar. Waltham, Mass.: Blaisdell.
–, (1970): Readings in English transformational grammar. Waltham, Mass./Ginn and Co.
JAKOBOVITS, L. A./MIRON, M. S. (eds.) (1967): Readings in the psychology of language Englewood Cliffs: Prentice-Hall.
JAKOBSON, R. (1969): Kindersprache, Aphasie und allgemeine Lautgesetze. edition suhrkamp 330 (1. Ausgabe: Uppsala, 1941).
JAKOBSON, R./HALLE, M. (1956): Fundamentals of Language. The Hague: Mouton.
JENSEN, A.R. (1967): Social class and verbal learning. In: J. P. de Cecco (1967).
JERSILD, A. T./RITZMAN, R. (1938): Aspects of language development: The growth of loquacity and vocabulary. Child Develpm. 9, 243–259.
KARLIN, I. W. (1947): A psychosomatic theory of stuttering. J. Speech Disorders 12, 319–322.
KATZ, D./KATZ, R. (1928): Gespräche mit Kindern. Berlin/Heidelberg/New York: Springer.
KATZ, J. J./POSTAL, P. M. (1964): An integrated theory of linguistic descriptions. Cambridge, Mass.: M.I.T. Press.
KEENAN, E./KLEIN, E. (1975): Coherency in children's discourse. J. Psycholing. Res. 4, 365–380.
KEENAN, E./SCHIEFFELIN, B. (1976): Topic as a discourse notion: a study of topic in the conversation of children and adults. In: C. Li (1976).
KEGEL, G. (1983): Agrammatische Kinder im diagnostischen Gespräch. In: D. Boueke/W. Klein (1983).
–, (1985): Kind ohne Sprache. In: I. Füssenich/B. Gläss (1985).
KEGEL, G./ARNHOLD, T./DAHLMEIER, K./SCHMID, G./TISCHER, B. (Hrsg.) (1986): Sprechwissenschaft & Psycholinguistik. Opladen: Westdeutscher Verlag.
KEGEL, G./SAILE, G. (1975): Analyseverfahren zur Textsemantik. München: Hueber.
KENDLER, H. H./KENDLER, T. S. (1959): Reversal and nonreversal shifts in kindergarden children. J. exp. Psychol. 58, 56–60.
–, (1962): Vertical and horizontal processes in problem solving. Psychol. Rev. 69, 1–16.

KENDLER, H. H./D'AMATO, M. F. (1955): A comparison of reversal shifts in human concept formation behavior. J. exp. Psychol. 49, 165–174.

KOCH, S. (ed.) (1963): Psychology: A study of a science. (Vol. 6) New York: McGraw-Hill.

LEE, L. (1974): Developmental sentences analysis. Evanston: Northwestern University Press.

LENNEBERG, E. H. (1967): Biological foundations of language. New York: Wiley (dt. 1972, Frankfurt: Suhrkamp).

LEMISH, D./RICE, M. L. (1986): Television as a talking picture book: a prop for language acquisition. J. Ch. Lang. 13, 251–274.

LEONTJEV, A.N. (1967): Probleme der Entwicklung des Psychischen. Berlin: Volk und Wissen.

LEOPOLD, W. F. (1939): Speech development of a bilingual child: A linguist's record. Vol. I. Vocabulary growth in the first two years. Northw. Univ. Stud. Human. 6.

–, (1947): Speech development of a bilingual child: A linguist's record. Vol. II. Sound-learning in the first two years. Northw. Univ. Stud. Human. 11.

–, (1949a): Speech development of a bilingual child: A linguist's record. Vol. III. Grammar and general problems in the first two years. Northw. Univ. Stud. Human. 18.

–, (1949b): Speech development of a bilingual child: A linguist's record. Vol. IV. Diary from age two. Northw. Univ. Stud. Human. 19.

LI, C. (ed.) (1976): Subject and topic. New York: Academic Press.

LIEBERMAN, P. (1966): Intonation, perception, and language. (Phil. Diss.) Cambridge, Mass.: M.I.T. (auch: 1967, Cambridge, Mass.: M.I.T., Res. Monogr. No. 38).

LIEBERSON, S. (ed.) (1967): Explorations in sociolinguistics. Int. J. Amer. Ling., Part II, Vol. 22 (2).

LINDNER, G. (1898): Aus dem Naturgarten der Kindersprache. Leipzig: Grieben.

LOVELL, K./DIXON, E.M. (1965): The growth of the control of grammar in imitation, comprehension and production. J. child psychol. Psychiat. 5.

LURIJA, A. R. (1961): The role of speech in the regulation of normal and abnormal behavior. New York: Lippincott.

LURIJA, A. R./JUDOWITSCH, F. IA. (1970): Die Funktion der Sprache in der geistigen Entwicklung des Kindes. Düsseldorf: Schwann.

LYONS, J. (ed.) (1970): New horizons in linguistics. Penguin Books.

–, (1971): Einführung in die moderne Linguistik. München: Beck.

MAXFIELD, K. E. (1936): The spoken language of the blind preschool child: A study of method. Arch. Psychol., No. 201.

McCARTHY, D. (1954): Language development in children. In: L. Carmichael (1954).

–, (1930): The language development of the preschool child. Minneapolis: Univ. of Minnesota Press. (Inst. Child Welfare Monogr. Ser., No. 4).

McCUNE-NICOLICH, L. (1981): The cognitive bases of relational words in the single word period. J. Ch. Lang. 8, 15–34.

McCURRY, W. H./IRWIN, O. C. (1953): A study of word approximations in the spontaneous speech of infants. J. Speech Disorders 18, 133–139.

McNEILL, D. (1970): The development of language. In: P. H. Mussen (1970).

–, (1970b): The acquisition of language. New York: Harper.

MEAD, C. D. (1913): The age of walking and talking in relation to general intelligence. Ped. Sem. 20, 460–484.

MENN, L. (1983): Development of articulatory, phonetic, and phonolocigal capabilities. In: B. Butterworth (1983).

MERVIS, C. B. (1984): Early lexical development: the contributions of mother and child. In: C. Sophian (1984).
MERVIS, C. B./CANADA, K. (1983): On the existence of competence errors in early comprehension: reply to Fremgen & Fay and Chapman & Thomson. J. Ch. Lang. 10, 431–440.
METRAUX, R. W. (1950): Speech profiles of the preschool child 18–54 months. J. Speech Hearing Disorders 15, 37–53.
MEUMANN, E. (1902): Die Entstehung der ersten Wortbedeutungen beim Kinde. Leipzig: Engelmann.
MIKEŠ, M./VLAHOVIĆ, P. (1966): Razvoy grammatičkih kategorija u dečjein govorn: Prilozi prončavanjin jexika II. Novi Sad.
MOERK, E. L. (1980): Relationships between parental input frequencies and children's language acquisition: a reanalysis of Brown's data. J. Ch. Lang. 7, 105–118.
MONTAGUE, R./SCHNELLE, H. (1972): Universale Grammatik. Braunschweig: Vieweg.
MORLEY, M. E. (1967; 2nd ed.): The development and disorders of speech in childhood. Edinburgh/London: Livingstone.
MOORE, T. E. (ed.) (1973): Cognitive development and the acquisition of language. New York: Academic Press.
MORTON, J. (ed.) (1971): Biological and social factors in psycholinguistics. London: Logos Press.
MUNSON, J./INGRAM, D. (1985): Morphology before syntax: a case study from language acquisition. J. Ch. Lang. 12, 681–684.
MURRAY, L./TREVARTHEN, C. (1985): Emotional regulation in interactions between 2 months old and their mothers. In: T. M. Field/N. A. Fox (1985).
–, (1986): The infant's role in mother-infant communications. J. Ch. Lang. 13, 15–29.
MUSSEN, P. H. (ed.) (1960): Handbook of Research Methods in Child Development. New York: Wiley.
–, (ed.) (1970): Carmiachel's manual of child psychology. New York: Wiley.
NEISSER, U. (1974): Kognitive Psychologie. Stuttgart: Klett.
NELSON, K. (1973): Structure and strategy in learning to talk. Monographs of the Society for Research in Child Development 149.
NEWPORT, E. (1977): Motherese: the speech of mothers to young children. In: N. Castellan/D. Pisoni/G. Potts (1977).
NEWPORT, E. L. / GLEITMAN, H. H. / GLEITMAN, L. R. (1977): Mother, I'd rather to it myself: some effects and non-effects of maternal speech style. In: C. E. Snow/ C. A. Ferguson (1977).
NIENHUYS, T. G. / HORSBOROUGH, K. M. / CROSS, T. G. (1985): A dialogue analysis of interaction between mothers and their deaf or hearing preschoolers. Applied Psycholinguistics 6, 121–140.
NINIO, A. (1980): Picture-books reading in mother-infant dyads belonging to two subgroups in Israel. Ch. Dev. 51, 587–590.
NINIO, A./BRUNER, J. (1978): The achievement and antecdents of labelling. J. Ch. Lang. 5, 1–15.
OERTER, R. (1970): Moderne Entwicklungspsychologie. Donauwörth: Auer.
OLSON, W. C./KOETZLE, V. S. (1936): Amount and rate of talking of young children. J. Exp. Educ. 5, 175–179.
OLTUSCEWSKI, W. (1897): Die geistige und sprachliche Entwicklung des Kindes. Sonderabdruck aus: Mediz. päd. Monatsschrift f. d. ges. Sprachheilk. 6.

OSGOOD, C.E. (1963a): Psycholinguistics. In: S. Koch (1963), 244–316.
–, (1963b): On understanding and creating sentences. American Psychol. 18, 735–751.
OSGOOD, C. E. / SUCI, G. J. / TANNENBAUM, P. H. (1967): The measurement of meaning. Urbana: University of Illinois Press. (1st ed. 1957)
PARK, T.-Z. (1978): Plurals in child speech. J. Ch. Lang. 5, 237–250.
PAWLOW, I.P. (1953): Sämtliche Werke. Berlin: Akademie Verlag.
PEIPER, A. (1961): Die Eigenart der kindlichen Hirntätigkeit. Leipzig: Thieme.
PELZ, D. C. / ANDREWS, F. M. (1964): Detecting casual priorities in panel study data. American sociological Review 29, 836–848.
PETERS, A.M. (1977): Language learning strategies. Language 53, 560–573.
PHILLIPS, J. (1973): Syntax and vocabulary of mothers' speech to young children: age and sex comparisions, Ch. Dev. 44, 182–185.
PIAGET, J. (1972): Sprechen und Denken des Kindes. Düsseldorf: Schwann (1. Ausg. 1925).
–, (1962): Comments. Massachusetts Institute of Technology: M.I.T. Press.
–, (1970): Piagets theory. In: P. H. Mussen (1970).
PIATELLI-PALMARINI, M. (ed.) (1980): Language and learning: the debate between Jean Piaget and Noam Chomsky. London: Routledge & Kegan Paul.
PIKE, K. L. (1964): Towards a theory of the structure of human behavior: In: Hymes (1964).
PINTER, S. (1980): On the acquisition of grammatical morphemes. J. Ch. Lang. 8, 477–484.
POSTAL, P. M. (1966): Review article: André Martinet, «Elements of general linguistics». Foundation of Language 2, 151–186.
POOLE, I. (1934): Genetic development of articulation of consonant sounds in speech. Elem. Engl. Rev. 11, 159–161.
PRESCOTT, D. A. (1929): Le vocabulaire des enfants des écoles primaires de Genève. Arch. Psychol. Genève 21, 225–261.
PREYER, W. T. (1912; 8. Aufl.): Die Seele des Kindes. Leipzig: Grieben.
RAZRAN, G.H.S. (1938): Transportation of relational responses and generalization of the CR. Psychol. Rev. 45, 532–538.
–, (1939a): A quantitatvie study of meaning by a conditioned salivary technique (semantic conditioning). Science 90, 89–90.
–, (1939b): Semantic, syntactic and phonetographic generalization of verbal conditioning. Psychol. Bull. 36, 578.
REED, C.E. (ed.) (1971): The learning of language. New York: Macmillan.
REID, G. (1947): The etiology and nature of functional articulatory defects in elementary school children. J. Speech Disorders 12, 143–150.
RIEGEL, K. F. (ed.) (1965): The development of language functions. Univ. Mich. Lang. Developm. Program, Report No. 8.
RIESS, B. F. (1946): Genetic changes in semantic conditioning. J. exp. Psychol. 36, 143–153.
RINSLAND, H. D. (1945): A basic vocabulary of elementary school children. New York: Macmillan.
ROE, V./MILISEN, R. (1942): The effect of maturation upon defective articulation in elementary grades. J. Speech Disorders 5, 37–50.
ROUDINESCO, J./APPELL, G. (1950): Les repercussions de la stabulation hospitalière sur le développement psychomoteur des jeunes enfants. Sem. Hôp., Paris, 26, 2271–2273.

SACHS, J. (1977): The adaptive significance of linguistic input to prelinguistic infants. In: C. E. Snow/C. A. Ferguson (1977).
DE SAUSSURE, F. (1967; 2. Aufl.): Grundfragen der allgemeinen Sprachwissenschaft. Berlin: de Gruyter.
SAYLER, H. K. (1949): The effect of maturation upon defective articulation in grades seven to twelve. J. Speech Disorders 14, 202–207.
SCHIEFFELIN, B./GILMORE, P. (i.Dr.): The acquisition of literacy: Ethnographic perspectives. Norwood, N.J.: Ablex.
SCHIEFELBUSCH, R. L./LINDSEY, M. J. (1958): A new test of sound discrimination. J. Speech Dis. 23, 153–159.
SCHLEICHER, A. (1861): Einige Beobachtungen an Kindern. Beiträge zur vergleichenden Sprachforschung 2, 497 f.
SCHLESINGER, I. (1971): Production of utterances and language acquisition. In: D.I. Slobin (1971b).
SCHNEIDER, O. (1903): Die schöpferische Kraft des Kindes in der Gestaltung seiner Bewußtseinszustände bis zum Beginn des Schulunterrichts. Zeitschr. f. Philos. u. philos. Kritik 121.
SCHRENK, J. (1918): Die kategoriale Beschaffenheit der Schüleraussagen, DPs. 1.
SCHULTZE, F. (1880): Die Sprache des Kindes. Leipzig: Günter.
SEACHORE, R. H. (1933): The measurement and analysis of extent of vocabulary. Psychol. Bull. 80, 709–710.
SEACHORE, R. H./ECKERSON, L. D. (1940): The measurement of individual differences in English vocabularies. Journ. of Educ. Psychol. 31, 14–38.
SEIDL, J.C.G. (1937): The effect of bilingualism on the measurement of intelligence. (unpublished Diss.) Fordham University.
SEITZ, S./STEWART, C. (1975): Imitations and expansions: some developmental aspects of mother-child communication. Dev. Psych. 11, 763–768.
SELG, H. (1971): Einführung in die experimentelle Psychologie. Stuttgart: Kohlhammer.
SHAMBAUGH, C.G./SHAMBAUGH, O. L. (1928): An association study of vocabularies of grade children. J. Educ. Res. 18, 40–47.
SHIBAMOTO, J. S./OLMSTED, D. L. (1978): Lexical and syllabic patterns in phonological acquisition. J. Ch. Lang. 5, 417–446.
SHINN, M. W. (1905): The biography of a baby. Boston/New York.
SHIRLEY, M. M. (1933): The first two years: A study of twenty-five babies. Vol. II: Intellectual development. Minneapolis: Univ. Minnesota Press (Inst. Child Welfare Monogr. Ser., No. 7).
SIGISMUND, B. (1856): Kind und Welt. Braunschweig: Vieweg.
SIRKIN, J./LYONS, W. F. (1941): A study of speech defects in mental deficiency. Amer. J. Ment. Def. 46, 74–80.
SKINNER, B.F. (1957): Verbal behavior. New York: Appleton-Century-Crofts.
–, (1962): Walden two. New York: Macmillan.
–, (1972): Beyond freedom and dignity. Bantam.
SLOBIN, D. I. (1966): Grammatical transformations and sentence comprehension in child and adulthood. J. Verb. Learn. Verb. Behav. 5, 219–227.
–, (1971a): Psycholinguistics. Glenview/Illinois: Scott, Foresman.
–, (ed.) (1971b): The ontogenesis of grammar. New York: Academic Press.
–, (1971c): Cognitive prerequisites for the development of grammar. In: Dingwall (1971).
–, (1973): Cognitive prerequisites for the development of grammar. In: C. A. Ferguson/D.I. Slobin (1973).

SLOBIN, D. I./WELSH, C. A. (1973): Elicited imitation as a research tool in developmental psycholinguistics. In: C. A. Ferguson/D. I. Slobin (1973).

SLOBIN, D. I./BEVER, T. G. (1982): Children use canonical sentence schemas: a cross-linguistic study of word order and inflections. Cognition 12, 229–265.

SMITH, F./MILLER, G. A. (eds.) (1966): The genesis of language: a psycholinguistic approach. Cambridge: M.I.T. Press.

SMITH, M. E. (1926): An investigation of the development of the sentence and extent of vocabulary in young children. Univ. Iowa Stud. Child Welf., No. 5, Vol. III.

–, (1935): A study of some factors influencing the development of the sentence in preschool children. J. of Gen. Psychol. 46, 182–212.

–, (1939): Some light on the problem of bilingualism ... Genet. Psychol. Monogr. 21, 121–284.

–, (1949): Measurement of vocabulary of young bilingual children in both of the languages used. J. Genet. Psychol. 74, 305–310.

SMITH, M. K. (1941): Measurement of the size of general English vocabulary through the elementary grades and high school. Genetic Psychology Mon. 24, 311–345.

SNOW, C. E. (1972): Mothers' speech to children learning language. Ch. Dev. 43, 549–565.

–, (1977): Mothers' speech research: from input to interaction. In: C. E. Snow/C. A. Ferguson (1977).

SNOW, C. E./FERGUSON, C. A. (eds.) (1977): Talking to children. Cambridge: Cambridge University Press.

SNOW, C. E./GOLDFIELD, B. A. (1983): Turn the page please: situation specific language acquisition. J. Ch. Lang. 10, 551–569.

SOPHIAN, C. (ed.) (1984): Origins of cognitive skills. Hillsdale, N.J.: Erlbaum.

SPECTOR, P. E. (1981): Research designs. London: Sage Publ.

SPITZ, R. A. (1945): Hospitalism: An inquiry into the genesis of psychiatric conditions in early childhood. Psychoanal. Study Child. 1, 53–74.

SPRIESTERSBACH, D. C./CURTIS, J. F. (1951): Misarticulation and discrimination of speech sounds. Quart. J. Speech 37, 483–491.

STEINBERG, D. D./JACOBOVITS, L. A. (eds.) (1971): Semantics: an interdisciplinary reader in philosophy, linguistics and psychology. Cambridge: University Press.

STERN, C./STERN, W. (1922; 3. Aufl.): Die Kindersprache. Leipzig: Barth.

STERN, W. (1967; 9. Aufl.): Psychologie der frühen Kindheit. Heidelberg: Quelle & Meyer.

STOEL-GAMMON, C./COOPER, J. A. (1984): Patterns of early lexical and phonological development. J. Ch. Lang. 11, 247–271.

STORMZAND, M. J./O'SHEA, M. V. (1924): How much English grammar? Baltimore: Warwick and York.

STUMPF, C. (1900): Eigenartige sprachliche Entwicklung eines Kindes. Zeitschr. f. päd. Psych. 2, 1–29.

SULLY, J. (1898): Studies of childhood. London/New York: Appleton.

SYMONDS, P. M./DARINGER, H. F. (1930): Studies in the learning of English expression. IV: Sentence structure. Teach. Coll. Rec. 32, 50–64.

TAINE, H. (1877): Acquisition of language by children. Mind, 2, 2.252–2.259 (auch in: A. Bar-Adon/W. F. Leopold 1971).

TEMPLIN, M. C. (1943): A study of sound discrimination ability of elementary school pupils. J. Speech Disorders 8, 127–132.

–, (1950): The development of reasoning in children with normal and defective hearing. Minneapolis: Univ. Minnesota Press.

–, (1957): Certain language skills in children – their development and interrelationships. Minneapolis: Univ. Minnesota Press.

TERMAN, L. M. et al. (1925): Genetic studies of genius: Vol. I. Mental and physical traits of a thousand gifted children. Stanford University, Calif.: Stanford Univesity Press.

THOMSON, J./CHAPMAN, R. (1977): Who is ‹Daddy› revisited: the status of two-yearolds' overextended words in use and comprehension. J. Ch. Lang. 4, 359–376.

THORNDIKE, E. L. (1921): The teacher's word book. New York: Teachers College, Columbia University.

–, (1931/32): A teacher's word book of the twenty thousand words found frequently and widely in general reading for children and young people. New York: Teachers College, Columbia University.

THORNDIKE, E. L./LORGE, I. (1944): A teacher's word book – 30000 word list. New York: Teachers College, Columbia University.

TINBERGEN, N. (1951): The study of instinct. Oxford.

TRACY, F. (1893): The language of childhood. Amer. J. Psychol. 6, 107–138.

TRAVIS, L. E./JOHNSON, W. (1937): The relation of bilingualism to stuttering. J. Speech Disorders 2, 185–189.

TÖGEL, H. (1905): 16 Monate Kindersprache. Beiträge zur Kinderforschung und Heilerziehung, Heft 13.

TREVARTHEN, C. (1979): Communication and cooperation in early infancy: a description of primary inter-subjectivity. In: M. Bullowa (1979).

VALENTINER, T. (1918): Die Phantasie im freien Aufsatze der Kinder und Jugendlichen. BZ Ang Ps. 13.

VAN ALSTYNE, D. (1929): The environment of three-year old children: Factors related to intelligence and vocabulary tests. Teach. Coll. Contr. Educ. 366.

VEIT, S. (1986): Das Verständnis von Plural- und Komparativformen bei entwicklungsdysgrammatischen Kindern im Vorschulalter. In: G. Kegel u. a. (1986).

VELTEN, H. V. (1943): The growth of phonemic and lexical pattern in infant language. Language 19, 281–292.

VIHMAN, M.M. (1981): Phonology and the development of the lexicon: evidence from children's errors. J. Ch. Lang. 8, 239–264.

WATERSON, N. (1971): Child phonology: a prosodic view. Journal of Linguistics 7, 179–221.

–, (1972): Perception and production in the acquisition of language. Proceeding of the International Symposium on First Language Acquisition, Florence.

WEIR, R. (1966): Some questions on the child's learning of phonology. In: J. Smith/ G.A. Miller (1966).

WELLMAN, B. L./CASE, J.M./MENGERT, J.G./BRADBURY, D.E. (1931): Speech sounds of young children. Univ. Iowa Stud. Child. Welf. 5, No. 2.

WELLS, G. (1974): Learning to code experience through language. J. Ch. Lang. 1, 243–269.

WEXLER, K./CULICOVER, P. (1980): Formal principles of language acquisition. Cambridge, Mass.: M.I.T.

WILLIAMS, H.M. (1932): Some problems of sampling in vocabulary tests. J. Exp. Educ. 1, 131–133.

–, (1937): An analytic study of language achievement in preschool children. Univ. Iowa Stud. Child Welfare 13, No. 2, 9–18.

WILLIAMS, H. M./McFARLAND, M. L. (1937): A revision of the Smith vocabulary test for preschool children. Univ. Iowa Stud. Child Welfare 13, No. 2, 35–46.

WILLS, D. D. (1977): Participant deixis in English and baby talk. In: C. E. Snow/C. A. Ferguson (1977).
WUNDT, W. (1904; 2. Aufl.): Völkerpsychologie. Bd. 1: Die Sprachen. Leipzig: Engelmann.
–, (1906): Logik. Stuttgart: Enke.
–, (1918; 13. Aufl.): Grundriß der Psychologie. Leipzig: Kröner.
WYGOTSKI, L. S. (1971): Denken und Sprechen. Stuttgart: Fischer.
YENI-KOMSHIAN, G. H./KAVANAGH, J. F./FERGUSON, C. A. (eds.) (1980a): Child phonology. Vol. 1, Production. New York: Academic Press.
–, (1980b): Child phonology. Vol. 2, Perception. New York: Academic Press.
YOUNG, F. M. (1941): An analysis of certain variables in a developmental study of language. Genet. Psychol. Monogr. 23, 3–141.

Sachregister

Personenregister

Aus dem Programm Psycholinguistik

Gerd Kegel und Christiane Tramitz

Olaf – Kind ohne Sprache

Die Geschichte einer erfolgreichen Therapie.

1991. 196 S. Kart.
ISBN 3-531-11865-X

Noch im Alter von 9 Jahren konnte Olaf nicht sprechen. Drei Jahre später wußte er sich jedem verständlich zu machen. Zwar war er immer noch kein unauffälliges Kind, doch hatten sich seine Sprache, seine intellektuellen Fähigkeiten und sein Selbstvertrauen in ganz unvorhergesehenem Ausmaß entwickelt.
In dem Buch kommen Menschen zu Wort, die sich um Olaf gekümmert haben – und nicht zuletzt Olaf selbst. Es geht um Olafs frühe Kindheit, in der die Ursachen seiner Krankheit zu suchen sind, um die erfolgreiche Therapie und schließlich auch um Olafs Lebensperspektive.

Gerd Kegel u. a. (Hrsg.)

Sprechwissenschaft & Psycholinguistik 4

Beiträge aus Forschung und Praxis.

1990. 255 S. Kart.
ISBN 3-531-12126-X

Der vierte Band der Reihe „Sprechwissenschaft & Psycholinguistik" enthält aktuelle Beiträge zur Erforschung von Sprachprozessen. Ein Schwerpunkt ist die darstellende und die gegenstandskonstituierende Funktion der Sprache, die in drei Arbeiten unter dem Aspekt der verbalen und nonverbalen Interaktion, des Spracherwerbs und des metaphorischen Sprechens behandelt werden. Ein praxisorientierter Schwerpunkt ist wieder die Sprachpathologie (Übernahme von Rhythmus und Prosodie bei sprachauffälligen Kindern; kindlicher Dysgrammatismus; die „Profilanalyse" als Verfahren zur Diagnose von Sprachentwicklungsauffälligkeiten).

Gerd Kegel u. a. (Hrsg.)

Sprechwissenschaft & Psycholinguistik 5

Beiträge aus Forschung und Praxis.

1992. 231 S. Kart.
ISBN 3-531-12273-8

In der Reihe „Sprechwissenschaft & Psycholinguistik" werden aktuelle Beiträge zur Erforschung von Sprachprozessen publiziert. Ein Schwerpunkt des fünften Bandes bildet das Thema „Dysgrammatismus". Weitere Forschungsbeiträge beziehen sich auf Themen: Geschlechtsspezifik der Körpersprache, Sprechangst in Rhetorikseminaren, Verstehen von mathematischen Textaufgaben, sprachliche Selbstbeeinflussung in der Psychotherapie.

WESTDEUTSCHER VERLAG
OPLADEN · WIESBADEN

Aus dem Programm Psycholinguistik

Dieter Hillert

Sprachprozesse und Wissensstrukturen

Neuropsychologische Grundlagen der Kognition.

1990. 314 S. Kart.
ISBN 3-531-12217-7

Dieses Buch stellt aktuelle Fragen der Aphasieforschung vor und analysiert gestörte Sprachprozesse auf der Grundlage psycholinguistischer Modellvorstellungen. Mit dieser Konzeption lassen sich divergierende Befunde, die sowohl bei Broca- als auch bei Wernicke-Aphasikern hinsichtlich der On- und Off-line Verarbeitung gefunden werden, vereinbaren: Während Off-line-Untersuchungen einen Vergleich zwischen interaktiven Prozessen des Experimentators und des Probanden überprüfen und daher aus methodischer Sicht einen solipsistischen Ansatz implizieren, ermöglichen zeitgebundene On-line-Untersuchungen einen Einblick in die Funktionsweise modular organisierter und dem Bewußtsein nicht direkt zugänglicher Systeme. Das Sprachsystem nimmt eine Zwitterstellung ein, indem es sowohl über modulare als auch nicht-modulare Eigenschaften verfügt.

Monika Rothweiler (Hrsg.)

Spracherwerb und Grammatik

Linguistische Untersuchungen zum Erwerb von Syntax und Morphologie.

1991. 227 S. (Linguistische Berichte, Sonderheft 3/90) Kart.
ISBN 3-531-12237-1

Die Entwicklung von grammatischer Kompetenz, d. h. der Erwerb von Grammatik, der strukturelle Aspekt von Sprache, insbesondere Syntax und Morphologie, steht im Zentrum der Beiträge dieses Sonderheftes. Dabei werden sowohl die Ergebnisse empirischer Untersuchungen zum Grammatikerwerb als auch aktuelle Fragen in der Spracherwerbstheorie vorgestellt und diskutiert. Folgende Themen werden u. a. behandelt: der Erwerb von funktionalen Kategorien, syntaktischen sowie morphologischen Regeln und Flexionsparadigmen. Neben mehr theoretisch orientierten Beiträgen zum logischen Problem des Spracherwerbs, zu den semantischen Voraussetzungen des frühen Grammatikerwerbs oder zur Frage, inwieweit Erwerbsmechanismen sprachspezifisch sind, stehen vergleichende Untersuchungen zum Grammatikerwerb in strukturell verschiedenen Sprachen und zu unterschiedlichen Erwerbstypen.

WESTDEUTSCHER VERLAG
OPLADEN · WIESBADEN